우리들 인생의 '깔딱고개' 이야기

이인복 지음

우리들 인생의 '깔딱고개' 이야기

교회인가 서울대교구 2021년 7월 12일
개정판 2021년 10월 4일

지은이 | 이인복
표지 디자인 | 김화진
내지 디자인 | 박선영

펴낸이 김상욱
만든이 조수만
만든곳 프란치스코출판사(제2-4072호)
주소 서울 중구 정동길 9
전화 02-6325-5600
이메일 franciscanpress@hanmail.net
홈페이지 https://blog.naver.com/franciscanpress

ISBN 978-89-91809-89-5 03230

값 12,000원

우리들 인생의 '깔딱고개' 이야기

이인복 지음

전집 출간을 축하하며

이용훈 마티아 주교(천주교 수원교구장)

하느님께서 주신 생명과 삶을 소중하게 여기며 살아 온 사람, 이 시대에 보기 드문 의인義人 이인복 마리아님께서 지금까지 펴낸 책들을 한데 묶어 '전집'을 출간함을 진심으로 축하드립니다. 전집은 수상집 5권과 번역서 3권 등 8권으로 구성되어 있습니다. 이인복 마리아 박사님은 국문학자로서 수많은 전문 저서와 논문을 남겼지만 이번 전집에는 들어있지 않습니다. 이 분은 평생을 교육자로서 학생들을 가르치고, 사회복지 현장에서 우리 사회의 가장 가난한 이와 소외된 이웃을 돌보고 보살피는 일에 전념하였습니다. 수상집 안에는 몸소 겪은 체험과 비참한 처지에 있는 이들과 뒹굴며 사랑을 실천하는 내용이 고스란히 담겨 있습니다. 번역서에는 세상에 살면서 추구해야 하는 창조주 하느님의 뜻과 사랑, 인간의 도리, 성경 말씀 실천에 관한 내용 등 모든 이가 공감하고 당장 실행에 옮겨야 하는 내용이 들어 있습니다.

세상에는 악을 피해야 하고 선행과 자비를 베풀어야 한다고 힘주어 말하는 사람들이 많습니다. 그러나 정작 자신을 희생하며 이웃을 위해 가진 것을 포기하고 애덕실천에 뛰어드는 이는 보기 힘듭니다. 자신의 명예, 권력, 물질적 소유를 주저하지 않고 포기하고 이웃를 위해 베풀어야 한다고 주장하는 이들이 많습니다. 그런데 이를 실천에 옮기는 결단을 내리는 이는 아주 적습니다. 앎과 실천의 비참한 분리와 괴리가 온 세상을 상처가득한 잿빛으로 물들이고 있습니다. 소위 사회를 이끌어 간다는 많은 지도자들은 부와 명예, 권력을 마음껏 누리고 삽니다. 마리아님은 세속적 안락과 물적 풍요를 누릴 수 있었지만, 그런 것과는 너무 먼 거리에서 치열하게 자신과 싸우는 가난한 구도자求道者로서 하느님과 일치하는 가운데 성모 마리아를 닮는 투혼을 발휘하였습니다. 그래서 이 분은 40세 젊은 나이에 가정 폭력 피해 여성을 위한 "나자렛 성가원"과 성매매 피해 여성들을 위한 "나자렛 성가정 공동체"를 설립하여 지금까지 운영하고 있고, 수도자 이상으로 기도와 나눔실천에 정진하며 <나자렛 평신도 수도 공동체> 완성을 향해 분투노력하고 있습니다.

이렇게 세상의 냉대를 온 몸으로 받던 13세 '성냥팔이 소녀'는 대학교수를 거쳐 청념하기 그지없는 사회복지 사업가 정신으로 자신의 가녀린 육신을 불살랐습니다. 뿐만 아니라, 문학적인 논문들, 죽음에 관한 연구로 큰 명성을 얻었고, 성령세미나 강의와 신앙체험을 국내외에 나누며 수많은 이들을 주님께 인도하며 복음선포에 앞장섰습니다. 대학교수 정년을 맞아 연금과 퇴직금, 강의료 등을 자신이 만든 복지시설에 봉헌하며 자신을 위해서는 아무것도 남기지 않았습니다. 그 후에도 원고료와 강의료는 가난한 이웃, 사제양성비로 기쁘게 내놓았습니다. 이렇게 사마리아 사람의 모범을 그대로 보여주는 모습에 세상은 감탄하고 있으며, 사회는 환한 사랑과 평화의 빛깔로 물들어가고 있습니다.

마리아님은 타고난 부지런함과 한 순간도 허투루 쓰지 않는 천성 때문에 10년 전부터 육체적 병을 얻어 고생길 여정에 들어섰습니다. 육체적 균형상실로 인한 크고 작은 병고, 죽음을 넘나드는 수차례에 걸친 고관절 수술로 거동이 몹시 불편합니다. 조금 더 자신의 육신에 신경을 쓰고 유유자적悠悠自適한 삶을 영위했더라면 이토록 지독한 병마에 시달리지는 않았을 것입니다. 그런 중에도 불편하고 마비가 진행되는 손가락으로 컴퓨터와 스마트폰 자판을 두드리며 수많은 독자와 지인들에게 희망과 신앙의 메시지를 보내는 초인적 투혼을 보여주고 있습니다.

존경하는 마리아님은 예수님을 많이 닮은 이 시대의 성자聖者

입니다. 평생 착한 일만 하시다가 십자가상에 못 박혀 돌아가신 우리 주님의 길을 그대로 따르고 있습니다. 수면장애와 함께 온몸이 고통으로 휘감겨 있음에도 "지금처럼 행복하고 평화로운 때가 없었습니다."라고 고백하는 모습을 보면 한 인간이 예수님처럼 자신에게 주어진 십자가를 이렇게 짊어질 수 있는지 아연실색하게 됩니다. 일생을 통해 역설했던 언행일치言行一致의 삶을 여과 없이 드러내는 마리아님이 이 세상에 존재하는 한 우리는 희망을 발견할 수 있을 것입니다. 주님께서 천사들을 보내어 투병하는 하느님의 종 이인복 마리아 교수님과 지극한 간병으로 안간힘을 쏟는 부군夫君 심재기 바오로 교수님에게 천상적 위로와 축복을 보내주시기를 간절히 소망합니다.

    독자 제위께서 이 험란한 시대를 살고 있는 모든 이에게 참 삶의 이정표와 가치를 제시하고 있는 마리아님의 저서들을 읽고 새로운 삶의 좌표를 만들기를 기대합니다.

신비의 드라마가 펼쳐지는
『우리들 인생의 '깔딱고개' 이야기』

고계영, 작은형제회(프란치스코회)

　　21세기 가톨릭교회가 낳은 위대한 두 신학자는 칼 라너Karl Rahner와 한스 우르스 본 발타사르Hans Urs von Balthasar입니다. 스위스 루체른 출신의 미학적 신학자인 발타사르는 진선미를 집대성한 불후의 명저 "삼부작"(Trilogy)에서 구원의 역사를 하느님의 사랑이 펼쳐지는 장엄한 드라마로 해석합니다. 이인복 마리아 자매님의 『우리들 인생의 '깔딱고개' 이야기』는 발타사르의 저서 『하느님의 드라마』를 회상하게 해 줍니다. 그것은 그녀의 생애가 너무도 눈물겹고 극적이면서 동시에 신비로운 사건들로 짜여진 감격스러운 드라마이기 때문입니다.

　　이인복 마리아 자매님은 14살의 나이에 6·25를 맞았고, 그 시대를 살아가신 많은 분과 마찬가지로, 고와야 할 그녀의 소녀 시절 또한 비참하게 망가졌습니다. 그때부터 시작된 혹독한 고통의 드라마, 가슴 시린 슬픔의 드라마, 삶의 굽이굽이마다 죽음과 생명이 출렁이는 사연들의 드라마, 눈물 없이는 들을 수 없는 슬프고도 아름다운 드라마들이 연이어 나타납니다. 놀라운 것은 깊은 신앙과 하느님의 섭리 안에서 갖가지 상처와 아픔으로 점철된 드라마, 쓰라린 고독의 드라마, 사무치는 그리움의 드라마를 치유의 드라마, 용서와 화해의 드라마, 새 생명으로 소생하는 부활의 드라마, 회개와 감사의 드라마로 승화시키신 마리아 자매님의 탁월한 영적 감각과 힘입니다. 가정 폭력 피해 여성을 위한 <나자렛 성가원>과 성매매 피해 여성들을 위한 <나자렛 성가정 공동체>는 자매님의 영적인 감각과 힘 그리고 딱하고 비참한 이들에 대한 헌신적인 희생이 숭고하게 결실된 또 다른 사랑의 드라마라 하겠습니다.

"마리아"라는 한 자매님의 생애 안에서 펼쳐지는 하느님의 드라마를 먼발치에서 지켜보는 저에게 유난히 눈부셨던 장면은 자매님께서 굴욕을 겪으실 때, 벌레가 되신 그리스도의 신비 안에서, 그 모멸과 치욕을 겸허하게 존재론적으로 산화시키신 자기 비허의 드라마였고, 전쟁과 죽음의 공포로 뼛속 깊이 새겨진 한 많은 상처 및 마음속 지상의 허물들을 부활의 신비 안에서 행복과 기쁨으로 승화시키신 회개의 드라마였습니다. 고결하게 다듬어진 유리알 보석처럼 빛났습니다.

　이제 마리아 자매님은 천상을 그리는 지상의 나루터에서, 초월의 신비를 관조하고 삼위일체 하느님의 신비를 관상하는 가운데, 경건한 삶을 갈망하는 평신도들이 지상 생애를 기도하며 갈고 다듬는 "성가정도재"를 짜고 계십니다. 혹독한 시련의 드라마가 황홀한 사랑의 드라마, 하느님 신비의 드라마로 무르익으며 <나자렛 평신도 수도 공동체>로 꽃피고 있어, 바라보는 이의 마음이 숙연해집니다.

추천사

박정호 중앙일보 수석논설위원

모두 마리아님 덕분입니다. 저는 몇 해 전부터 그분을 마리아님이라고 부릅니다. 그전에는 교수님이라고 했습니다. 사회복지법인 나자렛 성가회 이인복 이사장의 가톨릭 세례명이 마리아입니다. 제가 마리아님을 처음 만난 게 벌써 17년 전입니다. 2004년 5월 12일이었습니다. 숙명여대 국문학과에서 교편을 놓은 지 2년이 지난 때였지만 제게는 교수님이라는 칭호가 훨씬 편했습니다. 뭔가 형식적인 이사장보다 공부하는 교수라는 직함이 자연스러웠습니다. 이인복 교수를 왜 '마리아님'이라고 부르기 시작했냐고요? 저도 이제 머리가 새하얗게 변했습니다. 백발白髮이 흑발黑髮 제압한 상태입니다. 저 어찌 시간의 낫질을 이겨낼 수 있겠습니까? 그렇다고 마리아님과 맞먹을 생각은 전혀 없습니다. 단지 어느 순간 마리아님이라고 부르는 게 더 정겹게 다가왔습니다. 마리아님도 싫다는 표정이 아니니 참으로 다행입니다.

잠깐 제 소개를 하겠습니다. 중앙일보 문화담당 논설위원으로 있는 박정호 기자입니다. 논설위원 하면 주변에서 꽤 지위가 높고, 물정 훤한 사람으로 여기기 쉽지만 저는 기자라는 명칭이 예나 지금이나 맘에 듭니다. 신분 고하, 남녀노소 구분 없이 만날 수 있으니, 이만큼 복 받은 직업도 드물다고 감히 말씀드립니다.

마리아님을 처음 알게 된 것도 기자라는 신분 덕분입니다. 17년 전 평화신문과 가톨릭신문에서 마리아님을 다룬 기사를 읽었습니다. 남편의 폭력과 성매매의 굴레에서 벗어나려는 여성들을 보호하고, 그들에게 먹거리와 잠자리를 제공하는 마리아님이 소개됐습니다. 국문학과 출신 교수가 왜 이런 힘겨운 일을 하시는 걸까, 궁금증이 컸습니다. 당시 저는 문화부에서 종교담당 기자로 있었습니다. 저는 종교의 소임과 역할은 간단명료하다고 생각합니다. '위보다 아래'를 감싸고 껴안는 게 종교인의 책무라고 여겼습니다. 가톨릭, 기독교, 불교, 유교, 이슬람교, 원불교 등등, 서로 공유할 수 없는 교리와 의례에도 가난한 사람, 못난 사람, 외로운 사람을 향한 종교의 손길에선 차이가 있을 수 없다고 믿습니다.

당시 '따뜻한 손길로…'라는 기획물을 연재하고 있었습니다. 10회 시리즈 가운데 마지막 10회가 2004년 5월 18일 자 중앙일보 문화면에 실렸고, 그때의 주인공이 마리아님이었습니다. 마리아님을 만나러 서울 평창동 나자렛 성가원을 찾은 경험이 지금도 또렷합니다. 5층 건물 현관의 초인종을 눌렀던 순간이 생생합니다. 당시 신문을 다시 찾아봤습니다. '벼랑 끝 여성에 희망 주는 대모代母'라는 제목이 눈에 띕니다. 부제는 '고학으로 교수까지 지내, 전 재산 털어 쉼터 마련'이었습니다. 기사 내용을 요약할 생각은 없습니다. 지금 여러분이 펼치고 있는 『우리들 인생의 '깔딱고개' 이야기』에 더 자세하고, 진진한, 흔한 신문 기사가 전할 수 없는 사연과 감동이 가득합니다.

당시 기사 첫머리는 이렇습니다. "남편의 폭력을 견디다 못해 어린아이들과 함께 도망친 한 여성이 경찰의 보호를 받으며 서울 평창동 <나자렛 성가원>에 도착했다. 이인복 원장이 이들을 따듯하게 맞았다." 그때 마리아님은 사회 가장자리로 떠밀린 여성들과 26년째 함께하고 있었습니다. "나눔은 덕이 아니라 생명의 의무입니다. 저도 선행을 베푸는 게 아니라 빚을 갚는 겁니다."라는 말이 마음에 박혔습니다. 이 책에 상세하게 나오지만(저도 이미 어느 정도 알고 있었지만, 다시 새롭게 읽으면서 밑줄을 긋고 그으며 가슴을 쓸어내렸습니다), 그 빚은 마리아님이 6·25 때 경기도 인천 부평의 기지촌 여성에게 진 빚입니다. 부유한 집에서 태어난 그가 한국전쟁 때 부친과 오빠와 남동생을 잃고, 월북자 가족으로 몰려, 남은 식구마저 위험에 처하자, 어머니와 여동생과 함께 생명을 부지하려 숨어 들어간 곳이 부평 기지촌 근처의 헛간이었습니다. 그곳 기지촌의 성매매 여성들이 아니었더라면 마리아님과 여동생들이 언제라도 유엔군의 성폭행을 당했을 것이라며, 지금도 일흔두 해 전의 채무를 갚기 위해 성매매 피해 여성을 위한 쉼터를 운영하고 있습니다.

17년 전으로 되돌아갑니다. 당시 기사 말미에 마리아님은 이렇게 말했습니다. 새 컴퓨터를 장만하게 돼 고맙다는 내용이었습니다. 웃자고 하는 말이지만 이럴 때 기자 하는 맛을 느낍니다. 2015년 크리스마스를 맞아 마리아님을 다시 지면에 초대했습니다. 성탄절 와이드 인터뷰 소재를 궁리하다가 마리아님의 동정이 궁금해졌습니다. 11년이란 시간이 흐른 후에 다시 마주한 마리아님은 전혀 변함이 없었습니다. 더욱 인자하고 평화로워 보였습니다.

성탄절과 마리아님은 떼려야 뗄 수 없습니다. 1950년 12월 23일, 한국전쟁의 포성이 멈추지 않던 그때, 마리아님은 부평 장마당에서 성냥과 양초를 팔던 13세 '성냥팔이 소녀'였습니다. 그는 그때 운명과 같은 사람 두 명을 만나게 됩니다. 6·25에 참전한 흑인병사(침례교 목사)와 유엔군 차림의 한국인 청년(가톨릭신학대학 신학생)이었습니다. 압록강 전투 투입을 목전에 두고 있던 그들은 소녀에게 식량과 담요 등이 담긴 유엔군 배낭을 모두 주며 "성당을 찾아가 마리아라는 본명으로 세례를 받아라. 우리가 살아오면 너를 꼭 찾아올게."라는 말을 남기고 압록강 전선으로 떠났습니다. 이름도, 성도 몰랐습니다. 하느님은 때로 야속하십니다. 마리아님과 그들 인연은 그게 시작이자 끝이었습니다. 고대하던 재회는 없었습니다. "두 분이 나 대신 굶어 죽고, 나 대신 얼어 죽었다고 생각하며 여태까지 "세 사람의 몫을 살자." 다짐했던 것을 지키며 산다고 합니다. 거리에서 성냥을 파는 소녀를 보고 부평 경찰서 경찰들이 와서 소녀를 보건소로 데리고 갔습니다. 의사를 만나 이 소녀에게 병원에서 일을 시키며 발전할 기회를 찾아주라 했습니다. 마리아님은 무면허 간호사이지만 보건소에서 청소하고 밥하고 빨래하며 동생들을 부양하였습니다. 성병 예방 치료 약인 페니실린을 일주일에 4700명 성매매 여성들에게 주사했다 합니다. 하루에 800명에게 주사한 거지요. 이렇게 말 한 6년 전 마리아님의 회상이 지금도 아리기만 합니다.

　부부의 퇴직금과 마리아님의 연금과 딸 넷의 혼수비용까지 보태 갈 곳 없는 여성들을 위한 시설을 건립하고, 식구 여섯 명 모두 사회복지사 자격증을 받은 사실도 알게 됐습니다. 마리아님의 한마디 한마디가 비수처럼 꽂혔습니다. 그리고 2020년 지난해 성탄절을 맞아 마리아님을 다시 한번 지면에 모셨습니다. 16년이란 세월 동안 한 기자가 한 신문에 한 인물을 세 번이나 다룬 것은 흔한 일은 아닙니다. 그만큼 마리아님에 대한 애정과 경외가 컸다고 할 수 있을 겁니다. 예전과 달리 이번에는 마리아님은 거동이 매우 불편했습니다. 고관절 수술로 침대에 누워 지내고 있다 했습니다. 그럼에도 스마트폰을 타고 들여오는 그의 목소리는 흔들림이 없었습니다. 이웃에 대한 사랑과 하느님에 대한 헌신을 노래했습니다. 고난이 잉태하는 회개와 희망을 되새김했습니다. "지금처럼 행복하고 평화로운 때가 없었습니다"라고 고백했습니다. 어마어마한 역설입니다. 온몸에 아프지 않은 데가 없는데 행복하고 평화롭다니요? "신앙의 힘이란 이토록 위대한 것일까?"라는 의문이 들지 않을 수 없었습니다.

2020년 크리스마스 기사는 칼럼 형태였습니다. 2004년 나자렛 성가원 소개 기사, 2015년 전면 인터뷰 기사에 이은 '마리아님 3부작'인 셈입니다. 코로나19 대재앙을 이겨내는 이웃에 대한 사랑과 연대를 마리아님을 통해 다시금 찾고 싶었습니다. 2020년 성탄절 통화에서 마리아님은 "몸이 아프니까 오히려 예수님과 더 하나가 되었습니다. 매일매일 가족, 제자, 대자, 대녀 등 지인 81명에게 당일의 성경 말씀을 카톡으로 보내고 있어요. 제가 살아있다는 증거로 보내는 것이지요. 궁금해하니까요. 코로나의 고통과 공포를 조금이나마 나누려고 해요. 그리스도의 또 다른 이름은 바로 고통이거든요."라고 말했습니다. 이후 저도 마리아님의 카톡을 하루도 빠지지 않고 받고 있습니다. 매일 출근길을 마리아님의 성경 말씀과 함께합니다. 믿음이 턱없이 부족한 저 자신이지만 마리아님의 고난과 용기를 상기하며 하루하루를 여는 에너지를 얻습니다. 카톡에 붙인 "많이 힘들죠?", "기도할게요.", "응원합니다.", "정말 고마워요.", "항상 건강하세요." 하는 이모티콘을 보냅니다. 그 이모티콘은 또 얼마나 귀여운지요. 마리아님은 사랑의 배터리, 희망의 발전소입니다.

마리아님으로부터 『우리들 인생의 '깔딱고개' 이야기』에 대한 추천서 글을 부탁받고 많이 망설였습니다. 제가 과연 그럴 자격이 있는지 자신이 없었습니다. 마리아님은 물론 독자들에 누가 될 것만 같았습니다. 그럼에도 컴퓨터를 켰습니다. 모자란 만큼 솔직하게 쓰자고 마음먹었습니다. 마리아님의 원고를 읽으며 마음껏 울고 웃었습니다. 곳곳에 줄을 치며 공감했습니다. 타인의 말과 글과 정리하는 기자의 기술을 살려 책 내용의 하이라이트를 전달해 볼까 했지만, 페이지를 넘기며 그런 생각은 접었습니다. 페이지 패이지 마다 마리아님의 진심과 정성이 깃들어 있기 때문입니다.

그래서 마리아님과 저의 인연을 앞세우기로 했습니다. 그릇된 판단이라면 모두 제 책임입니다. 마리아님의 '깔딱고개'는 열 손가락으로 다 셀 수 없습니다. 역경과 극복, 절망과 희망의 숱한 변주곡이 이 책에 울려 퍼집니다. 또 그 깔딱고개는 마리아님 혼자만의 깔딱고개가 아닐 겁니다. 가난과 전쟁, 이념과 분단, 성장과 소외라는 20세기 한국인의, 나아가 지구촌 전체여성들의 공통된 깔딱고개입니다. 지금 외롭고, 아프고, 힘든 사람들이라면 이 책에서 엄청난 위안과 소망을 찾을 수 있을 것이라 확신합니다. 가톨릭 신자이든 아니든 상관이 없습니다.

하느님 앞에서는 우리 모두 곱고 예쁜 자녀들 아닙니까. 불편한 손가락으로 스마트폰 자판을 한 자 한 자 누르며 원고를 완성한 마리아님께 고맙고 행복하다는 말씀을 전합니다. 무엇과도 바꿀 수 없는 소중한 선물을 받은 것 같습니다. 하고 싶은 말은 많지만, 마리아님이 가장 좋아하는 윤동주 시인의 「십자가」로 맺음말을 대신하고 싶습니다. 혹 마리아님의 마지막 깔딱고개와 마주하는 그 날이 오더라도 절대 슬퍼하지 않고, 윤동주의 이 시를 떠올리겠다고 약속드립니다. 마리아님의 기도는 언제 어디서나 끊이지 않을 것입니다. 예수님의 무한 사랑과 영원히 함께할 것으로 믿고, 또 믿기 때문입니다.

"쫓아오던 햇빛인데 지금 교회당 꼭대기 십자가에 걸리었습니다.

첨탑이 저렇게도 높은데 어떻게 올라갈 수 있을까요.

종소리도 들려오지 않는데 휘파람이나 불며 서성거리다가

괴로웠던 사나이 행복한 예수 그리스도에게처럼

십자가가 허락된다면

모가지를 드리우고 꽃처럼 피어나는 피를

어두워 가는 하늘 밑에 조용히 흘리겠습니다."

차례

5 … 전집 출간을 축하하며

9 … 추천사 – 고계영, 작은형제회

12 … 추천사 – 박정호 중앙일보 수석논설위원

26 … 서문

1장 우리들 인생의 '깔딱고개' 이야기

30 … 우리들 인생의 '깔딱고개' 이야기

34 … 시작과 끝이 하나로 이어지듯

38 … 어디쯤 가고 있는가, 나는 지금

42 … 6·25 한국전쟁 그 일흔두 해에

44 … 운전대를 놓으며

49 … 문학의 본질적 사명

53 … 답안지를 제출해야 하는 시간

55 … 외로운 사람들 사이에서

58 … 덤의 삶

2장 나와 친구의 이야기

61 … 인천 창영 초등학교 시절

70 … 무면허 간호보조사 시절

77 … 고아원, 고교 시절

83 … 수녀가 되고 싶었던 대학 시절

94 … 하례객 없는 혼배성사

97 … 잊을 수 없는 한소령韓少領

105 … 하느님이 주신 섭리적 시련 앞에서

107 … 다시는 떨어져 살지 않으리

3장 108 그리움과 36의 꿈

112 … 사회복지를 향한 나의 첫걸음

115 … 〈나자렛 성가정 공동체〉 신축회관 축복 미사에서

120 … 〈사회복지법인 나자렛성가회〉로 발전하기까지

126 … 〈나자렛성가회〉의 내일

128 … 으뜸 바보와 그 제자 바보들

135 … 침묵 속의 '뿌스띠니아'를 견디며

140 … '평신도 수도공동체'를 향해 가는 길목에서

144 … 죽는 이와 남는 이를 위하여

4장 하느님의 사도가 되어

152 … 말레이시아의 제임스 찬 주교님

160 … 이복순 루시아 어머님과 그 외아들 주교님

165 … 화해의 다리를 놓으신 요한 바오로 2세 교황님을 애도하며

171 … 루케치오 형제회의 가족이 된 것을 감사드리며

179 … 루케치오 형제회 설립 10주년을 맞이하여

182 … 봉암 스님이 돌려주신 십만 원

188 … 상품권을 돌려보내신 은사님

194 … 눈물, 그 고마운 은총의 샘

5장 사막의 언어

198 … 사막의 언어, 『뿌스띠니아』

201 … 감사하여라 구원받은 나환자처럼

208 … 성령의 은사와 열매

222 … 악마로부터의 해방과 자유

230 … 나는 왜 죽음을 공부하게 되었는가?

240 … 예수님의 눈물   265 … 성모님의 발현

277 … 쉐이어 신부님을 만난 이야기

288 … 기적적인 은총의 신비

295 … 흙에서 나와 흙으로 돌아가리니

6장 성북동 비둘기

299 … 장애인의 어려움을 생각해 본다면

301 … 장애인 자녀를 둔 친구 부부에게

304 … 친구의 딸을 위한 결혼주례

308 … 우리 집에 찾아온 성북동 비둘기

313 … 둥지를 떠난 비둘기가 돌아오기를 기다리며

317 … 영적으로 보고 듣고 말하는 사람들

322 … 초가을의 난방

326 … 구명보트의 빈자리

329 … 군에 입대한 아들들에게

332 … 유대인과 평생교육

343 … 미주 한인교포의 세계사적 존재 이유

351 … 신부활론新復活論 울릉도 헬기 사고에서 살아온 이야기

357 … 한여름 날의 기도

361 … 살아온 날이 감사하고 살아갈 날이 은혜롭습니다 1

367 … 살아온 날이 감사하고 살아갈 날이 은혜롭습니다 2

373 … 살아온 날이 감사하고 살아갈 날이 은혜롭습니다 3

379 … 살아온 날이 감사하고 살아갈 날이 은혜롭습니다 4

387 … 살아온 날이 감사하고 살아갈 날이 은혜롭습니다 5

394 … 천상에 계시든 지상에 계시든

397 … 전대사全大赦를 위한 하느님 자비의 5단 기도

7장 나의 기도문

400 … 말씀들

402 … 하는 일이 잘되기를 구하는 기도

403 … 가난의 극복을 위한 기도

405 … 질병의 치유를 위한 기도

409 … 성령쇄신을 위한 기도

410 … 분단의 극복을 위한 기도

413 … 생명의 완성을 위한 기도

이인복 마리아의 연보年譜 … 414

서문

『슬픔이 있는 곳에 기쁨을』,『고통이 있는 곳에 행복을』, 그리고『하느님을 체험한 성경의 여인들』에 이어 네 번째로『우리들 인생의 깔딱고개 이야기』를 펴냅니다. 그 외에 죽음 주제를 다룬 작가와 작품 평설한 문학 비평서들이 있고, 죽음 또는 신앙을 주제로 한 번역서들을 펴냈습니다. 특히『슬픔이 있는 곳에 기쁨을』은 6·25 한국전쟁을 주제로 쓴 글들을 모은 것으로 죽음과 임종에 관한 평생의 의문에 대한 해답을 모색한 책이어서, 6·25 한국전쟁 후 일흔두 해가 된다는 사실을 헤아리며, 가슴이 겨울비에 젖습니다.

6·25가 아니었다면 나는 글을 쓸 이유가 없었을 것입니다. 6·25는 나에게 불치의 병을 주었습니다. 그러나 그 병의 치유 과정에서 나는 고통의 신비도 깨달았습니다. "슬픔과 고통을 거친 후에야 기쁨과 행복이 찾아온다."는 믿음이 그리스도께서 가르치신 복음의 핵심임을 깨달은 일은, 인생에서 터득한 가장 소중한

영적 자산입니다. 그래서 문학은 내 수도修道와 구원의 도정道程이 었습니다.

6·25의 한국전쟁으로 인한 가정의 붕괴와 가족의 이산離散으로 인한 아픔의 질곡에서 사경을 헤매다가, 나는 윤동주의 시구처럼 "십자가에 걸리어" 하느님 성부 성자 성령의 구원을 받았습니다. 내가 십자가를 잡은 것이 아니라 십자가가 나를 잡아주었습니다. 그 과정에서, 성령으로 세례받고, 영혼의 눈이 뜨는 치유의 기적도 체험했습니다. "왜 하느님은 우리 민족에게 6·25 한국전쟁을 허락하시어 우리 민족을 고생시키고 이산의 아픔을 앓게 하셨습니까?"라고 따지던, 고질적 분심憤心에서 해방되어 감성과 영혼의 치유를 받았습니다.

인생의 고통은 하느님께서 주시는 것이 아니었습니다. 고통은 인간들 사이의 불일치와 시기와 증오와 분열이 초래하는 불행이고, 하느님은 그 고통 속에서 상처받고 허덕이는 인간을 일으켜 세우시고 키우시고 세상의 평화를 위하여 일하게 하신다는 심오한 신비를 깨달았습니다. 그 치유의 과정을 기록한 책이 『슬픔이 있는 곳에 기쁨을』, 『고통이 있는 곳에 행복을』, 그리고 『하느님을 체험한 성경의 여인들』이었습니다.

하느님의 섭리가 나를 어떻게 이끄시고 삶의 길을 인도하시고 치유하셨는지, 그 체험을 고백하였습니다. 특히 성령 체험 이후에 나는 성경을 정독하기 시작하였고, 성경 안에 등장하는 여성 42인을 선택하여 그들이 하느님을 체험하고 치유되고 구원받는 과정을 내 삶 속에 조명하였습니다. 그 기록을 편집하여 출판한 책이『하느님을 체험한 성경의 여인들』입니다.

내 치유체험의 결실은 치유 봉사의 삶으로 이어졌습니다. 성매매 피해 여성, 가정폭력 피해 여성들과 함께 살며 쉼터를 운영하는 <나자렛 성가원>과 <나자렛 성가정 공동체>를 창설 운영하면서, 나는 내세 천국의 지상 실현을 보았습니다. 내세 천국은 지상천국으로부터 시작되고 이어집니다.

지상에서 서로 사랑하며 천국을 체험하지 못하였는데 어떻게 죽어서 천당을 살겠습니까? 지상에도 신비로운 천국이 존재합니다. 태어남도 죽음도 부활도 영생도 지금 여기 지상으로부터 그 체험이 시작되어 내세 천국으로 이어집니다.

여기 펴내는『우리들 인생의 깔딱고개 이야기』는『하느님을 체험한 성경의 여인들』이후 여기저기 발표한 글들, 또 피정 강의 노트를 풀어 쓴『예수님의 눈물』과 <나자렛 성가회>를 운영하면서 쓴『108 그리움과 36의 꿈』, 그리고 <나자렛 성가회> 소식지에 발표한 글들을 모은『절망이 있는 곳에 희망을』중에서 선별한 글들입니다. 이 조각보 같은 글들과 사연들을 네 번째 수상집으로 묶어 자식들과 제자들과 은인들과 지인들에게 사랑과 감사의 고백으로 남깁니다.

2021년 6월

이인복 마리아 씀

1장

우리들 인생의 '깔딱고개' 이야기

우리들 인생의 '깔딱고개' 이야기

요즘 들어 자주 죽음을 생각합니다. 얼마나 더 살까? 죽음 후엔 다시 태어나는가? 죽음은 끝인가? 아니면 시작인가? 다시 산다면 어떤 모습일 것인가? 사랑하던 사람을 다시 만날 것인가? 만난다면 어느 순간의 모습으로 다시 만날 것인가? 아이 적 모습일까? 청춘 때 모습일까? 임종 시 모습일까? 죽을 때 나는 마지막으로 무슨 말을 남기고 가게 될 것인가? 내세는 어떤 곳일까?

19년 전인, 2002년. 숙명여자대학교의 정년퇴임을 앞둔 때였습니다. 친구 의사가 내 건강을 염려하여 매일 운동할 것을 권하였습니다. 운동하지 않으면 오래 살지 못할 것이라고 엄포를 주었습니다. 당장에라도 중병에 걸릴 것처럼 으름장을 놓기에 순종하여 등산을 시작하였습니다. <나자렛 성가원>에서 가까운 이북5도청 청사를 지나 북한산에 오르는 등산을 시작하였습니다. 공기 오염으로 인해, 산에서 내려다보면 회색으로만 보이는 매연으로 서울이 덮여있지만, 이북5도청이 자리 잡은 산비탈 주변 마을은 산과 꽃과 나무에 둘러싸여 있어 아마도 서울 안에서는 공기가 가장 맑고 아름다운 곳일 듯합니다. 북한산에 오르는 경로는 다양하지만 나는 구기동에서 문수사를 거쳐 대남문과 보현봉까지 다녀오는 길을 좋아합니다. 그 길에 '깔딱고개'가 있기 때문입니다. 처음에는 '깔딱고개'까지 가는 것만도 숨차고 힘들었습니다. 지나가는 등산객들은 "할머니! 쉬어 가시지요. 무리하시면 위험합니다."라고 말했습니다. 심장마비로 쓰러질까 걱정이 되었던 모양입니다. 그런데 반년 동안 꾸준히 산행을 계속하자 "아주머니, 어쩌면 산을 그리 잘 타십니까?"라는 칭찬을 받을 만큼 달라졌습니다. 숨찬 것이 거의 없어지고, 혈색도 좋아지고, 체중도 줄었습니다. 문수사를 지나 대남문과 보현봉까지 다녀 내려오는 데에는 세 시간이 걸립니다. 세 시간 산행에서 제일 좋아하는 지점이 '깔딱고개'입니다. 거기서 나는 삶의 가치를 확대하는 무한한 가능성을 체험하였습니다. 고뇌에서의 해방이라고 할까, 소아 의식에서 벗어난 대아 의식이라고 할까, '깔딱고개'에서 느끼는 감동은 영적 신비와 정신적 감동과 신체적 치유를 모두 아우릅니다. 높은 산에 올라본 적이 없는 사람은 아마도 내가 '깔딱고개'에서 느끼는 감동을 말로 들어서는 실감하지 못할 것입니다.

구기동 매표소에서 1,840m 지점에 있는 '깔딱고개'까지 가려면 몇 차례의 고개를 넘어야 합니다. 그 고개들을 넘을 때마다 번번이 거기가 산정이고 등반의 끝이라 생각되는데 실제로는 그렇지 않습니다. 더 가면 거기 또 더 갈 길이 남아 있으니, "이젠 정말 끝이구나 하며 깔딱거리면서 오른 다음에야, 비로소 등반이 시작된다."라는 칼릴 지브란의 명언이 맞습니다. 이렇게 속고 속으며 몇 개의 고개를 오른 마지막 지점에서 다시 제일 높은 산봉을 마주 보며 '깔딱고개'라는 표지판을 만나는데, 일종의 인격적 만남이었다고 고백해야 마땅할 이 표지판과의 첫 만남에서 나는 참으로 유례없이 깊은 감동을 하였습니다. 그리고 거기서 나무와 바람과 산에 안겨 잠시 휴식을 취하자, 대남문까지 이르는 나머지 600m는 걷기가 힘들지 않았습니다. 산, 바람, 풀 향기, 그리고 창조주만이 내 의식을 차지하였습니다. 시간이 멈춘 영원의 체험이었습니다. 형이하학에서 형이상학으로, 소요騷擾에서 침묵으로, 물질에서 정신으로, 증오에서 용서로, 미움에서 사랑으로, 탐욕에서 나눔의 의지로, 나날이 변화되어가는 자아를 만날 수 있었습니다. 칼릴 지브란이 말하는 '등반'도 산, 바람, 풀 향기, 그리고 이 모든 만물의 창조주를 만남이었습니다.

우리 모두의 한평생에도 누구에게나 '인생의 깔딱고개'가 있습니다. '깔딱고개' 아래서는 하루가 천년 같고 지루하지만 '깔딱고개'를 지나면 천년이 하루 같은 초월 세계를 체험하므로, 늙음도 죽음도 부유함도 가난함도 더 이상 우리 의식의 자유를 방해하지 못합니다. 깨어 있고 비어 있는 자아와의 만남이 이루어지기 때문입니다.

문수사, 대남문, 보현봉으로 가는 길의 '깔딱고개'에서는 앞서 열거한 질문들. 얼마나 더 살까? 죽음 후엔 다시 태어나는가? 죽음은 끝인가? 아니면 시작인가? 다시 산다면 어떤 모습일 것인가? 사랑하던 사람을 다시 만날 것인가? 만난다면 어느 순간의 모습으로 다시 만날 것인가? 아이 적 모습일까? 청춘 때 모습일까? 임종 시 모습일까? 죽을 때 나는 마지막으로 무슨 말을 남기고 가게 될 것인가? 내세는 어떤 곳일까? '깔딱고개'에서는, 이러한 질문들에 대답하기가 쉬워집니다.

시작과 끝이 하나로 이어지듯

　기승을 부리던 더위가 한풀 꺾이는 데만도 가을 한 철을 다 보낸 후 다시 이어 한파 폭설이 몰아친 숨찬 한 해였습니다. 마른 낙엽들을 가끔 하늘로 솟구쳐 올리던 초겨울 바람과 함께 묵은해의 끝자락이 하늘 끝으로 사라지고 있습니다. "시작은 끝으로, 끝은 시작으로 통한다."라는 경구를 절실히 실감합니다. 한 해의 마지막에 서면 늘 가슴이 아쉬움과 조급함으로 가득합니다. 중간중간 떠올려 봤어야 할 한 해의 계획이, 막혔던 물꼬가 터지듯 한꺼번에 덤벼들기 때문입니다. 새해를 준비해야 하는 이런 시간에는, 이따금 성취의 기쁨을 맛보았을 일조차도, 어쩐지 부끄럽게 여겨져, 왠지 지난 일들에 민감해집니다. 새로운 한 해를 맞이하여 새로운 각오로 내일을 향하여 발걸음을 내딛는 것도, 한 생명이 세상에 태어나 학업의 각 단계를 마치고, 사회에 나아가 직업을 갖고, 또 새로운 가정을 이루는 등 일련의 과정들도, 결국은 인생이라는 높은 산을 완주하는 한 발짝 한 발짝의 발걸음과 같습니다. 수면에 조약돌 하나가 떨어지면 균일한 파장의 동심원을 그리며 물결무늬가 퍼져나갑니다. 하나하나가 동떨어진 원형을 그리는 게 아니라 꼬리에 꼬리를 물고 연결됩니다. 산을 오르며 느끼는 것도 이렇게 시작과 끝이 하나로 이어짐을 보는 감동과 유사합니다.

　새벽에 문을 나서 설렘으로 가득한 가슴을 안고 등산길의 초입에 들어섭니다. 팔다리 마디마디가 아직은 잠에서 덜 깨었노라고 뒤늦은 기지개를 켜며 깨어납니다. 새벽 어스름이 걷히고 붉은 흙과 자갈이 발밑에 나타나 보이면 행장을 갖추고 산을 찾은 등산객들이 여기저기 눈에 뜨입니다. 어느 정도 산행이 계속되면 목도 마르고, 숨도 가빠지고, 걸음 속도가 서서히 느려집니다. 그럴 때면 잠시 앉아 목을 축일 수 있는 편한 자리도 찾아보고, 삼삼오오 모여 앉아 이런저런 얘기도 나눕니다. 얼마나 올라왔는지도 가늠해 보고, 정상까지 거리가 얼마나 남았는지도 추정해 봅니다. 그런 짧은 휴식 시간에는 반성하는 이야기들이 오고 가기도 합니다.

　누구는 앞으로만 나서겠다는 욕심에 시선을 높게만 두어 발을 헛디뎠노라고. 누구는 언제쯤 정상에 도달할까? 그 생각에만 골똘하며 걷느라 주위 경치는 하나도 둘러보지 못했노라고. 또 누구는 반쯤 올라왔을 때 너무 힘들어 그만 되돌아갈까 하는 유혹에 끌려 자꾸 뒤를 돌아다보았노라고 말합니다. 산행에 익숙해져 나름 일가견을 가지고 있는 이들의 조언에 따르면, 정상 즉 산행의 종착지만을 염두에 두어서는 안 된다고 합니다. 뒤를 돌아다보며

"이 길을 거쳐 왔구나." 하고 머리를 끄떡여 보기도 하고, 전방에 위치한 웅장한 산봉우리의 위용에 산행의 의욕을 더욱 다져보기도 하고, 한 걸음 한 걸음 자신이 착지하는 지점을 각별하게 사랑하며 즐기라는 것입니다. 정상에 올랐다는 승리감에만 의미를 두는 이들, 끈기가 없어 중도에 포기하는 이들, '깔딱고개'를 거치며 느끼는 희열을 체험하지 못하는 이들은, 산행의 즐거움을 모른다고 합니다.

새해를 맞아 여러 가지 계획을 세우고 이를 실행하여야 할 우리 모두가 한 번쯤 생각해 보아야 할 일입니다. 나에게 주어진 일, 주어진 24시간이 내 인생 전체 안에서 어떤 유기적 관련성을 지니고 움직이고 있는지 성찰하며 살아야 한다는 것입니다. 가치관의 확립이 필요하다는 말입니다. 작은 일 하나하나가 주는 작은 성취와 반성의 의미를 간과하지 말아야 한다는 것입니다. 인생의 시간은 어느 한중간을 뚝 끊어 그 시간만의 가치를 논할 수는 없습니다. 마찬가지로 우리가 우리에게 주어진 시간을 다 썼다고 해서 그 시간들을 자료철에 묶어 매달아 두거나 옆으로 밀어 둘 수 있는 것도 아닙니다. 어떤 자세로 순간순간을 사느냐의 문제는 어떤 가치관으로 인생을 살아가느냐의 문제입니다. 한평생을 살아나가는 유일무이한 삶의 과정에서 순간순간 힘겨운 시련이 찾아

옵니다. 하루를 사는데도, 시간을 어떻게 보내느냐에 따라 고난과 괴로움을 경험합니다. 평탄한 산행이 몸은 덜 피곤해도 무언가 어쩐지 미진한 느낌을 남기듯, 우리 인생에서도 고통의 순간들이 없다면 열렬한 애정으로 그 삶을 수용해야 하는 이유를 절감하지 못합니다. 그러므로 사방이 벽으로 둘러싸인 것 같은 절망에 휩싸인다고 하여도 운명을 한탄하는 데 그쳐서는 안 됩니다. 그 험난한 고개를 넘어선 후에야 받을 수 있는 것들을 생각해야 합니다. 어렵게 오르느라 온몸이 땀에 절고 발바닥은 부르터도, 반대편 하산 길에서 우리를 식혀줄 산들바람과 지친 걸음에 다시 힘을 불어넣어 줄 맑고 시원한 약수를 떠올리면서 말입니다. '깔딱고개'는 북한산 길목에만 있는 것이 아닙니다. 산행을 통해서만 새로운 삶의 경지를 이해할 수 있는 것도 아닙니다. '깔딱고개'가 가장 험한 북한산 등반 길목의 한 지점이긴 하지만, 동시에 한 번쯤 쉬면서 생각에 잠겨 보는 기회를 제공하는 분기점이기도 하듯, 살아가면서 겪는 온갖 고통도 우리에게 고난을 통한 큰 배움을 제공하는 '깔딱고개'들입니다.

    새해가 밝았습니다. 차근차근 걸음을 시작해야 하는 낯선 새해 새 길이 집 문 앞에 다가와 있습니다. 시간은 조화로운 이어짐을 계속하는 수면 위의 물결무늬입니다. 시간은 '깔딱고개'를 지닌 기나긴 산행입니다. 시간은 사람을 사람답게 하는 가르침과 반성의 거울입니다.

2000년 1월

어디쯤 가고 있는가, 나는 지금

온 힘을 다하여 밀린 글을 쓰고 있는데 전화벨이 울렸습니다. 기다리던 사람의 음성이 만약 흘러나왔다면 금방이라도 기운이 솟아났을 터인데, 거절당할까 봐 약간은 겁에 질린 연약한 소녀 같은 음색의 목소리로 원고를 청탁하는 내용이었습니다. 당장은 거절하고 싶은 마음이 컸지만, 병원에서 발간하는 월보의 권두언이라 하여 나는 나의 이기심을 누르고 써 주겠다고 약속했습니다. 생명을 살리는 일을 하는 의사나 간호사 그리고 환자와 그 가족들이 읽는 책인데, 내가 지금 마음과 가슴을 앓고 있듯 그렇게 앓고 있는 모든 사람에게 따뜻한 편지 한 장을 써 수신자의 마음에 조금이나마 위로와 격려가 된다면, 그 한 장의 편지를 쓸 애정을 지녀야 하지 않겠는가? 그런 마음으로 나는 원고 청탁을 수락하여야 했습니다. 사람은 하고 싶은 일만 하면서 살 수는 없습니다. 오히려 하고 싶지 않은 일에 쫓기면서 그 일들을 처리하면서 인생 전반을 살다 가는 경우가 허다합니다. 그래도 그것이 인생의 소명이라 생각하면서 하루하루 정해진 일을 최선을 다해 완수하며 사는 것이 우리 인생입니다.

말복 더위의 폭서에 땀을 흘리면서 추석 무렵에 읽을 글을 써야 하는 일, 다시 추석이 되면 혼자 웅크리고 앉아 크리스마스에 읽을 글을 써야 하는 일, 그리고 크리스마스의 징글벨 캐럴을 들으며 초봄에 피어나는 개나리와 진달래를 생각하며 글을 쓰다 보면, 어느새 한 해 위에 또 한 해가 얹혀 저물어 갑니다. 늙어간다는 축복과 무디어가는 감성의 축복이 어떤 마음의 상처나 가슴앓이도 희뿌연 안개처럼 퇴색시킬 것이고, 그 인생 여정의 종점에서 우리는 아픔도 슬픔도 기다림도 그리움도 없는 온전한 치유의 죽음 앞에 서게 될 것입니다. 그렇게 숨차게 그리고 온갖 것을 포기하는 체념에 조금씩 익숙해지면서, 숨찬 나날을 오늘까지 살아왔습니다. 그러다가 나는 일종의 공무 성격을 띤 장기간의 장거리 여행을 하게 되었습니다. 내가 제일 바쁘고 고단하게 사는 줄로만 알았는데, 나보다 더 바쁜 분과 함께 여러 날 동안 공무 여행을 한 것입니다. 어느 회사의 중역인 그는 근무 서른 해가 되도록 업무와 무관한 여행은 남들이 다 간다는 제주도조차도 가본 적이 없다고 했습니다. 하기는 그렇게 열심히 일했기에 신입사원에서 중역까지 되었겠구나! 생각되어 그분의 삶 자체가 공들인 작품으로 느껴지기까지 했습니다.

　지혜로운 삶에 대하여 글을 써 달라는 부탁을 받고, 사적으로는 제주도 여행조차 해보지 못한 회사 중역에 대하여 말하는 이유는, 휴가 여행은 꿈에서도 가보지 못하는 사람이 나 외에도 또 있다는 사실에 고무되었기 때문이고, 또 제주도 여행도 엄두 내지 못할 만큼 충실한 삶을 사시는 분을 위로해 드리고 싶어서입니다. 김포공항 대기실에서 그를 만났을 때 그는 공항 대기실 서점에 들어가 책을 한 보따리 샀습니다. 비행기 안에서는 옆에 동행하는 사람이 있다는 것도 아랑곳하지 않고 오로지 책만 읽었습니다. 우리가 투숙하는 도시마다 미리 연락해 놓은 그의 회사 직원들이 나오면 그는 그들과 식사를 함께 하고는 비행기 안에서 읽은 책들을 그들에게 주었습니다. 그렇게 해서 여정을 마치고 귀국할 때쯤에는 그의 가방 안에 들고 간 서적들은 모두 없어진 상태이었습니다.

　그는 잠시 공항이나 상점 앞에서 자투리 시간이 날 때 큰 나무나 둥근 교각 기둥을 빙빙 돌다가 다시 반대편으로 도는 일을 어린이처럼 반복하였습니다. 왜 그러느냐고 물었더니, 잠시의 틈을

활용하여 운동하는 것이라고, 그렇게 하면 빈혈이나 두통이 없어지고 건강에 좋다고, 순진하게 말하였습니다. 그는 또 잠시라도 여유가 생기면 대기실 의자에 단정히 앉아 성경을 읽고, 식사 시간에는 반드시 아주 오랫동안 식사 전 기도를 했습니다. 이러한 모습을 지켜보면서 나는 그분이 가지고 있는 너무도 인간다운 삶의 자세에 마음이 끌렸습니다. 그는 정말로 자기 자신에 충실하였고, 곁에 동행하는 사람이 있다는 사실을 끝내 망각한 듯이 나와의 여정을 마무리했습니다.

유교에서는 '남녀칠세부동석'을 말했고 그리스도교에서는 "간음하지 말라." 했습니다만, 그의 일거수일투족에서 아름다운 감동을 받고, 이제 긴 공무의 여정이 끝나 각자의 삶으로 돌아온 지금까지도, 나는 그분을 생각할 때마다 아름다운 인간을 창조하신 하느님을 찬미하게 됩니다. 그분은 지금도 성경을 읽으면서 그리스도와 마주 앉아 회사 운영을 의논할 듯합니다. 아름다운 추억의 만남은 참으로 향기로운 은총이며 축복입니다. 그분이 생각날 때마다 나는 자문합니다.

"어디쯤 가고 있는가? 나는 지금"

하느님을 찾는 삶의 여정에서 그분은 완성된 삶의 거의 끝자락에 거의 다다라 있는 사람으로 보였습니다.

6·25 한국전쟁 그 일흔두 해에

20년 전에, 인천 창영 초등학교에 다녀왔습니다. 졸업한 후 일흔두 해가 되었습니다. 나는 6·25 한국전쟁이 일어난 해에, 창영 초등학교를 졸업하였습니다. 100회 졸업생을 배출하면서 학교 마당에 100주년 기념비를 세우는데, 그 비문을 창영 초등학교의 동기동창인 우리 부부가 공동으로 썼기 때문에, 기념비 제막식에 다녀온 것입니다. 감개무량하였습니다. 살아남은 것만도 감사한데 이렇게 졸업생대표로 100주년 기념 비문을 쓰게 되다니 …… 아버지가 학부모회 회장이셨던 곳. 운동회 날이면 내가 여왕이 되어 가장행렬을 했던 운동장. 그곳을 100회 졸업생 배출을 기념하여 기념비를 쓴 사람으로, 졸업한 지 일흔두 해 만에 다녀온 것입니다.

심봉석 작사 신귀복 작곡의 국민 애창곡 시 「얼굴」을 지금도 매일 부릅니다. "동그라미 그리려다 무심코 그린 얼굴"이라고 노래를 시작하면 어느새 눈물이 흐르고 목소리가 흐느낍니다. 아버지와 오라비들 그리움 속에서, 그 얼굴들이라고 도화지에 동그라미를 그려가며, 슬픔과 그리움을 삼키고 살아온 일흔두 해를 생각하며, 가슴 속에 찬 겨울비가 내립니다. 그러나 곧 다시 기도하면서, 잃은 사람들 생각에만 골몰하지 말고, 곁에 살아있는 사람들을 생각하자고, 두 손바닥으로 찬 가슴을 쓰다듬어 따뜻하게 해줍니다.

성가회 가족들과 제자들과 친지들과 자손들을 생각하며 기도하였습니다. 나에게 기도 부탁한 사람들, 기도해 주기로 약속한 사람들, 기도해 주어야 할 사람들, 주변에 아픈 분들을 위하여, 아버지가 걸으시던 학교 운동장을 거닐며 절실하게 기도하였습니다. 기도는 인간과 하느님 사이에 설치되는 연결 다리이고 또 인간과 인간 사이에 설치되는 연결 다리이기도 합니다. 기도하면 상처받은 사람들에게 위로의 손을 내밀게 됩니다. 어떤 일에서나 기쁨과 행복을 창출하는 삶을 살게 됩니다. 손해 본다고 생각되는 일을 당하여도, 감사하는 삶을 살게 됩니다. 그것이 귀 열리고 입 열리는 기적입니다. 멀리 있어도 그리운 사람을 보고, 멀리 있어도 그리운 사람의 말소리를 듣고, 멀리 있어도 마주 보고, 멀리 있어도 대화를 나누는 신비의 영역, 그것이 기도입니다.

전쟁으로 잃은 가족들만을 생각하며 슬픔에 젖어 사는 것도, 창영 초등학교 마당을 거닐며 회개하였습니다. 성가원에 가면 가족이 많지 않은가? 기다리고 있지 않은가? 서둘러 서울 나자렛 성가원과 나자렛 성가정 공동체로 귀가하였습니다. 성가원에서 창밖을 내다보면 황홀한 기막힌 장관이 열립니다. 봄에는 신록의 산이, 여름에는 녹음의 산이, 가을에는 단풍산이, 겨울에는 눈산이. 어디를 보아도 장관입니다. 숨 막히게 아름답습니다. 설악산에 와 있는 것 같습니다. 그러나 그 아름다운 경관도, <나자렛 성가원>이나 <나자렛 성가정 공동체>에서 살려고 찾아온 각양각색의 여성들과 함께했던 추억들 때문에 그립습니다. 포천으로 와서 사는지 오랜 세월이 흐른 지금도, 그곳이 그립습니다. 나 혼자 그리고 우리 가족만이 그 마을 그 아름다운 곳에서 살았다면 그 마을이 아무 의미가 없습니다. 함께 보냈던 추억이 있어서 <나자렛 성가원>과 <나자렛 성가정 공동체>가 있는 그 마을이 지금도 그립습니다.

6·25 한국전쟁 일흔두 해를 맞으며 내가 지금도 살아남아 있는 것을 하늘 우러러 감사합니다.

2021년

운전대를 놓으며

차를 가질 만큼 부유해서도 아니고, 그저 차가 고급 구두쯤으로 간주하는 열대의 나라에서 살았던 적이 있었기 때문에 나는 일찍 차 운전을 시작했습니다. 말레이시아 항구 도시 페낭에서였습니다. 페낭의 싸인스 국립대학교에 근무하며 거기서 운전면허를 받았습니다. 사람마다 서너 번은 떨어진다는 그곳의 까다로운 면허시험을 내가 단번에 합격한 데에는 그럴만한 곡절이 있습니다. 나는 차 운전을 시작하면서부터 신앙이 깊어졌다고 말해야 합니다. 신앙이 나를 합격시키었기 때문입니다. 평생토록 자동차 사고만 내지 않게 해달라고 기도했습니다. 우선 차의 시동을 걸기 전에 기도부터 먼저 하고. 차를 몰고 가면서도 기도하고, 운전이 끝나는 순간에도 기도합니다.

　면허시험을 치르던 때였습니다. 시험관이 옆에 앉아 있는데도 나는 기도를 한 후 시동을 걸었습니다. 시내 주행 중 급정거 시험 코스를 끝내고 나서도 운전대에 엎드려 기도했습니다. 마지막으로 시내 운전을 마치고 면허장에 들어와 후진 주차로 시험을 마치는데 내가 얼마나 조심스럽게 운전했던지 나의 운전을 지켜보던 시험 대기자들은 마치 묘기 자랑을 구경한 사람들처럼 나에게 박수를 보냈습니다. 시험관은 그런 일이 한 번도 없었다고 말했고, 나는 그렇게 기도와 조심성 덕택에 운전면허 시험에 합격했습니다. 이러한 나의 조심성이 반세기 나의 운전을 지켜 주었습니다. 운전의 전 과정을 기도로 알고 운전하는 나의 자세는 분명 나의 생활이 되고 신앙이 되었습니다.

말레이시아에서 한국으로 돌아온 1976년이었습니다. 한국에는 차를 모는 사람들이 많지 않던 시절이었지만 나는 계속해서 차를 몰았습니다. 더욱이 그때 나는 KBS 라디오 심야 방송에서 젊은이들을 격려하는 이야기를 한 주일에 한 시간씩 방송한 일이 있었는데, 차가 없이는 방송국에 다니기가 어려웠습니다. 그래서 방송국에는 차를 몰고 가고 숙명여자대학교에는 동료들의 눈치를 보며 버스를 타고 다녔습니다. 그러다가 주위의 눈치를 보는 마음이 조금씩 풀리면서 어느 날부터인가는 담대하게 학교에도 차를 몰고 가기 시작하였고 소형차가 어느 틈에 슬그머니 중고 중형차로 변하고 중고 중형차가 새 차로 바뀌었습니다. 겸허를 무시하고 오만이 자리 잡기 시작한 것입니다. 나는 그 당시의 내가 늘 부끄럽습니다.

그 후 차 운전 경력 20년이 지나 내 나이 노년에 이르러 나는 피곤을 느끼는 때가 잦아졌습니다. 몇 차례 위험한 사고도 치렀습니다. 한 번은 망우리 너머에 있는 이느 고등학교로 전교생 교양 강연을 하러 가야 하는데, 그날따라 큰 눈이 왔습니다. 가기 싫었지만 학교 행사에 차질을 줄 수 없어 조심스레 차를 몰고 갔는데 망우리 언덕 아래를 내려가던 때 눈길에 내 차가 미끄러져 인도에 곤두박질쳤습니다. 그리고 이어 차 4대가 덩달아 미끄러져 내 차를 들이받아 자가용 차 다섯 대가 충돌하였습니다. 설상가상으로 나머지 차 네 대의 운전사는 모두 자가운전이 아닌 고용 기사라며 나더러 해결해 줄 것을 머리 숙이며 간청하였습니다. 나는 나이 젊은 고용 기사들이 그들의 사장님에게 꾸중 들을 것이 측은하여 내가 모든 책임을 지고 보험 처리를 했습니다. 그때 나는 금전 손실보다 인사 사고 나지 않은 것만을 하느님께 감사했습니다.

두 번째 대형 사고가 발생하였습니다. 인천에서 강연하고 돌아오던 길이었는데 감기 기운이 있어 감기약을 사 먹고 출발했습니다. 감기약을 먹고 운전해서는 안 된다는 것을 나는 그때 톡톡히 배웠습니다. 신호에 걸릴 때마다 눈을 감고 잠깐 졸다가 또 운전하면서 겨우 서울 종로구 홍지동 집 앞까지 왔을 때였습니다. 나는 졸면서 "내가 지금 트럭으로 들어가네." 하면서 트럭 뒤 타이어 속으로 끼어 들어간 것입니다. 의식은 있지만, 의지가 말을 듣지 않았습니다. 그날부터 나는 졸음이 오면 절대로 운전하지 않습니다. 또 운전할 때는 감기약을 먹지 않습니다.

세 번째 대형 사고와 함께 나는 운전대를 완전히 놓았습니다. 차를 달리던 때였는데 내 앞에 있던 차가 급정거했습니다. 나도 급정거하면서 차체를 틀었는데 그만 낭떠러지 위에 오뚝 섰습니다. 왼쪽 뒷바퀴 하나만 착지하고 나머지 바퀴 셋은 모두 허공에 매달려 있었습니다. 크레인이 와서 쇠줄로 내 차를 묶어 평지에 옮겨 주고 갔습니다. 그런데 이 일을 끝으로 나는 반세기 간의 운전에 마지막 종지부를 찍었습니다. 운전을 그만하라는 하느님 말씀으로, 알아들었습니다. 누구보다도 일찍 차 운전을 시작했으니 그만둔다 해도 애석한 것은 없었습니다. 나의 운전이 너무도 조심스러워 차의 출발과 정지를 감지할 수 없다고 내 차를 타는 사람들은 말했습니다. 그런데 나처럼 출발도 주행도 정지도 느낄 수 없을 만큼 차를 곱게 운전하는 사람을 나는 아직 만나지 못했습니다. 그러나 나는 그때 차 운전을 내려놓으며 인사 사고 없이 마무리될 수 있었던 나의 운전 경력에 대하여 하느님께 감사합니다. 또한, 차 운전으로 인하여 나의 신앙이 하느님의 현존을 느끼며 사는 신앙으로 뿌리내린 것에 대해서도 감사합니다. 그리고 차 운전을 예술로 느낄 만큼 조심하며 운전할 수 있도록 도와주신 것도 하느님께 감사합니다. 절벽 위에 매달렸던 내 생명이 이제 자동차 운전에 연관된 부끄러운 고백을 털어놓음으로써 건전한 자동차문화 정착에 한 가닥 도움이 되기를 염원합니다. 자동차의 소형화, 자기과시가 아닌 기동성과 편의성만을 고려한 자동차문화,

운전의 예술성과 조심성과 준법성, 이웃을 생각하는 주차 문화 등이 우리나라에 하루빨리 뿌리내리면 좋겠습니다. 그러나 무엇보다도 중요한 것은 버스도 타고 전철도 타면서 되도록 많이 걷는 것이고, 바로 그것이 우리 신체의 요구를 충족시키는 가장 좋은 건강관리의 길이라는 점도 모든 국민이 체득하면 좋겠습니다.

문학의 본질적 사명

문학의 주체는 인간이고, 인간의 본질은 생명입니다. 공자님은 옛 시 모음집이라 할 『시경詩經』을 평하여, 시삼백편일언이폐지사무사詩三百篇一言以蔽之思無邪라 하여, 시를 한마디로 평하면 생각에 사악함이 없는 것, 즉 거짓 없음을 시라 했습니다. 서양에도 유사한 격언이 있어서 "시를 생활하는 것이 시를 쓰는 일보다 월등히 거룩하다." 했으니, 문학을 하는 것도 결국 진선미眞善美의 생활화라 하겠습니다.

지금 세상은 국제화 세계화의 물결을 타고 보편성과 개방성을 부르짖고 있고, 문학도 예외는 아니어서, 외국 문학의 한국어 번역이나 한국문학의 외국어 번역을 매우 중요한 일로 생각합니다.

그러나 번역사업도 중요하겠지만, 문학의 영역에서 생각해야 할 보다 본질적인 일은, 인류의 보편적 생명의 가치 실현을 위한 각성과 도덕성의 회복이라 생각합니다. 다시 말하면 동서양을 막론하고 인간 덕성의 기본윤리와 가치로 누구나가 공인하는 보편적 덕목인 진선미와 사무사思無邪의 기본윤리를 민족 정서로 복원하는 일이야말로, 문학의 급선무가 아닐까 생각합니다.

나는 『현대문학』 월간지를 통하여 문학비평으로 문단에 적을 두었습니다. 내가 대한민국 문학상을 받던 때였습니다. 어떤 원로 문인께서 "빨갱이 딸에게 어떻게 상을 주나?"라고 공석에서 말했습니다. 6·25 때의 14세 소녀가 이산離散의 상처를 안고 목숨을 부지하며 살아왔는데 그 아픔을 위로하지는 못할망정 한국 문단을 대표한다는 원로의 입에서 어떻게 그런 소리가 나왔을까, 그러고도 어떻게 문인이라는 이름으로 글을 쓸 수 있을까, 불가항력적 역사의 희생자인 납북자나 월북자가 빨갱이란 말인가, 그 어린 자녀들이 빨갱이란 말인가, 그러한 일련의 의문과 함께 그 원로 문인의 문학성이 의심스러웠습니다.

문인까지는 아니더라도, 무릇 인간이 할 일은 분열된 사람들을 화해시키는 일이어야 하는데, 스스로 자신을 문인이라 시인이라 자처하는 사람이 오히려 분열에 손발을 적시다니, "시를 쓰기 전에 먼저 시를 살라."는 격언이 무색합니다. 내가 여기서 사용하는 '시인'이란 말은, 문인이라는 말과 같고, 문인이라 하면 도덕적 윤리적으로 인류의 보편적 인격자를 말합니다. 그러한 사람은 자연히 화해와 일치를 이루어가는 글을 씁니다. 만일 시를 쓰되 공동체를 이간하고 화해를 가로막는다면 그는 분명 시인도 문인도 아닙니다. 사무사思無邪하는 마음의 자세로 의식이 깨어 있고 열려 있으며 자유와 평화에 대한 초월적 의지를 다지고 모든 삼라만상에 생명을 부어주는 마음을 가진 사람이라면, 그는 좋은 시를 쓰는 좋은 시인입니다. "허드슨강 강가에서 은비늘 번쩍이는 서울을 낚는다."라는 이우영 시인의 시구에는 그의 조국애가 살아있고, "여류시인도 멘스를 하나?" 생각했노라 하는 문정희 시인의 시구에는 시인을 하느님 자리에 놓고 보는 도덕성이 살아있습니다.

대통령도 국회의원도 장관들도 잘 아는 교계의 거물이 설교하는 동안 "그 사이 예수님은 작은 교회의 작은 목사를 찾아 떠나셨다."라는 도한호 시인의 시구에는 그리스도적 사랑의 본질이 내포되어 있습니다. "목이 아프다. 서양의 큰 키들을 당해 내려고 젊은 날 내내 목을 빼고 산 탓이겠지. 그래도 내 건강법은 내가 알지. 보일 듯 말 듯한 코스모스 꽃 판에 들어가 너도나도 함께 은근히 목을 흔들어 대면 목도 머리도 깨끗하게 되지."라고 고백한

마종기 시인의 시에는 미국에서 이민 생활을 하면서 얻은 향수와 조국애가 흐르고 있습니다. 조국이 그에게는 치유의 원천입니다. 시詩가 어떻게 인간의 구겨진 자존심을 살려주는 생명력을 가졌는지에 대해 생각해 봅시다. 이광석 시인의 「라면 한 그릇」이란 시의 일부입니다.

> 너는 절망에 익숙한 잡초다.
> 연탄불 위에서 떨리는 젓가락 끝에서 허기진 위 속에서
> 죽은 기 펴게 하는 끈끈한 질경이다.
> 일상의 난파당한 희망을 예인하는 한 끼의 실낱같은 암울한 쉼표다.
> 너는 어머니의 초상화다.

물질적으로는 가난하나 영적으로는 풍요한 문학인의 초월 의지가 읽힙니다. 이러한 인간의 내면적 진실과 승리는 문학이 담당해야 할 가장 고귀한 본질적 사명입니다. 문학의 기능을 생각하면서, 다른 어떤 거창한 이념들보다도, 인류의 보편적 윤리 및 만고불변의 가치관 확립이라는 도덕성의 정착을 민족의 기본 정서로 지니고 성장해 온 국민이 다 같이 문학을 생활화하는 사회풍토가

조성되기를 기원합니다. 번역사업과 노벨문학상 받기 추진 운동 등은 그다음에 해도 늦지 않을 것입니다.

답안지를 제출해야 하는 시간

초록도 지쳐서 단풍이 든다고, 미당 서정주 시인이 읊었던 가을. 사람의 계절도 이제 지쳐 단풍색으로 물드는, 가을이 깊어갑니다. "들판 위엔 바람을 놓아주시고, 마지막 열매들이 여물도록 따뜻한 날을 이틀만 더 베푸시어 무거운 포도송이에 마지막 단맛을 넣어주소서."라고 라이너 마리아 릴케가 시를 읊었던 가을. 우리도 이제 주님이 베푸시는 날들을 이틀만 더 받아, 완성을 이루어야 할 시간입니다. 완성이란 어떤 것인지요. 영국의 시인 바이런이 케임브리지 대학에서 공부하던 때, 종교학 시험을 치르는 교실에서였습니다. 시험문제는 예수 그리스도와 포도주의 관계에 담겨 있는 영성을 서술하라는 것이었습니다. 두 시간 내내 창밖만 바라보고 있는 바이런에게 교수가 걱정스레 왜 답안을 쓰지 않느냐 묻자, 정답을 구상 중이라 대답했습니다. 드디어 시험 종료를 알리는 신호가 울리자 바이런이 한 문장으로 답을 썼습니다. "물이 그 주인을 만나자 얼굴이 붉어졌다." 바이런은 그 종교학 강의에서 만점을 받았습니다. 우리의 삶이 만점이 되기 위해 우리는 남은 날들을 어떻게 살아가야 하는지요.

나무 세 그루가 살았습니다. 세 그루의 나무들은 각기, 하나는 "세상에서 제일 귀한 보석 상자가 되고 싶다." 했고 또 하나는 "위대한 왕을 태우는 세상에서 가장 힘센 배가 되고 싶다." 했고 나머지 하나는 "사람들이 우러러보는, 세상에서 제일 큰 나무가 되어, 항상 이 산 위에 있고 싶다."라고 말했습니다. 그리고 어느 날 벌목되어 드디어 세 그루의 나무 모두 밑동이 잘렸습니다. 첫째 나무는 가축의 먹이통이 되고, 둘째 나무는 조그만 어촌의 고깃배가 되고, 셋째 나무는 대들보감이 되어 마당 한구석에 놓였습니다. 나무 세 그루는 보석 상자가 못 되고 임금님의 귀한 배가 못 되고 산 위에 우뚝 선 제일 큰 나무가 못 된 것이 서러웠습니다. 그런데 세월이 오래오래 흐른 어느 날, 가난한 어느 여인이 갓 낳은 아기를 가축의 먹이통에 눕히자, 하늘 위의 모든 별이 보석이 되어 먹이통에 내려와 앉았습니다. 둘째 나무는 어느 날 피곤에 지친 나그네와 그 동료들을 가득 태웠는데 폭풍이 불어 배가 뒤집히려 할 때 잠자던 나그네가 "잠잠해지라."라고 명하니 폭풍이 멈추는 것을 보고, 나무는 배에 타고 있는 나그네가 하늘과 땅의 제일 높은 임금님임을 알았습니다. 며칠이 또 지난 후 로마의 병사들이 대들보감을 끌어내어 거기에 매 맞아 피가 흐르는 나그네를 눕히고 두 손 두 발을 못으로 박아 골고타산 위에 높이 세웠습니다. 그러자 그 나무에 못 박힌 분을 사람들이 바라볼 땐 사람들이 누구나 다 하느님을 생각하게 된다는 것을 알게 되었습니다. 결국, 나무 세 그루는 모두 평생의 소망이 완성되었음을 알았습니다. 우리에게도 가을이 옵니다. 그리고 곧 겨울이 올 것입니다. 그리고 겨울이 지나야 부활이 옵니다. 저 세 그루 나무들처럼, 삶이 완성으로 여무는 가을이기를 기원합니다.

"주님! 들판 위엔 바람을 놓아주시고, 마지막 열매들이 여물도록 따뜻한 날을 이틀만 더 베푸시어, 마지막 포도송이에 단맛을 넣어주십시오." 바이런처럼 답안지를 완성하여 제출해야 하는 시간. 인생의 가을입니다.

외로운 사람들 사이에서

새해가 밝았습니다. 한 해의 생명을 다시 선물로 주신 하느님께 진심으로 감사드립니다. 생명은 선물입니다. 2005년은 나의 생애에서 가장 은총이 넘치는 해였습니다. 2004년에 돌아가신 교황 요한 바오로 2세께서 임종의 침상을 여러 날 지내지 않으시고, 임종이 임박했다는 발표가 있던 후 사흘 만에 하느님 품에 안기신 것이 그 하나이고, 새로 되신 교황 베네딕도 16세께서 교황 선출의 콘클라베 선거를 여러 번 치르지 않고 단 세 번 투표로 선출되신 일이 그 두 번째 일입니다. 인간의 분열과 갈등과 추함과 이기심이 드러나지 않고 조용히 마무리되고 새 역사의 새날이 시작된 것을, 살아계신 하느님께서 보여주신 은총이었다고 생각합니다.

현대인은 너 나 할 것 없이 모두 정신적으로 병들어 있습니다. 인간 배아 복제 줄기세포를 만들어 장기를 개발해서 인간의 질병을 고치겠다고 생각하는 일도 죄악이고 그 특허 이익 배당률이 적다는 불만이 발단되어 고소 고발 사건이 시작된 일도 너무나 수치스러운 일입니다. 고발을 시작한 사람들로 인하여 배아복제 줄기세포 연구의 진상이 세상에 드러난 것은 잘된 일이나, 사실은 그 배당 이익금에 불만하여 시작한 고발 사태이고 보면 정의감에 서라기보다는 이기심에서 시작된 투쟁이라는 점이 씁쓸할 따름입니다.

『아일랜드』라는 영화를 보았습니다. 무수한 복제인간을 만들어 그 장기를 뽑아서 쓰고 그 복제인간들을 죽이는데, 그러한 비밀을 알게 된 복제인간이 본래의 인간들을 복수하는 내용입니다. 돈을 주고 자기 생명체를 만들어 자기 대신 군대에 내보내는 일들조차 생길 것입니다. 그러므로 인간 복제연구는 무시무시한 인류의 파멸을 가져올 것이 분명하므로, 나는 인간 복제를 아담과 하와가 창조주의 반열에 들고자 했던 태초의 원죄 사건에 이은, 제2의 원죄 사건이라고 규명 짓고 싶습니다.

인간은 고독합니다. 하느님을 가슴 안에 모실 때만 인간은 고독에서 치유됩니다. 고독에는 문이 있으며 그 문을 여는 열쇠를 우리는 가지고 있습니다. 우리는 다른 사람의 고독을 열 수 있는 열쇠를 쥐고 있고, 다른 이들은 우리의 고독을 열 수 있는 열쇠를 가지고 있습니다. 우리가 해야 할 일은 고독한 이웃이 앓고 있는 마음의 열쇠 구멍에 우리가 가지고 있는 열쇠를 넣고, 문을 열고, 그 안으로 들어가는 것입니다. 우리는 그 일을 두려워합니다. 왜냐하면, 이러한 행위에는 희생과 사랑과 헌신이 요구되기 때문입니다. 하지만 이제는 사랑의 행동을 개시할 시간입니다. 우리 인생에는 아침이 있고 아침이 지나면 저녁이 오고 저녁이 지나면 밤이 찾아오기 때문입니다.

올해 한 해를 더 선물로 주신 하느님께 감사합니다. 세월이 갈

수록 세상에서 제일 소중한 것이 생명임을 알겠습니다. 생명만이 변화와 진화와 성화의 가능성이기 때문입니다. 우리는 홀로 바다에 떠 있는 섬들이 아닙니다. 섬 밑으로는 대륙인 하느님이 전신으로 우리를 떠받치고 계십니다. 눈에 보이지 않는 바다 밑의 대륙인 하느님을 영적으로 감지하며 물 위에 둥둥 떠 있는 외로운 사람들에게 손을 내밀어 외로운 사람과 하느님 사이에 사랑의 가교를 놓는 사람들이 신앙인입니다. 덤으로 받은 생명의 새해 이 글을 읽는 분들 모두 하느님의 크고 크신 축복 받으시기를 염원합니다.

덤의 삶

　왜 사나? 어떻게 살아야 하나? 하느님은 계신가? 천당은 있나? 나의 부모님은 어디에 계신가? 히틀러와 무솔리니, 콜베 신부와 슈바이처는 어디 계신가? 그 해답과 확신을 찾아 헤매며 젊은 시절을 보냈습니다. 열네 살까지는 삶에 의문이 없었고, 열넷에서 마흔세 살까지는 전쟁과 고난의 책임자가 하느님인 줄 알아 하느님을 원망하였으며, 마흔다섯이 되어서야 고통이 행복이고 슬픔이 기쁨이며 잃음이 얻음이요 봉헌이 받음이라는 복음의 의미와 신비적 섭리를 조금씩 깨달아, 숱한 삶의 의문에 대한 해답을 어렴풋이 짐작하게 되었습니다. 해답은 평화요, 평화는 곧 영혼과 정신과 육신의 치유를 의미합니다. 누에가 나비로, 굼벵이가 매미로 탈바꿈하듯, 체험적으로 감각적으로 내가 신앙의 신비를 맛 들이며 산 지 거의 반세기. 나는 그 은총의 시절을 감사하고 감사합니다.

오랫동안 사저에서 가족과 함께 운영해 온 <나자렛 성가원>을 세상에 알려 확대 운영하게 되었고, 베들레헴 구유 안의 아기 예수님 같은 깨끗한 노년과 인생 정년을 준비하면서 퇴직금과 연금을 일시불로 받아 복지시설을 확대 증설하였고, 세상이 주는 상으로는 더 이상 받을 수 없는 <유관순상>과, 숙명여대 창학 100주년을 기념하는 <숙명인 상>을, 또 <대한민국 문학상>까지를 받았으며, 무엇보다도 인류와 국민, 이웃과 제자 그리고 가족들을 쉼 없이 하느님 품 안에 안겨 드리는, 기도의 삶이 시작되었기 때문이고, 살아온 세월이 길어 임종의 날이 머지않으니, 남은 세월을 지극히 소중하게 감사하며 하루하루 살 것을 결심했기 때문이고, 소화 성녀 테레사처럼 나도 "생명의 아침에 웃어주신 하느님! 다시 웃어주소서, 생명의 저녁이 가까웠나이다."라고 기도하기 시작했기 때문입니다.

  6·25 한국전쟁 후 72년. 이산離散의 비극 이후 72년의 세월을 살았습니다. 전쟁으로 북한에 계시어 지금까지 생사를 모르는 아버지와 오라비들 그리고 북한 동포들이, 칼 라너의 신학 논리처럼, 익명의 그리스도인으로 모두 구원받기를 간절히 염원하며 살았습니다. 그리고 나의 남은 세월을 덤의 목숨으로 알아, 목숨을 주신 분의 뜻을 충실히 따르면서, 생명의 저녁과 새 생명의 아침을 준비하며 삽니다. 여기 이 글들은 세상에 태어나 내가 지금까지 만나온 사람들과 앞으로 죽는 날까지 내가 만날 사람들과 내가 알게 모르게 마음을 상해 드린 하느님과 하느님의 사람들 백성들 앞에, 송구하게 두 손 모아 바치는, 고백의 성사이고 화해의 청원입니다. 서약의 기도이며 다짐입니다.

성가정도재聖家靜禱齋에서,

지하수 물길을 찾아 첫 삽을 뜬 2016년 11월 25일

2장
나와 친구의 이야기

인천 창영 초등학교 시절

  6·25 한국전쟁이 발발하던 해에 우리 두 사람은 인천 창영 초등학교를 졸업하고, 중학교에 입학하였습니다. 전쟁 후 파란만장했던 세월, 가슴에 외로움은 쌓이고, 전쟁으로 잃은 아버지와 오라비들이 그리워 목이 메었던 세월을, 아픈 일흔두 해나 오늘까지 살았습니다. 마음 줄 곳이라고는 조금도 없는 세상에서, 하염없이 눈길이 하늘로만 향하던 때, 나는, 위험 지경에서 나를 구출하시어 세례를 주시고, 이사장님이시던 인천 박문여중학교와 고등학교를 장학생으로 공부시키신 임종국 신부님과 박문여중 고등학교에서 나에게 수업을 해 주신 손 아녜스 수녀님과 이 안나

수녀님을 생각하며, 수녀가 되는 길만이 내 삶의 목적이고 인생의 유일한 피난처라 생각했습니다. 그때 끊임없이 구애의 문을 열어놓고 나를 찾아 준 친구 한 사람이 있었습니다. 의미 없는 생명에 의미를 불어넣어 주고, 절망을 희망으로, 설움을 기쁨으로 바꾸어준 친구. 하늘과 땅 사이에 오직 하나 변치 않는 마음으로 나를 찾아 준 친구. 다시 한번 세상을 향해 마음을 열게 한 친구가 있었습니다.

인천 창영 초등학교 시절의 일입니다. 우리 학년은 여섯 반이었는데 여자 반이 둘, 남자 반이 넷이었습니다. 그러나 그중에서도 가장 친할 수밖에 없는 한 사람을 만나는 것. 그것이 사람 사는 세상에서의 인연입니다. 신앙적으로 말하면, 하느님의 섭리입니다. 6학년 때였습니다. 6학년 4반 담임선생님께서 갑자기 중병으로 돌아가시어, 그 반은 열두 명씩 다섯 반으로 나뉘어 각반에 편입되었습니다. 내 반에 한 소년이 11명의 친구와 함께 분단장으로 들어온 것이 우리 두 사람 사이에 하느님께서 관여하신 첫 번째 일입니다. 우리 인연은 그렇게 시작되어 마침내는 평생의 반려가 되었습니다.

나는 반장이었고, 친구는 분단장이었습니다. 그 시절의 어느 무더운 여름날이었습니다. 선생님의 질문에 대답하겠다고 손을 드는 학생이 아무도 없었습니다. 서로 눈치만 보고 있었고, 늦은 여름의 살찐 매미가 한가롭게 울어 그 여운을 창 안으로 밀어 넣고 있었습니다. "주목. 그래 이 많은 학생 중 아무도 대답할 사람 없어요?" 노삼례 담임선생님은 지휘봉으로 칠판을 딱딱 두드리며 우리를 둘러보았습니다. 칠판에는 "왜 같은 민족이 세운 나라인데 오래가지 못하고 자꾸 바뀌는가?"라고 적혀 있고, 그 밑에 고조선, 부여, 고구려 등 여러 나라 이름이 쓰여 있었습니다. 나는 친구보다 먼저 대답하고 싶었습니다. 친구는 개구쟁이 망나니들 사이에서 홀로 커다란 눈망울을 창가에 고정했었으며, 선생님 질문에 아무도 대답하는 사람이 없을 때만 손을 들어 말을 하곤 했습니다. 그때도 "제가 대답하겠습니다." 하면서 친구가 일어섰습니다. "제 생각은 이렇습니다. 사람에겐 욕심이 있습니다. 욕심은 한이 없습니다. 그래서 정권을 잡은 사람들이 주의하지 않고 있을 때 신하 중 어떤 사람이나 다른 나라 사람이 자기들 욕심을 채우려고 그 나라에 쳐들어가 나라를 빼앗는 거지요."

친구가 자리에 앉자, 내가 일어났습니다. 급우들은 여자 반장이 이길까, 남자 분단장이 이길까 매우 궁금하다는 표정으로 우리를 번갈아 보았습니다. "그런 것이 아닙니다. 부잣집에 거지가 밥을 얻으러 가면 무서운 개를 풀어 얼씬도 못 하게 하는데, 보통으로 사는 집에선 먹던 밥이라도 덜어 나누어 줍니다." 친구 분단 남자들 사이에서는 "나라가 왜 바뀌느냐 묻는데, 저 앤 웬 딴청을 부리고 있어!" 하며 빈정대는 소리가 났습니다. 나는 남자 분단을 향해 "내 말 아직 안 끝났어!"라고 말했습니다. "나라도 마찬가지입니다. 나라가 부유해지거나 편안해지면 자기 조상들이 고생하며 수고해 온 것은 잊어버리고 가난한 백성들이 어떻든 혼자만 더 많이 차지하려는 탐욕에 빠집니다. 그러니까 나라를 근심하는 사람들이 나라를 바로잡아 보려고 싸움이 나고 나라가 바뀝니다."

내가 당당하게 반박하자 친구가 다시 일어났습니다. "욕심 없이 나라 근심만 하던 사람이라면 임금을 남에게 시키고 자기는 가만히 있거나 또 임금님더러 정신 차리고 나라를 잘 다스리라 충고할 텐데, 그러지 않고 나라 이름도 바꾸고 자기가 왕이 되는 것은 아무래도 욕심 때문입니다. 사람들이 저마다 자기처럼 남을 믿고 있다면 그럴 수 없습니다. 얼마든지 서로 도우면서 나라를 위하여 일할 수 있을 텐데, 자기가 임금 노릇 하자는 욕심 때문에, 잘못도 없는 임금을 죽이고 자기가 왕 노릇 하게 되니까 나라가 바뀐 것입니다. 내 말이 맞습니다!" 친구는 "내 말이 맞습니다."라는 끝말을 유난히 크게 외치고 자리에 앉았습니다.

내가 무슨 말이건 또 한마디 하려는데, 바로 그때, 수업을 끝내라는 종이 길게 울려왔습니다. 나는 몹시 억울하였습니다. 아무리 생각해도 내 의견이 옳았습니다. 나라가 한창 잘 되어가고 발달할 때일수록 더욱 성실하고 근면하게 일해야 하는데, 그러기는 고사하고 교만하게 놀고만 먹으며 지내려고 하니까 그런 사람들 나라는 빨리 망하고 훌륭한 새 사람이 나와서 새 나라를 세워야 옳을 것 같았습니다. "그렇다. 너희 두 명 이야기는 모두 옳다. 두 사람 생각을 모두 합쳐 정리하면 훌륭한 대답이 될 수 있겠다." 라고 선생님은 결론을 내려 주고 나가셨습니다. 선생님이 나가신 후에도 나는 마지막 반박의 말을 친구에게 빼앗긴 것이 못내 억울했습니다.

그날 저녁때였습니다. 집 앞 넓은 마당에 나와 동생들과 함께 배구를 하던 나는 저만큼 골목 어귀에 서서 이쪽을 바라보는 친구를 보고 깜짝 놀랐습니다.

"웬일이니?"

"그냥 발길이 이리로 왔어."

"우리 집에 들어가서 놀다 가."

"안 돼. 빨리 가야 해."

친구는 우리 집을 바라보았습니다. 소슬 대문이 우뚝 솟은 기와집. 빨간 벽돌담이 높직한데 그 위로 가시철망이 둥글둥글 말려 있었습니다. 구멍이 뚫린 벽돌담 사이로 탐스러운 달리아꽃이 보였습니다. 그때 나는 갑자기 친구에게서 외로움을 보았습니다. 아버지가 돌아가시고 안 계신 장남의 시름을 읽었습니다. 그의 어린 가슴 속에 파동 치던 어른스러움을 느꼈습니다.

"얘! 너 아까 훌륭한 생각이었어!"

"……"

"욕심이 세상을 바꾼다는 생각 말이야!"

"아냐! 네 생각이 더 훌륭했다."

"……"

"무엇보다 네 생각과 내 생각을 합친 곳에 더욱 완전한 해답이 있을 것이라는 담임선생님 말씀이 가장 훌륭하셨다."

학교에서는 그렇게도 입씨름을 했으면서 둘이 만나서는 다정스레 이야기 나누는 것이 이상하다고 생각되어 나는 내 표정을 감추기 위해 얼핏 돌아시야 했습니다. 해가 기우는 노을 진 서편 하늘 위로, 우뚝이 답동 성당 종각이 보였습니다.

"너 우리 집 동네 가봤니?" 친구가 물었습니다.

"아니."라고 말하고 나서 나는 친구를 따라갔습니다. 다닥다닥 연이어 붙어 몰려있는 작은 초가집들 사이에서 공원 같은 넓은 숲이 그럴싸한 서양 문물의 인상을 풍기고 있었습니다. 그 왼편으로 넓은 언덕이 있고, 흰색 돌 비석이 나란히 줄지어 있었습니다. 친구는 그곳을 일본 사람들의 공동묘지라 말했습니다. "해골이 되어 돌아온 저희 아들들을 하필이면 우리 한국 사람이 다정하게 사는 마을 한복판에 만들어?!"라고 친구가 말했습니다. 일본인들 공동묘지 둘레로 나지막한 언덕들이 보였는데, 그것들은 예외 없이 나무 한 그루 없는 황톳빛 흙을 들어내고 있었습니다. "이렇게 메마른 고장이었으니 비류가 도읍을 정했어도, 망할 수밖에 도리가 없었을 거야." 친구가 또 말했습니다. 그 순간 나는 어린 나이이건만 친구가 지닌 깊은 생각에, 수긍하였습니다. 묘지 입구가 되는 북쪽 모서리에 묘지기가 사는 일본식 기와집이 한 채 보였습니다. 그 밑으로 비 온 뒤의 거뭇거뭇 돋아난 버섯 모양으로 거멓고 누런 초가집 지붕들이 다닥다닥 붙어 있었습니다. 한 집을 지적하며 친구 집이라고 말했습니다. 묘지 동산 옆에 자리한 밤나무골 마을에는 일찍 저녁이 찾아왔습니다. 뒤를 돌아다보니 마주 보이는 언덕 앞으로 우리가 다니는 창영 초등학교 교사校舍가 꺼멓게 그늘을 머리에 쓰며 저녁이 내리고 있었습니다. "내가 바래다줄게." 친구의 집이 있는 밤나무골에서, 내 집이 있는 버드나무골까지 오는 10여 분 동안 우리는 아무 말도 하지 않았습니다.

그러나 그날 이후 우리는 이심전심의 비법에 능숙해졌습니다.

공부 시간에 싸우지 않게 되었습니다. 졸업식이 다가오는 마지막 겨울방학이 시작되는 날이었습니다. 함박눈이 고요히, 정말 아름답게 땅 위에 내려앉았습니다. 급우들이 모두 집으로 돌아간 후 두어 시간을 친구는 석상처럼 움직이지 않고 교실 창가에 서서 운동장을 내려다보고 있었습니다. "야간이라도 가야지. 야간 중학교에는 꼭 갈 거야." 친구는 중얼거리며 며칠 전 일을 생각하는 듯했습니다. 담임선생님께서 진학 희망자를 조사하실 때였는데, 마지막 학교 이름을 부를 때까지도 친구는 손을 들지 않았습니다. 서울로 진학하는 사람을 물었을 때, 앞뒤 생각 없이 손을 들었던 나는 얼마나 친구 앞에서 무안하고 민망했는지요.

그날 밤 나는 친구에게 편지를 썼습니다. 지금까지 생각나는 한 구절의 말. "위대하다는 것은 폭풍우 속에서만 있는 것이라고 플라톤이 말했다. 부디 열심히 공부해서 제일 좋은 중학교에 일등으로 붙어라." 창가에서 친구는 시를 쓰고 있었다고 말했습니다. 하얀 눈은 하느님의 간절한 마음입니다. 사람이 땅 위에 그려 놓은 그림들이 더럽게 때 묻어 있는 게 안타까워 깨끗함을 배우라고 이 땅을 단장하는 백설은 하느님의 간절한 하소연입니다.

그날 친구는 이 시를 써서 나에게 주었습니다. 친구가 지루한 몇 시간을 보냈을 얼마 후에 나는 교실로 돌아가 성급하게 드르록 소리가 나도록 요란하게 문을 열었지만, 친구는 돌부처처럼 서서 뒤를 돌아다보지 않았습니다. "여태 집에 안 갔니? 춥지 않아? 이 추운 교실에서 혼자 ······" 나는 반가워서 단걸음에 친구 곁으로 뛰어갔습니다.

"벽에 걸린 네 코트를 보고, 기다렸어. 같이 가려고 ······"

"숙직실에서 살고 계신 선생님. 단신 월남하시어 친척도 없으셔서. 엄마가 러닝셔츠와 속내의를 사주셨어. 방 청소하고 양말 같은 거 빨아 드렸어. 아버지가 그렇게 해 드리라고 하셨어." 아버지는 창영 초등학교 학부모회 회장이었습니다.

친구가 그때 내 손목을 잡고 말했습니다. "네 말대로, 폭풍과 싸워 꼭 성공할 거야. 너의 격려에 용기가 솟았어. 인천의 야간중학을 다닌 사람이 서울의 일류중학을 졸업한 사람을 어떻게 이겨내는지 두고 봐." 비단 친구의 그 말 때문만은 아니었지만, 나는 서울의 경기여중이나 서울사대부중에 진학하려던 것을 접고 인천여중에 원서를 제출했습니다. 일본 유학을 하신 어머니는 경기여중과 서울사대부중 입학원서를 사다 놓으셨지만, 통학을 염려하시는 아버지가 절대로 서울 유학을 허락할 수 없다 하셨기 때문입니다.

넓은 마당을 건너질러 학교 교문 앞까지 나왔을 때였습니다.

친구와 나는 우연히 우리들의 교실을 되돌아보았는데, 운동장 층계 위에 우뚝 서서 이쪽을 향해 손을 흔드시는 노삼례 담임선생님을 볼 수 있었습니다. 그 후 4년 동안, 정확히 말하여 우리가 고등학교 1학년이 될 때까지, 우리에게는 서로 만나 이야기할 기회가 없었습니다.

무면허 간호보조사 시절

중학교 입학 후 며칠 지나지 않아 6·25 한국전쟁이 일어났습니다. 그 해 1950년은 6월이 새 학년의 시작이었습니다. 총알이 여기저기에 구멍을 뚫어 놓은 고층 건물의 뼈다귀뿐인 모습처럼, 우리의 몸과 마음은 온통 찢어지고 지쳐있었습니다. 그 전쟁 중에 나는 아버지와 오라비들을 모두 잃었습니다. 문화극장을 빌려 음악의 밤을 주최하실 때, 서울서 모셔온 계정식 바이올리니스트에게 인천 시민을 대표하여 어린 딸을 시켜 꽃다발을 증정케 하신 아버지. "머리숱이 너무 적구나." 하시며 내 앞이마의 머리를 자꾸만 골고루 펴 주시던 아버지. 운동회 날에는 높이 꾸민 마차 위의 여왕 자리에 나를 앉히고 가장행렬을 하게 하신 아버지. 창영 초등학교의 사친 회장이시던 아버지. 그 아버지를 전쟁에서 잃었습니다.

나는 전쟁 중에 노삼례 담임선생님도 잃었습니다. 노삼례 선생님이 인천 공설운동장 옆에 있던 선생님 집으로 나를 데리고 가시어 한 요와 한 이불 속에서 서로 품고 잤던 일을 나는 오래오래 자주자주 생각해 왔습니다. 서울대학교 사범대학 국문학과를 졸업한 분이시니 그분의 영향을 입어 내가 먼 훗날 대학에 갈 때 국문학과를 선택했던 것인지도 모릅니다.

일흔두 해 긴 세월이 흐른 지금도, 선생님을 생각하면 뜨거운 눈물이 흐릅니다. 내 아버지 내 오라비들뿐만 아니라 노삼례 선생님을 잃은 슬픔 역시 내 가슴을 저미는 6·25 슬픔 중의 하나입니다. 인민군이 물러가고 맥아더 장군이 서울을 수복한 후 인천 거리에는 굶주림과 죽음의 공포가 만연해 있었고 흉흉한 소문도 나돌았습니다. 납북자이건 월북자이건 북한으로 간 가족이 있는 사람들은 행여나 이적행위를 할까 봐 잡아가거나 총살을 한다는 소문이 퍼졌습니다. 우리는 부평에 사시는 외삼촌 댁을 찾아가 부평에서 제일 방값이 싼 미군기지 옆에 방을 얻었습니다. 그 옆에는 성매매 여성들의 밀집 지역이 있었습니다.

가장 안전한 곳은 그곳이라고 어머니는 말씀하셨습니다. 유엔군 헌병이 그 지역 치안을 담당할 것이니, 가장 안전한 곳은 그 기지촌이라고 어머니는 생각하셨던 것입니다. 나는 기지촌 근처의 보건소에 무면허 간호사로 취직하여 일하면서 기지촌 여성들에게 성병 치료 약을 주사하는 일을 하여 동생들을 부양하였는데, 어느 날 여학생들이 무리 지어 기차역으로 나가는 것이 창밖으로 보였습니다. 나도 학교에 다니고 싶었습니다. 초등학교 때의 숙직실 선생님을 찾아갔습니다. 그분은 이북에서 피난 오시어 혈혈단신이라 창영 초등학교 숙직실에서 지내셨는데, 당시 내가 다니던 초등학교의 학부모회 회장님이셨던 아버지는 나에게 선생님의 숙직실 방을 청소해드리고, 매일 빨래를 들고 오고 세탁된 옷을 가져다드리게 하셨습니다. 나는 그분이 중·고등학교 교사가 되신 것을 알아내어, 찾아갔습니다. 그러나 선생님은 나를 도와주지 않았습니다. 모두 가난했기 때문입니다. 아버지 신세를 지고 공부하여 여학교 교장이 되어계시던 또 한 분도 찾아갔습니다. 역시 도와주지 않았습니다. 아버지 신세를 지고 공부하여 검사가 되신 분이 있었습니다. 그분도 역시 도와주지 않았습니다. 세상에 믿을 사람이 없었습니다. 눈앞이 캄캄하였습니다. 나는 병원의 무면허 간호보조사로 평생을 살아야 하나 고뇌하며 병원 청소를 하고 환자들 고름 묻은 붕대를 빨고 밥하고 병원의 온갖 힘든 일을 도맡아 했습니다. 그것 외에는 슬픔을 이겨낼 방편이 없었습니다.

그러던 어느 날이었습니다. 병원에 예닐곱 살쯤 되어 보이는 환자가 왔습니다. 진찰대에 앉히고 보니까 그 애의 등허리 편에서 길고 굵직한 구더기가 허옇게 땅바닥으로 줄지어 떨어졌습니다. 간호사 두 명이 소리 지르며 뛰어나갔고, 의사가 담배를 피우며 외면하였습니다. 환자 아이와 그 애 엄마와 이루 그 수를 헤아릴 길 없을 많은 구더기를 보면서 그것을 치우는 일이 내 몫이라고 생각했습니다. 아이의 옷을 벗기고 보니 등허리 전체가 썩어 있었습니다. 수백, 수천, 수만을 헤아릴 수 없이 많은 구더기가 우글우글하면서 엉겨 붙어 있었습니다. 한없이 줄지어 바닥으로 떨어졌습니다. 나는 빗자루로 어린애의 등을 쓸었습니다. 나중에 뼈가 드러났고 피가 나왔습니다. 옥시풀을 병째 들어부어 소독했습니다. 머큐륨을 멸균 솜에 푹 담가 적셔 발라주고, 바셀린을 범벅이 되게 칠한 거즈를 덮어 주었습니다. 그러고 나서 병원 바닥을 쓸어 변소에 가져다 부었습니다. 의사 선생님은 그 어린이 환자가 오면 나에게 계속해서 돌보아 주라 했습니다. 어린 환자는 며칠이 지난 후에 새 살이 돋기 시작하더니 얼마 지나지 않아 깨끗이 나았습니다. 구더기 청소하는 것을 지켜본 젊은 의사가 나에게 호감을 가졌습니다. 그는 자기 팔을 무수히 바늘로 찌르며 나에게 주사 놓는 법을 익혀 주고, 빨간 적십자 표지가 달린 하얀 색 간호사복을 장만하여 입혀주고, 간호사의 위치로 나를 승급시키면서, 왕진 때에는 꼭 나에게만 동행을 요청했습니다. 그 정도의 친절에서 끝났거나, 아니면 내가 좀 더 인생의 꿈을 체념하고 그 청년의사의 구혼을 들었어도, 나는 순순히 의사의 아내가 되었을지 모르는 일입니다. 그러나 나는 청혼을 받아들이기에는 너무도 꿈이 아름다운 어린 소녀였습니다. 전쟁의 아픔이 이 나라의 누구에겐들 쓰라리지 않은 사람이 없겠지만, 15세 소녀가 청혼을 받는 것은 전쟁이 가져다준 슬픔이요 사회적 비극이었습니다. 어느 날 청년 의사가 아프다며 빨리 와서 주사를 놔달라는 메모를 보냈습니다. 그날 나는 청혼을 들으러 그에게 찾아간 셈이 되었습니다. "당장 하자는 게 아니야. 그럴 마음만 있다면 몇 년이라도 기다리겠어. 학교에 보내서 공부시키겠어. 우선 어머니를 미국에 보내드려 피 갈이를 해서라도 병을 고쳐드리고 동생들을 모두 미국에 유학 보내고 무슨 일이든 해 줄 거야. 나랑 결혼해. 나에게는 가족이 없어. 단신 월남했으니까." 이렇게 그는 말했습니다.

공부를 계속하지 못하는 아픔을 겨우 참아가고 있던 나는 그 날, 그의 말을 듣고 새로운 인생의 도약을 위해 현실을 뿌리칠 용기를 갖게 되었습니다. 열다섯에 시집가는 일보다 더 큰 불행이 있겠는가 하고 가슴 깊이 외치게 되었습니다. 그래서 나는 그날 소위 가출이라는 것을 단행하였습니다. 외투도 없이 뛰쳐나온 나는 인천 월미도 앞 바닷가에서 더 이상 걸어갈 곳이 없어 발을 멈췄습니다. 저무는 해가 인천 월미도 바다에 잠기는 노을빛은 아름다웠으나, 다가오는 밤의 발걸음 소리는 슬픔이요 공포였습니다. 그러나 아무리 바닷바람이 춥고 매웠대도 잃어버린 아버지를 사무치게 부르는 아픔에 어찌 비할 수 있었겠습니까? "아버지⋯⋯" 하고 부르는 내 처절한 부르짖음을 바다는 묵묵히 삼키며 고요할 뿐, 나는 갈 곳이 없었습니다. 그때 멀리서 종소리가 들렸습니다. 전쟁이 나기 전 죽어가는 동생을 살려달라고 이른 새벽에 어머니와 내가 찾아갔던 '뾰죽당' 이었습니다. 어머니가 돈과 먹을 것을 주었던 나병 환자가 가르쳐주었던 성당이었습니다.

    추위와 공포와 구원을 부르짖는 영혼의 외침이 나를 그곳까지 뛰게 했습니다. 나는 그곳이, 북한 전선으로 이동한다면서, 먹을 것 입을 것이 들어있는 배낭을 주고 가, 나 대신 얼어 죽고 굶어 죽었을 신학생이 찾아가라 한 성당이리라 짐작했습니다. 성당 안은 지척을 분간할 수 없이 캄캄하였습니다. 나는 두 손을 들어 허우적거리며 안쪽으로 찾아 들어갔습니다. 하느님 가슴속을 깊이 찾아 들어가는 인간의 조심성을 하느님은 보셨을 것입니다. 캄캄한 성당 안에서 나는 무섭지 않았습니다. 성당 안에서 나는 울부짖었습니다. 분노에 찬 부르짖음이 성당을 가득 채웠습니다. 나의 외침은 간절했습니다.

"하느님, 아버지를 돌려주세요. 왜 아버지를 빼앗아 가셨어요? 돌려주실 수 없으시면 하느님이 당장 나오시어 아버지가 지금 되세요. 나는 아버지가 필요합니다. 어머니는 아파서 금방 돌아가실 지경이고. 철부지 동생들을 나더러 어쩌란 말입니까? 열다섯 살에 동생들 밥 먹이기 위하여 시집을 가야 합니까?" 그때 누구인가 어둠 속에서 내 어깨를 감싸 안았습니다. 나는 무섭지 않았습니다. "내가 아버지 되어 주마." 인자하신 음성이 내 손목을 더듬어 잡았습니다. 그분을 따라 나는 편안히 걸었습니다. 대문을 열고 사제관으로 들어가시어 그분은 답동 성당의 주임 임종국林鍾國 바오로 신부님이라 말씀하셨습니다. 밤이건만, 겸상으로 밥을 차려오라 하시어 나에게 밥을 먹이시고, 식복사에게 한 방에서, 데리고 자라고 말씀하셨습니다.

임종국 바오로 신부님. 그날부터 신부님댁에서 잠을 자고 밥을 먹었습니다. 신부님께서 이사장으로 운영하시는 박문여자중학교에 나를 넣어주시어 중학교를 졸업시키시고, 이어서 박문여자고등학교 입학시험을 치르게 하시고, 박문여중 심춘섭 막달레나 교감 선생님에게 대모를 서라 하시어 '마리아'라는 본명을 주시어 세례 성사를 주셨습니다. 부평에 있는 동생들을 찾아 함께, 부평에 있는 천주교회 고아원인 <성모원>에 넣어주시어 살게 하시고 동생들과 어머니에게도 세례를 주셨습니다. 막냇동생만 어머니 곁에 남아 있게 하셨습니다.

고아원, 고교 시절

인천 답동 성당에서 임종국 바오로 신부님을 만나, 하느님의 섭리로 부평 <성모원>에 들어가 학교에 다니면서 나는 고등학교를 졸업할 수 있었습니다. 나는 내가 <성모원>으로 들어가던 과정을 구약성경의 『탈출기』에 비견할 사건으로 생각합니다. 고아원에 들어간 것이 구원의 시작이었습니다. 고아원에 들어가서 살기 시작한 무렵이었습니다. 그해 성탄에 난생처음으로 나는 성탄 축하 카드를 받았습니다. 하얀 카드 바탕에 새빨간 장미 세 송이가 그려져 있었습니다. 거기에 초등학교 친구의 그 동글동글하고 예쁜 글자가 "당신의 성모 마리아께서 당신을 보호하시기를"이라고 쓰여 있었고, 그 밑에는 "당신이란 호칭에 마음 쓰지 마세요. 당신은 당신의 이름입니다."라는 부연 설명이 달려 있었습니다. 내 이름이 '당신'이 된 것입니다. 친구는 내 거취를 끝없이 찾아다니다가 결국은 내가 머무는 고아원과 내가 다니는 박문여고를 알게 된 것입니다. "친구는 지금 학교에 다니나?" 하는 궁금증이 머리를 스쳤습니다. 이렇게 친구가 보낸 카드 한 장이 다시금, 나를 구해준 천주교회 신학생과 흑인 목사님의 말씀대로, 그리스도가 나를 지키시고, 또 내 혈육 외에도 나를 생각하는 사람이 존재한다는 것을 인식시켰고, 조금씩 세상을 향해 가늘게 다시 눈을 뜨기 시작했습니다.

예수님께 향하는 그 당시의 내 마음은 일종의 집착이요 세상을 무시하는 병적 심리였습니다. 나는 온종일 묵주기도를 하고 온종일 그리스도에게 사랑을 고백하고 발걸음도 호흡도 말 한마디도 오로지 그리스도를 위해서만 존재한다고 고백하면서, 병적으로 그리스도에게 경도되어 있었습니다. 나는 그 시기를 순수한 신앙인의 자세가 아닌 비정상적 집착의 시기였다고 생각합니다. 온종일 기도만 하기도 했습니다. 세상과 인간은 무가치하며 그리스도만 삶의 전부였습니다. 그러다가 친구로 인해 아주 조금씩 세상을 향해 눈을 뜨고 주변 인간에 대하여 신뢰의 가슴을 열기 시작하였습니다. 인간을 인정하지 않고 하느님만 찾는 것도 일종의 영적 질병입니다. 하느님 사랑은 인간 사랑을 통하여 성장하고 완성됩니다.

친구의 편지는 이렇게 이어졌습니다. "상점 판매대에 빨간 사과가 새로 나왔습니다. 당신 얼굴이 그 사과에 겹쳐져 하염없이 서서 사과를 바라보았습니다." 이 편지를 시작으로 친구는 꾸준히 편지를 보냈습니다. 그러다가 드디어 고등학교 1학년 여름방학 중에 친구와 만날 계기가 마련되었습니다. 졸업 후 처음 갖는 초등학교 동창회 날이었습니다. 나는 그날 사르트르의 『구토』를 들고 나갔습니다. 4년 전 눈에 덮인 운동장을 걸어 나오던 날의 기억을 더듬으며 감회가 깊었습니다. 현관 앞 국기 게양대 앞 잔디에 앉아서 우리는 아물지 않은 전쟁의 상처를 이야기했습니다. 노삼례 담임선생님이 전쟁 중 북한으로 가셨다는 이야기는 우리에게 민족과 역사와 분단 조국에 눈을 뜨게 했습니다.

나는 인간의 부귀영화는 한낱 뜬구름 같은 것인즉, 부디 영혼의 고결함을 지킬 일이요, 아무쪼록 순간에 불과한 이 세상일에 전념하지 말고 영원한 하느님 나라를 찾아야 한다고 종교적 설교를 늘어놓았습니다. 한참 동안 내 말을 듣던 친구가 내 손에서 『구토』를 빼앗아 들고 펼쳐보더니 말했습니다. "어려운 책을 읽는구나. 나는 아직 못 읽었는데" 하고는 돌려줄 낌새를 보이지 않았습니다. 고아원 원장 신부님 책이니 돌려 달라고 말하자, 친구는 먼 하늘가를 바라보면서, 짧게 말했습니다. "이 책을 돌려주어도 소유권에 변화가 없게 되는 날 줄게." 연약한 모습의 친구가 가진 과감성과 용기와 기지에 넘치는 그 말 한마디가 쿵 하고 내 가슴을 쳤습니다.

동창회가 시작되었습니다. 여흥이 무르익고, 친구들은 과자를 먹으며 마음껏 흥겨웠습니다. 동화의 세계가 눈앞에 다시 있었고 전쟁의 슬픔은 얼굴을 가리고 잠시 내 곁을 떠나 멀리 숨어 있는 듯했습니다. 내가 노래를 부를 차례가 되었을 때 나는 그 며칠 전에 학교에서 배운 독일의 명곡 「흘러내린 눈물」을 불렀습니다. 다음 차례로 친구가 노래했습니다. 친구는 초등학교 때의 교가를 불렀습니다.

푸른 하늘 푸른 바다 바라보면서
푸른 잔디 위에서 크는 우리들
언제나 서로서로 도와가면서
씩씩하고 참되게 크는 우리들

바로 그때 아주 소란스러운 일이 생겨서 친구는 노래를 중단해야 했습니다. 음료수를 담당했던 친구가 한 말들이 큰 주전자에

펄펄 끓는 보리차를 담아 강당 한복판으로 가지고 왔습니다. 미리 준비해 놓았던 작은 주전자들에다 보리차를 옮겨 부으려는 순간, 무엇이 잘못되었는지 그 친구는 뒤로 넘어져 버리고 뜨거운 보리차는 강당을 물바다로 만들어 버렸습니다. 아무도 뛰어나가 걸어 붙이고 닦는 사람이 없었습니다. 서로 우왕좌왕하며 의자 위로 뛰어오르는 동창들도 있었습니다. 나는 정확히 기억하지 못하지만, 친구의 말에 의하면 내가 혼자서 그 물을 다 걸레로 닦고 뒷수습을 하였다 합니다. 아무도 나를 도우려 다가서지 못할 만큼 내 행동이 민첩하여 친구는 도와주고 싶은 마음을 억지로 참았다 했습니다. 그렇게 장내가 수습되었습니다. 유흥이 다시 무르익어갈 무렵, 누군가가 굳이 나더러 축시를 써서 읽는 게 좋겠다고 했습니다. 나는 옛날 6학년 6반 교실 바로 옆방이던 위생실에 혼자 들어가 정신을 가다듬고 축시라는 것을 써 보려는 참이었습니다. 그런데 친구가 그 방으로 나를 찾아왔습니다. 그날의 그 밀실을 친구는 늘 우리들의 운명이 시작된 곳이라 회상합니다. "언제 만날 수 있겠니? 10년 후? 어디서?" 그렇게 말하고는 내 책 『구토』를 손에 쥔 채 먼저 위생실에서 나갔습니다.

    세월이 흘렀습니다. 고등학교 3학년 때의 어느 날, 중학교 1학년생 아들을 가진 이종사촌 언니가 학교로 나를 찾아왔습니다. 가정교사를 구해달라 하였습니다. 나는 인천고등학교 3학년에 다니는 친구 이름을 알려주었습니다. 언니는 학교로 친구를 찾아가 만났고, 며칠 후 언니 집에 찾아갔을 때 친구는 이미 언니 집에 와 있었습니다. 언니는 친구를 아주 좋아했습니다. 장녀의 신랑감으로 최고라며, 마음에 꼭 든다 했습니다. 언니 집에 오랜만에 들렀던 날이었습니다. 언니가 자꾸만 친구 방에 들어가 보자고 장난스럽게 말했습니다. 혹시 낙서의 흔적이라도 있으면 같이 보자 했습니다. 그래서 우리 둘은 친구의 방에 들어가 이것저것 노트를 뒤져보고 있는데 분명히 돌아올 시간이 아니라고 생각했던 친구가 갑자기 돌아온 것입니다. 당황한 언니와 나로서는 난리가 이만저만이 아니었습니다. "왜 주인 없는 방을 침범하십니까?" 하면서 친구는 웃었습니다. 언니는 소녀처럼 얼굴이 빨개져서 방을 뛰어나갔지만, 나는 방 문턱을 넘어서려는데 친구가 내 팔목을 잡았습니다. 우리는 서로 아무 말도 주고받지 않았습니다. 그날 친구는 말했습니다. "나는 가난해. 내게 힘이 있다면, 열심히 공부해서 실력을 쌓는 길이야. 나는 너의 기쁨을 마련하기 위해 졸음을 참고 공부한다. 나는 대학을 졸업하는 날까지 너를 만나지 않을 거야. 너를 보는 일보다 그 시간에 공부하는 일이 더 너를 사랑하는 길이니." 그로부터 4년 동안, 우리 두 사람이 서울대학교 국문과와 숙명여대 국문과를 졸업하는 날까지 우리는 한 번도 만나지 않았습니다.

수녀가 되고 싶었던 대학 시절

"사람은 왜 사는 것일까?" 하는 질문에, 하느님을 공경하고 섬기기 위해서라고 의심도 주저도 없이 단언할 수 있을 만큼, 철저한 유아적 확신으로 살던 때가 대학 시절이었습니다. 깊이 학문을 모색하고 진리를 궁구해야 할 시기에 매사를 하느님 하나에서만 답변을 찾고, 일체의 사색과 회의를 스스로에게 용서치 않았던 그 시기는 세속적 일들에는 소경이었으나 영혼은 한없이 평화롭고 복되었습니다. 부평에서 서울까지, 그 느리던 50년대의 증기기관차가 한 시간 반을 달리는 동안, 나를 좋아한다고 따라다니던 청년이 내 곁에서 수없이 '미스 리'를 불렀을 때, 남자와 함께 이야기를 주고받는 것조차 불순한 일인 양 못 들은 척하고 대답도 하지 않았을 만큼, 또 숙명여대에서 서울역까지 내 곁을 따라오며 구애하는 청년에게 눈길 한번 주지 않을 만큼, 그 당시 나는 병적인 정결 주의자였습니다.

그러면서도 일주일에 한 번씩 우송되어 오는 친구의 편지를 받아 읽었습니다. 친구에 관계되는 한, 분명 이성 사이이면서도 이상하게 불순하다고 생각되지 않았습니다. 우리는 순수하였습니다. 대학교 3학년 때 숙명여대로 보내온 친구의 편지 구절입니다. 내가 학교 기숙사에 잠시 머물던 때였습니다.

> 당신이 보고 싶어 당신의 기숙사에 찾아갔습니다.
> 창문을 하염없이 바라보았습니다.
> 틀림없이 당신이 창밖을 내다보고 있었습니다.
> 마치 나를 보는 것 같아 나는 아카시아 뒤에 숨었습니다.
> 얼마쯤 지난 후 하얀 커튼이 드리워졌습니다.
> 사랑하는 사람. 이 밤을 고이 쉬십시오.

그 편지를 받던 날 오후 세 시에, 서울대학교 문리과대학 합동강의실에서 소설가 이무영 선생님 특별강연이 있었습니다. 숙명여대 국문과 강사로 나오시던 이무영 소설가께서 서울대 문리대로 오후 3시에 청강하러 오라 말씀하시어 찾아가 들었습니다. 강연 제목은 『방귀를 어떻게 그려야 하나?』였습니다. 나중에 들은 바로는 그때 친구는 바로 내 뒤에 앉아 있었다고 합니다. 대학교 졸업 후에야 만나겠다던 약속을 깨뜨리기 싫었을 뿐 아니라 만나 봤자 찻집에 들어가 차 한 잔 마실 돈도 주머니에 없었다며, 그때 만나고 싶은 마음을 잘 참았기 때문에 지금 함께 사는 것이라고 친구는 지금도 말합니다. 대학가를 천천히 걸어서 되돌아 종로 5가에서 전철을 탄 내 등 뒤를 친구는 아쉬운 눈길로 배웅하며 더욱 의지를 굳혔다고 했습니다.

**암사슴이 시냇물을 그리워하듯
하느님, 제 영혼이 당신을 이토록 그리워합니다**(시편 42,2).

이 시편 한 구절이 나에게 항상 하느님께로만 향하도록 내 마음을 잡아매는 수단이었습니다. 내 마음이 차분히 가라앉아 거문고를 올리며 하느님의 제단 앞에 화석이 되고 싶어지던 무렵의 어느 날, 나를 구해주신 임종국 바오로 신부님께서 돌아가셨습니다. 나는 더욱더 인간의 죽음이란 문제에 골몰하지 않을 수 없었습니다. 인간이 살다 죽음을 치러내는 고통스러운 과정과 한 번 살다 가는 인간이 신부님처럼 본능을 억제하고 참으며 사제로만 살았던 세월. 그 후로 나는 사제들과 수도자들 모두 앞에서는 주눅이 드는 사람이 되었습니다. 성직자와 수도자는 우수하고 나는 열등하다고 자학하는 인간이 되었습니다. 나는 명동 성당의 뒤편 제대 밑 지하실로 갔습니다. 거기 신부님의 유해가 안치되어 있었습니다. 캄캄한 밤이 되었습니다. 죽은 사람을 위한 산 사람들의 기도가 끝나고 모든 교우가 뿔뿔이 흩어져 갔는데도 나는 밤이 깊어가는 줄을 몰랐습니다. 나는 살아있는 것처럼 보이는 신부님 손등에 입술을 대었습니다. 그분이 신고 있는 검은 구두 등에 입술을 대었습니다. 나는 고단한 사제의 삶을 아름답게 끝낸 신부님이 부러웠습니다. 철저하게 내 삶과 영혼과 육신을 오롯이 하느님께 봉헌하고 싶은 간절한 마음으로 눈물을 흘렸습니다. 나는 그날 밤 이후 줄곧 수녀원에 들어가리라는 결심을 다졌습니다.

그 후 온갖 번민을 거쳐 드디어 내가 수도원의 뜰 안에 숨기로 결심한 날, 친구가 찾아왔습니다. 남산에서 걷자 했습니다. 대학교 4학년 때의 12월 23일 저녁 여섯 시였습니다. 영하 19도의 추운 밤이었습니다. 친구는 추위도 느끼지 못하는 듯 눈물을 흘렸습니다. 눈물이 뺨 위에서 고드름이 되었습니다. 바람이 유리창 깨지는 소리를 내며 얼굴을 할퀴어도 친구의 손은 뜨거웠습니다. 대학을 졸업하던 날, 나는 졸업식에도 참석하지 못하고, 부산에 있는 분도 수녀원에 입회하였습니다. 그날이 동기 지원자들과 함께, 수녀원에 들어가는 날이었습니다.

서울역에서 부산행 기차를 타던 날, 어머님이 서울역에서 나를 배웅하셨습니다. 대학을 졸업하기 이전에 나는 중등학교 교사 자격증을 취득하는 시험을 이미 치르고 합격하여 중등학교 교사 자격증을 가지고 있었기 때문에, 어머니는 내가 중고등학교 교사로 취업할 것이라 알고 계셨던 때였으므로, 내가 수녀원에 간다는 것이 큰 충격이었겠으나, 천부적으로 감정 억제에 능하신 어머니는 고요하게 잔잔한 미소를 지으셨고, 부평에서 서울역까지 동행하시어 서울역에서 나를 배웅하셨습니다. 배웅하시는 어머님 마음이 오죽하셨을까 생각하면, 지금도 가슴이 아리고 쓰립니다. 나는 불효자식의 본보기였습니다. 그 일을 겪어내신 어머니는 살아계신 성녀입니다. 친구도 서울역에 배웅하러 왔습니다. 기차가 떠나기 직전, 친구는 기차 안으로까지 올라타 다시 악수를 청했습니다. 출발 몇 초 전까지 옆에 있겠다 하다가 그만 하차하기 직전 기차가 출발하여, 무임승차자가 되었습니다. 정차하는 첫 장소가 천안이었기 때문에 천안에서 내렸습니다. 90이 가까워지는 지금, 어제도 오늘도 그는, 무임승차자로 서울역 역무실에 들어가 사연을 이야기하자, 역무원 한 사람이 출찰구 밖으로까지 함께 나와서 따뜻하게 보내주었다고, 그때 역무원이 고마웠다고 이야기합니다. 나중에 안 일이지만 친구는 나 몰래 원장 수녀님을 찾아가 나와의 혼배를 허락해 달라고 애원했다는 사실도, 오랜 후에야 나는 알았습니다, 친구의 편지들이 원장 수녀님의 마음에 감동을 줬는지 수녀님은 나를 불러 함께 기도하자 하셨습니다. "마리아의 친구가 신부님이 되었으면 좋겠습니다."라고 말씀하셨습니다.

그 후 얼마 동안 수녀원의 총 원장 니콜라우스 무텔오베린은, 나의 성소를 여러 가지로 시험하셨습니다. 몇 달 동안 매주 한 번 규칙적으로 보내오는 친구 편지를 개봉하여 원장님 책상 위에 쌓아 놓고, 매일 그 방을 청소하라 명하셨습니다. 개봉된 친구 편지는 일주일에 한 통씩 묶은 편지 위에 포개어져 갔습니다. 하지만 나는 끝내, 매일 방 청소를 해 드리면서도, 개봉된 편지를 읽지 않았습니다. 그런데, 어머니와 동생들이 사는 마을에서 진정서가 왔습니다. 대학생 때에도 가정교사나 아르바이트를 하여 동생들을 부양하던 큰 언니가 대학을 졸업하던 날 동생들을 하느님께 맡기고 수녀원에 들어가는 것이 옳은 일이냐고, 마을 사람들은 천주교회와 수녀원을 이해할 수 없다고. 나를 당장 내보내어 동생들을 돌보게 하라는 내용의 진정서였다 했습니다. 진정서를 읽으시고, 왜관 분도회 소속 주성도 코르베니안 영성 지도 사제가 나에게 말씀하셨습니다. "수녀가 되는 것은 바오로 사도의 권고이고 부모에게 효도하는 것은 하느님이 내리신 계명인데, 배고픈 동생들을 버려두는 것은 4계명을 어기는 것이니, 퇴회하여 가족을 돌보는 것이 옳아요. 마리아!" 하시고는, 그날로 밤 열두 시 발 서울행 기차를 태워 떠나보냈습니다. 수녀원에서 쫓겨난 것입니다.

나는 어머니와 함께 광화문에 있던 경기도청에 가서 자격증을 제시하고, 인천에 있는 중고등학교에 국어 교사 자리 비어 있는 곳이 있느냐고 물었습니다. 인천고등학교에서 국어 교사를 찾는다고 했습니다.

나에게 관여하신 두 번째 섭리의 일이 발생하였습니다. 나는 경기도청에서 나와 길을 건너 어머니 손을 잡고 보신각 방향으로 건너가고 있었습니다. 거의 다 길을 건너던 때였습니다. 친구가 서울고등학교 방면에서 광화문 횡단로를 지나 보신각 쪽으로 오다가 나를 발견한 것입니다. 둘이 깜짝 놀라 마주 바라보고, 말을 꺼내지 못했습니다. "수녀원에 있을 사람이 무슨 일이에요? 여기서?" 경기도청에서 취업할 고등학교를 알아보고 가는 길이고, 수녀원에서 지도신부님이 동생들 돌보라고 퇴회시켰다는 말을 했습니다. 서울고등학교에 근무하던 친구가 종로 5가에 있는 집으로 퇴근하여 가는 길이라고 했습니다. 우리는 아무 말 없이 걸었습니다. 걸어서 또 걸어서 창경궁 앞에까지 갔습니다. 창경궁에 들어갔습니다. 낙엽이 길 위를 보료처럼 푹신하게 떨어져 있었습니다. 친구가 먼저 입을 열었습니다. "하고 싶은 말이 여기 수북이 쌓인 낙엽의 수보다 많군요." 어머니는 묵묵히 우리 뒤를 따라오셨습니다. 이 일은 아마도 하느님이 섭리하신 두 번째 일인 듯합니다.

　나는 다음날 인천고등학교에 찾아가서 교장 선생님을 만났습니다. 그날 교장의 말씀은 간단명료하였습니다. "이곳은 터가 셉니다. 고2 우수 반에서 2일간 공개수업을 해보고, 참관한 교사들과 학생들이 공동 합의하여 채용 여부를 결정합니다. 남자라면 모르되 여자가…… 치명적인 상처를 받을 텐데요!" 나는 그래도 해보겠다고 했습니다. 교장은 나의 의욕과 용기에 놀란 표정을 보였습니다. "그럼 해보십시오. 특별히 내일 다루실 교재 내용을 예고해 드리지요. 이 책에서 여기 이 부분을 다루어 보십시오." 하면서 교과서를 주셨습니다. 국문학사 책이었습니다. 표시해 주신 부분은 「국어 국문학의 발달」이라는 부분이었습니다.

　교장 선생님이 그렇듯 친절하게 격려하시고 도와주시지 않았던들 첫 번째 수업, 그것도 키가 나보다 훨씬 큰 고등학교 2학년 남학생들 교실에서, 그만큼 성공적으로 수업을 이끌 수는 없었을 것입니다. 다음날, 나는 난생처음으로 남자 고등학교 교실에서 공개수업을 했습니다. 들어갈 때는 다리가 후들거렸고 진정할 수 없을 만큼 떨렸습니다. 그런데 어쩐 일인가요? 교실을 나올 때, 하늘 끝을 모르게 치솟던 환희와 쾌감과 기쁨을 나는 누를 수 없었습니다. 판서는 도표화 되어 질서정연하였으며, 판서 내용의 분석과 해설은 나이 많은 교사들의 넋을 잡아 흔들었다고, 후에 선생님들이 자주 나를 놀리셨습니다. 유일한 여성 교사였으니까요.

인천고등학교에 근무하던 때 만난 분들이 계십니다. 모두 나보다 10년쯤 선배였습니다. 박동춘 영어 선생님, 장시진 독어 선생님, 조동한 지리 선생님, 김찬삼 지리 선생님이, 아버지를 잘 아신다 했습니다. 박동춘 영어 선생님과 장시진 독어 선생님이, 아버지 장학금을 받고 대학을 졸업했다고, 도와줄 것 없느냐 물었습니다. 동생이 아파서 병원에 입원한 지 오래인데 장기입원으로 입원비가 엄청나게 많아져 있다고 마을 사람들이 수녀원으로 진정서를 보내, 지도신부님이 나를 퇴회시켰다고 말했습니다. 박동춘 영어 선생님과 장시진 독어 선생님 두 분이, 나에게 묻지도 않고, 입원비를 지불하고 동생을 퇴원시켜 데리고 가라 하셨습니다. 나는 몇 달 봉급을 받아 모아, 빨리 갚기로 결심하였습니다.

그 무렵 마침 서정리 효명종합고등학교의 교장 선생님께서 광화문에 있던 경기도교육위원회로 국어 교사를 추천받고자 가셨다가, 인천고등학교 국어 교사로 부임한 내 이력서와 국어 교사

자격증을 장학관 책상 위에서 보시고는 무조건 인천고등학교로 나를 찾아오셨습니다. 나에게 자기와 함께 가서 천주교회 재단인 효명고등학교에서 일하자고 말씀하셨습니다. 교장 선생님은 내가 고아원에서 고등학교를 졸업할 때까지 자주 고아원에 오시어 여러 차례 나를 위로하셨던 분으로 고아원 원장 신부님의 친구이셨습니다. 고아원 원장 신부님이 내가 교만하다고 자주 나무라실때마다 나를 위로하시던 분이 천주교회에서 운영하는 학교로 가자고 청하시는데, 거절해선 안 되는 일이었습니다. 수도자 이상으로 경건한 신앙생활을 하시는 독신의 교장 선생님이 계시는 곳이어서 기쁘게 직장을 옮겼습니다.

1961년 4월 3일에 나는 인천고등학교를 사임하고 서정리 효명고등학교로 갔습니다. 시간은 유유하게 조금씩 흐르면서 내 상처를 쓰다듬고, 내 마음의 갈등을 차분히 가라앉혀 주는 것 같았습니다. 효명고등학교에 부임한 몇 달 후 나는 박동춘 선생님과 장시진 선생님에게 전화하여 서울역에서 만나, 동생의 입원비 대납하신 것을, 깊이 감사하며, 갚아드렸습니다. 그해 5월 16일, 윤보선 정부가 무너지고 박정희 정부가 세워졌던 날, 나는 그것이 내 운명에 커다란 변화를 가져오는 계기가 되리라고는 상상도 못했습니다. 그날 이미, 친구는 병종 군대 미필자로서 서울고등학교로부터 자발적 사퇴를 요구받았던 것입니다. 세월이 흐른 후, 지금 돌이켜 보면 과거는 아름답고 그리운 추억이지만, 그 후 몇 년 동안의 하루하루는 나에게 잔인하고 참을 수 없는 괴로움의 연속이었습니다. 나는 그래서 5·16 쿠데타마저 하느님이 내게 관여하신 고난의 섭리였다고 생각합니다. 보름 후 5월 30일에 군대 미필자들은 모두 직장에서 해고되었습니다. 사임 시에 받은 한 달 봉급뿐. 친구에게 남은 것이라고는 실직의 암담함과 절망과 막막함뿐이었을 것입니다. 그러나 친구는 언제나 의지가 강했습니다. 놀라지도 당황하지도 않았습니다.

6월 7일. 친구는 효명고등학교로 나를 찾아왔습니다. 교장 선생님과 다른 선생님들이 계시는 자리, 교무실에서 나에게 반지를 끼워주며 "이것이 약혼"이라고 말했습니다. 친구는 "지금은 이것을 드리지만 여러 캐럿짜리 다이아몬드보다 더 값진 사랑이 이 안에 있습니다." 하면서 그 반지를 교장 선생님과 동료들 앞에서 내게 끼워주었습니다. 우리는 사전에 약혼이라거나 결혼이라는 말을 나누어본 적도 없고 내가 허락한 적도 없었습니다. 친구는 혼자서 결정하여 실천에 옮겼고, 나는 친구의 결정에 끌려갔을 뿐입니다. 그러면서도 내 영혼은 끊임없는 죄책감으로 늘 시달렸습니다. "나는 수녀가 되려 했는데, 결혼해서는 안 되는데……"

그런 죄책감뿐이었습니다.

하례객 없는 혼배성사

여름방학이 시작되는 7월 26일, 그날은 우리 둘이 성당에서 부부로서의 출발을 축복받자고 했고 그 며칠 후 8월 1일에 친구는 군대에 입대한다고 했습니다. 날짜가 다가올수록 나는 초조하고 죄책감이 커졌습니다. 무엇이 나를 여기까지 이르게 하였는가? 자포자기인가? 의지하고 싶은 유약함인가? 사랑인가? 하느님 사랑에서 내가 멀어진 것인가? 수도 생활의 꿈을 이제는 접는 것인가? 세균이 내 안에서 번식하는 것 같았습니다. 참회의 눈물을 흘려 세균을 씻어내려고 해도 죽지 않고 돋아나는 죄악의 뿌리. 그렇게 수도 생활을 포기하고 친구의 사랑을 받아들이는 일은 나에게 머리를 깨부수는 것 같은 죄의식을 가중 시켰습니다. "하느님. 이 죄인을 버리지 마소서." 나는 똑같은 말로 같은 기도를 몇천 번이고 반복하였습니다. 나의 혼인은 이렇게 죄의식을 지니고 시작되었습니다. 나는 병적인 사람이었습니다.

갈등과 번뇌 속에서 혼배를 준비하는 50일을 보내는 동안 나는 주체할 길 없었던 죄의식을 고해 신부님께 호소하였습니다. "말끝마다 자칭 죄인입니까? 누가 자매님에게 죄인이라 합니까? 하기는 세상에 죄인 아닌 자도 있답니까? 주관적으로 죄책감을 느끼지 못하는 사람이 죄인입니다. 그러나 아우구스티노 성인처럼 '죄악 때문에 즐거워한다.'라는 말을 할 줄 아는 사람은 복된 사람입니다. 명랑하게 사세요. 사도 바오로 말씀처럼, 과거 때문에, 미래를, 그리스도의 사도로 살라는 말입니다." 신부님 말씀이 호되게 내 갈등을 다스려주는 것 같았습니다. 그리고 친구의 말도 옳았습니다. "수녀가 되어야만 하느님을 사랑하는 건 아니어요! 우리가 함께 미래를 개척해 가야 한다면 굳이 더 기다릴 이유는 없어요. 군대 생활로 인해 얼마나 많은 사람의 애정이 금 가는지 모르나요? 미혼의 청년이 시골 학교 처녀 선생을 찾아와도 좋겠어요? 세상의 인심이 얼마나 무서운데. 나뭇가지와 옷을 벗어 예수님 가시는 길에 깔아드리며 '주님, 만수무강하소서'를 외치던 바로 그 입술이 채 일주일도 못 되어 '그를 십자가에 못 박으라.'라고 외치는 것이 세상인심인데, 어찌 미혼의 졸병이 미혼의 처녀 선생님을 찾아다녀서, 당신이 험담을 듣게 하겠어요? 굳이 더 기다려야 할 이유가 무업니까?"

나는 7월 25일 방학식이 끝나는 순간까지 학교의 일을 천천히

다 마쳤습니다. 아무도 다음 날이 내가 혼배성사를 받는 날이라고 는 생각할 수도 없을 만큼 여느 때와 동일하게 25일의 하루 일과를 마쳤습니다. 화장하지 않고 지내던 나는 26일 아침에, 동료 여선생님 집에 가서 가볍게 화장을 했습니다. 시어머니는 부잣집 딸을 며느리로 얻고 싶었을 것임을 내가 이해해 드려야 했습니다. 그러나 친정어머니는 달랐습니다. 내 어머니는 딸을 호강시켜 줄 수 있어 보인 의사와 법학도를 모두 마다하시고 아버지가 우리 둘이 같이 다닌 초등학교 때 사친 회장이셨던 것을 알고 있는 같은 반 친구가 지아비 감이라고 단호하게 말씀하셨으니, 어머니가 누구보다도 더 나의 혼인을 기뻐하시는 것이 나에게는 큰 위로였습니다. 서정리 성당에서 그렇게 혼배미사를 봉헌하였습니다.

신랑 심재기 바오로와 신부 이인복 마리아
저희 두 사람이 하느님 앞에서
백 년을 함께 살기로 맹세하였삽기에,
어른들과 친지들에게 알려 드리옵니다.
신랑 심재기 바오로와 신부 이인복 마리아 올림.

정성 들여 친구가 힘주어 눌러 쓴 손편지를 가까운 친구 몇 명에게만 보냈을 뿐인, 간소한 혼배미사였습니다. 그로부터 엿새가 지난 8월 1일, 혼배성사 받은 지 6일이 되던 날, 친구는 아침 7시 30분에 기차를 타고 논산 육군훈련소로 갔습니다. 그날 친구는 의젓한 청년의 모습으로 내 머릿속에 남은 것이 아니라, 멀어져 가는 차창 밖으로 안타깝게 고개를 내밀던 어린아이 모습으로 남아 있었습니다.

잊을 수 없는 한소령 韓少領

논산훈련소에 갈 때, 나는 친구에게 봉함엽서 50장과 소화제 등 몇 가지 약을 사서 짐에 넣어주었습니다. 논산에서의 두 달간 훈련이 끝나가던 때 친구가 보낸 편지에는 그가 대전에 있는 통신학교에 가서 후반기 교육을 받는다고 적혀 있었습니다. 그런데, 며칠 동안 소식이 끊겼다 다시 온 편지에는 전혀 다른 의외의 내용이 적혀 있었습니다. 후반기 교육을 받지 못하게 되었다는 사실과 휴전선 근처 독립 포병부대로 배속되었다는 이야기였습니다. 나는 편지를 받고 면회 길에 나섰습니다. 때마침 그해 한글날이 월요일이었으므로 7일 오후와 8일과 9일이 근무일이 아니어서 면회 갈 수 있었습니다. 8일 새벽에 서울 동대문 근처 신설동에서 첫 버스를 탔습니다. 도평리까지 다섯 시간이 걸렸습니다. 차가운 가을바람이 춘추 양장의 소매 끝으로 파고들어 추웠습니다. 차 안을 드문드문 메웠던 승객들은 중도 초가집들 동리에서 삼삼오오 짝지어 내렸고, 버스가 목적지인 도평리 종점에 이르렀을 때는 군인 두 명만 남아 있었습니다. 나는 그 군인들에게 우선 5502부대가 어디인지를 물었습니다. 그들은 전연 들어보지 못한 부대명이라 말했습니다. 그리고는 갈 길을 재촉해 다른 방향으로 갔습니다. 버스 종점 정류장 앞에 초가집이 여나 문 채 있고, 북쪽 언덕 위에 막사가 보였으나, 기대감도 순간, 그 막사는 미국인 KMAG(주한 미국 군사 고문단)이었습니다. 5502 부대에 대해서는 아무도 아는 사람이 없었습니다. 나중에 안 이야기지만 그 부대명은 5502부대이긴 하지만 마을 사람들이 모두 5중포라 부르고, 5502로는 아무도 알지 못한다 했습니다. 그 사리에서 우왕좌왕하며 시간을 보내자 어느 사이 해는 중천으로 솟았고 시계가 11시 30분을 가리켰습니다. 나는 초조해졌습니다. 반장이라고 하는 사람에게 다시 물었습니다. 물에 빠졌을 때 지푸라기라도 잡듯 그의 입을 지켜보며 그 안에서 부대를 찾아갈 만한 단서가 되는 말 한마디라도 찾아내려 정신을 가다듬었습니다. "글쎄요, 무슨 부대인지는 모르지만, 저 북쪽 길로 곧장 20여리 가면 왼편 쪽으로 숲에 싸인 샛길이 있고 그리로 깊이 들어가면 산골짜기에 조그만 부대가 하나 있다는 말만 들었어요. 그 부대가 꼭 댁이 찾는 곳인지는 모르지만 하도 딱해 말하는데, 민간인은 들어가지 못하는 곳이어서, 자칫 간첩으로 오인할 수 있으니 통행을 조심하여야 합니다."

나는 그 몇 가지 예비지식을 갖고, 북쪽 길로 접어들었습니다. 아득히 멀리 보이는 맞은편 북쪽 산봉우리 한가운데로 한 줄기 길이 뻗어 있었는데, 양쪽 편의 나란한 언덕이 마치 다정한 형제처럼 보여서, 사람들은 그곳을 낙타고개 아니면 형제 고개라 한다고 후에 들었습니다. 얼마나 조용한 산길인지, 내 겁먹은 숨소리와 발자국 소리가 메아리 되어 다시 반향 해 와서 나는 발자국 소리도 죽여 가며 조심해서 걸었습니다. 10여 리쯤 걸었을까? 내리막길이 끝나고 형제 고개의 다음 언덕을 거슬러 올라갈 때였습니다. 멀리서 내 쪽을 향해 차가 달려오고 있는 걸 뒤돌아보았습니다. 차는 내 앞 20보쯤 거리까지 달려왔습니다. 나는 차를 세우라는 뜻으로 손을 들었습니다. 지프가 내 앞에 멈추었고, 그 안에서 육군 소령 계급장을 단 장교가 나를 향해 권총을 겨냥하고 내려, 경계하는 눈으로 쏘아보았습니다. 나는 그때까지 군인과 이야기 나누어 본 적이 없었습니다.

"도와주세요."

"……"

"5502부대를 찾아가는데요……."

"누구를 찾아갑니까?"

"혼인한 지 엿새 만에 군대에 간 신병입니다. 이 부대로 왔다는 연락을 받았어요."

"……"

소령은 한심하다는 눈빛으로 나를 응시했습니다. 한 소령님! 우리에게 인간의 아름다움을 잔잔하게 보여주신 분. 그리스도교 신자도 아니면서 수도자 이상으로 그리스도의 사랑을 증명해 보여주신 분. 그는 내 손을 잡고, 등을 두드리며 아버지나 오빠처럼 자비로운 음성으로 말했습니다. "모셔다드리죠. 타세요. 내가 그 부대 대장입니다. 하느님께 고맙다고 하세요. 여기가 어디라고 찾아 나셨습니까? 위병소까지 용케 찾아간들, 어디 면회를 시켜주나요? 되돌아갈 뻔했지요. 다행입니다. 하느님께 절하세요." 지프가 여러 군데 위병소를 지나가는 동안 많은 위병이 거수경례를 하였습니다. 지프는 부대 내에 들어가서도 얼마만큼을 달려가서야 멈추어 섰습니다. 돌층계 위에 있는 사무실로 소령은 나를 안내했습니다.

"여기는 CP 대장실입니다. 군대 기밀이 있어 이 방엔 아무도 못 들어오는데, 이건 특별히 대우해 드리는 것입니다. 여기 들어왔었다는 이야기는 절대 하지 마십시오." 하면서 그는 호탕하게 웃었습니다. 한 소령이 전화로 친구를 찾았습니다. 부대원의 빨랫감을 갖고 개울에 빨래하러 갔다는 연락이 왔습니다.

5502부대의 세탁병 심 이등병. 그를 기다리는 동안, 나는 한 소령에게 부탁 말씀을 드렸습니다. "대장님, 한 말씀만 하시면 이루어질 것을 믿습니다. 도와주실 마음만 있으시면 얼마든지 도우실 수 있다고 믿습니다. 부대 안에서야 빨래하던 밥을 하던 병역의 일에 무슨 귀천이 있겠습니까만, 어느 시간을 틈내서라도 공부할 수 있도록 그를 배치해 주십시오. 군대 생활을 하는 동안 그가 대학원에 들어가 석사학위 논문을 쓸 수 있다면, 대장님은 저희에게 3년 세월을 선물로 주시는 것입니다." 그렇게 탄원했습니다. 하느님께 바치는 기도를 한 소령에게 말한 것입니다.

내 이야기를 다 듣고 난 후 대장님은 입을 떼셨습니다. "연락병이 있습니다. 그것도 특권이라 시험을 봅니다. 원주 1군 사령부와 서울 육군본부와 국방부에 연락문서를 가져가고 하루를 집에서 쉬고 다음 날 다시 연락사항을 가지고 돌아오는 일입니다. 대학원에 드나들면서 군 복무할 수 있는 유일한 방법. 그 길을 찾아

보겠습니다."

한 소령님! 그분은 죽는 날까지 잊을 수 없는 은혜를 우리에게 베풀어 주었습니다. 대장실 문을 두드리는 소리가 났습니다. 친구가 들어왔으나, 내 쪽으로는 눈길도 주지 못하고 대장님에게 차렷 거수경례를 하며 "이병 심재기 부르셔서 왔습니다."라고 소리쳤습니다. 그는 그동안 키가 더 작아진 것처럼 보였습니다. 얼굴은 금방이라도 터질 것 같은 고무풍선처럼 팽팽히 살이 쪄 있었습니다. 친구가 입고 있는 헤지고 빛바랜 군복은 마치 고골리의 소설에 나오는 외투처럼 몹시 낡아, 분홍빛 살이 삐져나왔고, 기실 이미 구멍이 나 있는 열한 군데에서 밤톨만큼씩 구릿빛 살이 보였습니다. 대장이 말했습니다. "내가 점심식사 할 곳과 잠잘 곳을 마련해 보겠습니다. 그 집에서 며칠 쉬게 해 드리죠. 아름다운 곳입니다." 하면서 한 소령이 비서를 불렀습니다. 잠시 후 우리는 한 소령이 부른 군인을 따라 그의 지프를 타고 이미 섭외해 두어 우리를 기다리고 있는 산골 오두막집을 찾아갔습니다. 경상도가 고향인 중년의 내외분이 그렇게 부대를 찾아오는 사람들을 맞아 주며 살고 있었습니다. 그분들이 천주교 신자라는 것을 알고 우리는 더욱더 하느님께 감사하며 하느님의 축복 속에서 이틀을 지낼 수 있었습니다. 한 소령이 따뜻이 대접해 달라 부탁하고 부대로 돌아가자, 우리는 떡갈나무 잎사귀들을 밟으며 산속 길을 걸었습니다. 아직은 햇빛이 자글자글한 오후의 뙤약볕 아래서 할 일이 그것밖에 없는 사람들처럼, 오래도록 걸었습니다. 밤이 되었습니다. 별빛이 쏟아져 내리는 신비스러운 밤에, 우리는 밤새 창가의 개울 소리를 들었습니다. 창밖의 개울물 소리 외에는 모든 것이 정적이었습니다.

친구는 며칠 후 한소령에게 불리어서 갔고, 연락병 시험에 합격하였으며 서울대학교 대학원과 강원도 원주에 있는 육군 제1군 사령부와 용산에 있는 육군본부와 내가 근무하는 서정리 효명고등학교 앞에 있는 집을 날아다니면서, 군 복무와 연락병과 학문을 병행했습니다. 1964년 봄은 친구의 대학원 졸업에서부터 시작하여 대한민국 예비역 육군 병장으로서의 명예로운 제대를 겸해 기쁨을 가져다준 해입니다. 그때 5502부대 대장님은 5월의 제대를 앞당겨 3월 3일에 친구를 내보내면서 취직할 수 있으면 해보라고 배려해 주셨습니다. 호랑이가 담배 피우던 시절입니다.

친구와 나는 혜화동 서울대학교 문리대 앞길을 종로 쪽으로 걸어 나오며 잠깐 암담한 기분이었습니다. 학교는 개학했고 인사이동은 이미 끝나 있었고, 3월 3일에 신임교사를 채용하는 학교는 찾아볼 수 없었기 때문이었습니다. 친구는 길을 걷다가 동아일보사 앞에서 잠시 사장님을 만나보아야겠다고 말했습니다. 그때 동아일보사장이셨던 일석一石 이희승李熙昇 선생님을 생각해 낸 것입니다. 일석 선생님은 졸업 직후 서울고등학교 교사로 추천해 주셨던 분임을 나도 알고 있었습니다. 사장실을 다녀온 친구는 대뜸 종로 5가에 있는 동국 고등학교에 가야 한다고 했습니다. 일석 선생님의 추천서를 받아 본 동국 고등학교 교장은 이미 수업이 시작된 고3 학급들에서 각각 몇 명씩 우수한 학생들을 골라내어, 20명으로 구성된 특수반을 만들고 친구를 그 반의 담임으로 임명하며 힘껏 실력을 키워 달라 하셨습니다. 이 또한 하느님의 섭리요 크신 은총이었습니다. 그렇게 친구는 동국 고등학교에서 1년을 보낸 후, 그 이듬해 전남 광주에 있는 대건신학대학(現 광주가톨릭대학교)으로 부임하였습니다. 대건 신학대학의 교수 채용공고에는 "석사학위를 소지한 남성 천주교 신자"라는 채용 조건이 명시되어 있었습니다. 친구가 나이 스물여덟에 신학대학교 교수가 된 그 일이 어찌 하느님께서 하신 일이 아니겠는지요. 하느님의 섭리였습니다. 신학대학교에서 근무한 지 2년 후에 서울대학교 국어 국문학과 교수채용 공고가 나왔는데 그때의 조건은 "타 대학교에서 2년 이상 교수로 근무한 경력자"였으니, 이 또한 하느님의 섭리이자 크신 은총이었습니다. 하느님. 감사합니다.

하느님이 주신 섭리적 시련 앞에서

    1966년 정월에 친구는 광주 대건신학대학(現 광주가톨릭대학교)에 부임하였습니다. 그가 대학으로 진출했고 그 첫 시발이 가톨릭 사제 될 신학생을 가르치는 신학교라는 사실은, 하느님이 보내주신 신비 체험이었습니다. 그러나 우리는 늘 그렇게 떨어져서 지내며 몇 달 만에 한 번씩 만났습니다. 결혼 후에도 계속하여 별거하는 일이 내 생활을 속죄하는 모습이거니 하여 나는 애써 함께 살아야 한다고 생각하지 않았습니다. 그런데 친구는 나와 생각이 달랐습니다. 그는 대학의 강단에 서게 된 무렵부터 조금씩 생활의 안정을 위해 이제는 모여 살자고 주장하였습니다. 그럼에도 나는 그 "함께 산다"라는 일에 선뜻 용기가 나지 않았습니다. 어머니와 동생들을 부양하는 내 처지에서 당장 광주에 내려가 합가하지 못하고 6년을 마음 졸이며 살던 때 우리는 어느 날 서울에서 만나 폴 뉴먼 주연의 『엑소더스(영광의 탈출)』라는 영화를 보았습니다. 두 젊은이가 총에 맞아 죽는 마지막 장면에서 두 사람이 서로 기어가 손가락 끝이라도 맞대고 죽겠다는 일념으로 사력을 다해 마주 다가가, 드디어 장지 손가락 끝을 마주 대는 순간 임종합니다. 영화를 보고 나오면서 내가 말했습니다. "갈게. 광주로 갈게." 그리고 나는 곧 서정리 효명고등학교에 사표를 내고, 광주로 이사하였습니다.

오랜 별거 생활에 종지부를 찍고, 광주 대건신학대학 앞으로 이사하였습니다. 그런데 생활이 갑자기 변했기 때문인지 아니면 병적인 신앙 태도의 심리적 압박감이 여전히 남아 있었기 때문인지, 심한 불면증이 생겨 잠을 잘 수 없었습니다. 나는 생각했습니다. 내가 불면증에서 벗어나는 길은 내가 다시 공부를 시작하는 것밖에 다른 도리가 없다고. 나는 대학을 졸업한 지 8년 만에 다시 전남대학교 대학원 석사과정 국문학과에 응시하였습니다. 다시 공부를 시작하였습니다. 그것이 슬픔을 달래는 길이자, 불면과 갈등과 자학에서 나를 벗어나게 하는 생존 방편이었습니다. 그러나 나의 갈등이 그리고 친구의 외로움이 여기서 끝난 것은 아니었습니다. 내가 대학원에 입학하여 등록을 마치고 공부를 다시 시작하는데, 친구는 서울대학의 부름을 받아 상경하지 않을 수 없었습니다. 친구는 서울대학교로 가고 나는 그가 없는 광주에 다시 혼자 남아 낮에는 광주 동신 중고등학교에서 근무하고 저녁에는 연구생들과 모여 공부하고 대학도서관에서 학위 논문 준비를 시작했습니다. 잠이 안 온다고 고민할 틈도 없이 바쁘게 학위 논문을 썼습니다. 친구는 나를 만날 때마다 이렇게 말하였습니다.

"부지런히, 정성껏, 꾸준히, '하나'가 되기로 노력합시다. 생활도 감정도 이상도 사상도, 그리고 취미도 성향도 모두 '하나'가 됩시다." 나는 친구에게 끝없이 미안하였습니다. 대학원을 졸업하는 날까지만 기다려 달라고 양해를 구했습니다.

다시는 떨어져 살지 않으리

    대학원 석사과정 졸업을 기점으로 친구와 나는 다시는 떨어져 살지 말자는 결의로 합가하였습니다. 그날은 대학원 석사과정 졸업으로서의 의의보다도 실로 우리가 참다운 의미의 혼인 생활을 시작한 날로 기념되어야 합니다. 함께 같이하지 못한 숱한 세월을 그는 남은 날들 속에서 아끼며 살자 했습니다. 그러나 우리가 함께 모여 살기 시작한 이후로 괴로움과 갈등은 더 커졌습니다. 생활에 적응할 수 없었습니다. 어떤 의사도 내 슬픔과 상처에서 오는 질병들을 고칠 수 없다 했습니다. 그때 하느님이 나를 붙잡아 주셨습니다. 나는 내 평생에 걸친 신앙의 자세가 그릇되었음을 반성하고 회개하였습니다. 삶의 교차로에서 그때마다 나를 도와주신 하느님께 감사하기 시작하고, 내가 섭섭하게 여긴 모든 분에게 그들이 나에게 잘못한 것이 아니라, 내가 그들에게 오만하였음을 회개하기 시작하였습니다. 그리고 하느님 성령의 크신 은총을 받아 깊은 질병의 늪에서 벗어났습니다.

평화와 기쁨이 내 가슴에 출렁이자, 무서운 병마와의 긴 투쟁에서 벗어나, 전 생애에 걸치는 총체적 치유를 체험하였습니다. 나는 즉시 숙명여자대학교 박사과정에 입학하였습니다.

6·25의 상흔과 아버지에 대한 그리움 그리고 내가 말레이시아 국립대학교 교수로 일하던 때에 돌아가시어 임종을 지키지 못한 뼈저린 불효의식도, 공부하고 논문을 준비하는 과정에서 조금씩 치유되었습니다. 교수가 되어 첫 봉급을 받던 날부터 어머니의 유언을 받들어 성매매 피해 여성과 가정폭력 피해 여성과 미혼모 보살피는 시설을 운영하기 시작하면서, 가슴 속에 반짝 가로등이 켜졌습니다.

현재까지 반세기 가까운 세월, 여성복지의 일에 헌신하여 왔습니다. 그 길고 긴 세월의 구석구석에 친구가 나를 지켰습니다. 이제는 친구에게서 강렬한 동질감과 동지의식을 느낍니다. 그뿐만 아니라, 그렇게도 원한 수도 생활에 대하여 친구도 나와 뜻을 같이하여, 기혼남녀 평신도 수도공동체 창설에 동조해 주니, 이 세상을 뜨기 전에 우리가 쉬어 갈, 평신도 수도공동체가 창설되기를 기도하며 살아갑니다.

초등학교에서 친구를 만난 지 이제 74년.

혼배성사를 받은 지 61년.

올해가 회혼回婚의 해입니다.

초등학교에서 6년을 지내고 6·25 한국전쟁 후 처음 만난 동창회에서 다시 만나고, 혼인까지 하고, 이제 90을 향해 가는 오늘. 남은 날이 얼마일지는 알지 못하지만 내가 잘못했던 것, 섭섭하게 한 것, 감히 수도 생활에 종신하지 못한 것을 친구 탓으로 돌리면서 긴 세월 눈물을 짜며 괴롭혔던 것들 모두에 용서를 청합니다. 하느님 사랑과 인간 사랑을 가로와 세로로 이어진 하나의 십자가로 깨닫지 못하고, 마치 그것이 하느님에게도 인간에게도 불충실한 것인 듯 갈등해 온 나에게, 친구는 그 오랜 세월 한결같은 인내로 기다려 주었습니다.

친구가 옳았습니다. 하느님 사랑과 인간 사랑은 '하나'입니다. 둘이 아닙니다. 그리스도께서 못 박혀 돌아가신 십자가가 하나이듯이. 하루에도 몇 차례씩 반성합니다. 잘못한 일이 많습니다. 친구를 외롭게 한 일도 많습니다. 내가 이기적이었던 날들이 많습니다. 나는 하늘만 우러르며 산다고 위선을 자행하면서 내 곁의 한 사람을 위로할 따뜻한 말을 몰랐습니다. 내 고뇌와 갈등을 아파하면서 같이 괴로워했던 사람. 친구의 눈길에는 억만 겁의 슬픔이 이랑져 흘렀는데 그 고뇌, 그 인내, 그 고독을 딛고 나는 이제야 깨닫습니다. 영겁으로 향한 친구의 항심을. 고마운 친구여!

3장

108 그리움과 36의 꿈

사랑은 거짓이 없어야 합니다.

악을 혐오하고 선을 꼭 붙드십시오.

형제애로 서로 깊이 아끼고,

서로 존경하는 일에 먼저 나서십시오.

열성이 줄지 않게 하고

마음이 성령으로 타오르게 하며

주님을 섬기십시오.

희망 속에 기뻐하고

환난 중에 인내하며

기도에 전념하십시오.

로마서 12,9-12

사회복지를 향한 나의 첫걸음

　이 시대가 앓고 있는 비참한 질병은 성 윤리의 퇴폐 현상입니다. 영화나 비디오 등 대중 매체는 이윤 추구를 위해 음란한 장면을 과도하게 노출함으로써 젊은이들의 혼전 성행위를 자극 유발하며, 죄의식을 둔감케 하고 있습니다. 이러한 사회 분위기 속에서 낙태 행위가 빈번해지고 어린 미혼모들이 급증합니다. 미혼모의 발생 원인이 개인적 요인보다는 산업화와 도시화가 초래한 사회적 요인에 기인한다는 점을 인정한다면, "미혼녀가 아이를 낳았다."라는 사실만으로, 미혼모가 가정과 사회에서 버림받고 냉대받는 것은 부당합니다. 잘잘못을 따지고 책임의 소재를 묻기 전에, 심신이 병들고 지친 당사자들과 낙태 위기에 처한 생명을 먼저 구해야 합니다. 우선은 이들이 건전한 사회인으로 복귀할 수 있도록 보살피고 먹여주고 잠재워 주어야 합니다. 상처받은 영혼을 어루만져 주어야 합니다.

　성매매 생활에서 해방된 여성이나, 한 번의 성 경험으로 임신한 미혼모의 아기를, 역경 속에서도 낙태하지 않고 혼자 낳아 기르는 착한 미혼모들을, 영적으로 위로하고 경제적으로 도와주는 행복한 생활공동체가 이 사회에 절실히 요구된다고 생각했기 때문에, 나는 조심스럽게 <나자렛 성가원>이라는 이름으로, 피해당한 여성들이 나이 제한 없이 함께 살아가는 생활공동체를 설립하였습니다.

나와 내 가족들이 사는 집에서 같이 살기로 하고, 1978년에 시작하였습니다. 갈 곳이 없어 거리에서 떠도는 여성이면 나이의 고하를 막론하고 동반해 들어와 함께 살며, 독립된 성가원이 이루어지기까지 계속 가족들과 살았습니다. 10년 동안 같은 주제로 기도하여, <나자렛 성가원>을 독립 운영할 건물이 1991년에 마침내 완성되고, 성가원 가족들이 독립하였습니다. 그 건물은 내가 대학교수 첫 봉급을 받던 때 재직 증명서를 근거로 하여 봉급을 담보로 은행에서 융자받아, 마련된 집이었습니다. 머잖아 은행에서 빌린 원리금을 제대로 못 갚아 경매에 부쳐진 적도 있었습니다. 나는 우리 시설 운영을 중단해야 하는지 근심하게 되었고, 캐나다에 있는 <마돈나하우스>라는 평신도 수도공동체에 가서, 수련을 받기로 하였습니다. 여러 날이 지났을 때 지도신부님께서 "매일 안수기도를 받는데 어째서 얼굴이 침울합니까?"라고 물으셨습니다. 공동체 집이 경매에 부쳐져 애를 태우고 있노라고 여쭈었습니다. 신부님은 당장 예수님과 성모님께 편지를 써서 성상 발아래 넣으라 하셨습니다. 신부님의 말씀대로 편지를 써서 성상 아래 놓고 나는 귀국하였습니다. 그런데 건영 주식회사 엄상호 회장님께서 나를 직원특강에 초청하여 강의하던 날, 회장님이 내 강의를 들으시고는 그 자리에서 사회복지 법인 나자렛 성가회 법인에서 출판한 나의 두 가지 수상집 <슬픔이 있는 곳에 기쁨을>과 <고통이 있는 곳에 행복을> 각 2000권씩 4000권을 구입하여 회사 직원들에게 두 권씩 나누어 주라 명하고 다른 회사 회장님들에게도 친히 전화하시어, 직원들 연수강의를 듣게 하고 책 두 권씩 직원들에게 읽게 하면 모두 회사를 사랑하게 된다고 부탁하셨습니다. 그 후 전국 방방곡곡의 회사마다 엄청난 부수의 책들이 배포되는 기적이 일어나더니, 그 한 달 내에 성가원의 은행 부채 원리금을 다 갚고 부채 없는 <나자렛 성가원>이 되었습니다. 인쇄소에 하루에 30,000권을 출판 배포하기까지 했습니다. 그래서 <성가원>과 <성가정 공동체>가 독립했습니다.

그 집의 낙성 미사를 당시 <작은형제회> 관구장이셨던 유수일 프란치스코 하비에르 신부님이 집전하셨는데, 그때의 신부님이 그 후 군종교구 주교님이 되셨습니다. 첫 번째 <나자렛 성가원> 집이 마련된 후 21년 동안, 주교님의 낙성미사 강론 말씀은 항상 내 가슴 속에 살아있었습니다. 하느님께서 친히 하신 일입니다.

<나자렛 성가정 공동체> 신축회관 축복 미사에서

그 후 세월이 지나 우리 부부가 서울대학교와 숙명여대를 정년 퇴임하기 두 달 전 2000년 12월 8일, 성매매 피해 여성을 위한 <나자렛 성가정 공동체>를 독립 개원하던 날에는, 아침부터 서설瑞雪이 15cm가 내렸습니다. 김대군金大鵾 신부님은 "하느님께서 <나자렛 성가정 공동체>의 개원을 축복하시며 새벽부터 서설을 내려 주시고, 곧이어 햇볕을 보내주신 하느님께서 앞날도 환하게 열어주실 것"이라고 강론하셨습니다. 김옥균金玉均 바오로 주교님께서 미사를 주례하셨습니다. 주교님에게 미사 주례를 청한 데에는 그럴만한 이유가 있습니다. 미얀마 아웅산 참사가 있었던 때 그 순국 일주기에서 신부님은 "17명의 엄청난 희생들이 밀알 되어 다시 돋아 북한 공산주의자들도 회개하고 북한 동포들 모두 다 빛살 속에 살게 하소서."라고 기도하셨습니다. 17명의 거룩한 죽음이 그리스도와도 같은 거룩한 민족 구원의 죽음으로 승화되어, 그들의 죽음이 남한과 북한을 이어주는 통일의 다리가 되게 해 달라는 그 기도에서, 나는 하느님과 남한과 북한 사이에 화해의 다리가 놓이는 소리를 들었습니다. 그렇게 기도하신 김옥균 신부님은 다음 해 1985년에 주교님이 되셨습니다.

나는 오랫동안 성령쇄신 봉사회의 임원이었기 때문에 정초에는 회장단과 더불어 주교님들에게 새해 인사를 하러 가곤 했습니다. 그때 주교님은 "성가원을 운영하지요? 힘들지요?"라고 물으셨습니다. 나에게 <성가원>을 언급하시며 친히 격려의 말씀을 주신, 몇 분 안 되는 성직자 중 한 분이셨습니다. 그 주교님께서 개원 미사를 집전하셨으니, 정녕 하느님 섭리가 아닐 수 없습니다. <나자렛 성가원> 복지업무를 주님께서 나에게 주신 사도직으로 알고 일하게 된 이유와 특별히 12월 8일을 우리 시설의 생일로 기념하게 된 데에는 이유가 있습니다.

1975년 12월 8일 저녁 여섯 시. 내가 말레이시아 싸인즈 국립대학교에서 한국학을 가르치던 교수 시절에, 어머님이 흰옷을 입고 나에게 나타나시어 "하느님에게 간다."라고 하셨는데, 한 달이 지난 후에 배우자 바오로를 통해서 어머니가 12월 8일 저녁 6시에 돌아가셨다는 사실을 알게 되었습니다. 그때는 말레이시아 편지가 한 달 걸려 배달되던 때입니다. 어머니가 천국에 가시며 나에게 나타나시어 남기신 유언은, "성매매 여성들을 돌보며 살다 오라."는 말씀이었습니다. 그 마을에서 어머니는 그 여성들을 돕는 것을 사도직으로 알고 사시다 가셨습니다. 부평 1동 성당의 연령회 회장님이셨습니다. 어머니의 유훈을 받들어 성매매 여성들을 도울 수 있는 방법을 찾기로 하고 그것을 현실화시킬 동기와 실현의 순간을 기도하며 3년을 기도하였습니다. 1978년에 요한 바오로 1세 교황님이 돌아가시면서 세상에 남기신 메시지가 소개되었습니다.

부자들이여, 가난한 사람들 기억해 주십시오.
직장인들이여, 무직자들을 기억해 주십시오.
건강한 사람들이여, 병든 사람들을 기억해 주십시오.
남을 위해서 슬퍼하는 사람은 복이 있습니다.

교황님은 이러한 복음의 메시지를 남기시고 심장마비로 밤사이에 돌아가셨는데, 그때 노르웨이 노벨상위원회는 교황님 말씀대로 사는 분을 찾자는 운동을 전개하였고, 그리하여 인도 콜카타에서 나환우와 고아들을 돌보시던 마더 테레사를 찾아내어 이분에게 노벨평화상을 수여하였다고 신문에 보도되었습니다. 그 후 마더 테레사의 이름과 함께 그의 나눔의 정신, 그리고 사회복지며 이웃돕기 등의 필요성이 우리나라에도 강조되기 시작되었습니다. 그래서 나는 교황님의 말씀, 그 메시지를 하늘의 시대적 예언으로 받아들였습니다. 그 후 나는 사저에서 여성들과 함께 생활하다가,

1989년 12월 8일에 숙명여대 강당에서, 성가원 운영을 사회적으로 공포하고, 네 분 신부님을 모시고 성가원 발족 미사를 봉헌하였습니다. 2000년 대희년에는 우리 사저를 법인으로 전환하였는데 그때는 요한 바오로 2세 교황님의 말씀을 하느님 말씀으로 받아들여 봉헌이 가능했습니다. 2000년 대희년을 맞이하면서 교황 요한 바오로 2세께서는 "인류 한 명 한 명이 다 반드시 대희년 은총을 받는다."라고 말씀하셨습니다. 나는 과연 나에게 주어지는 대희년 은총은 무엇일까에 대하여 깊이 묵상하였습니다. 교황님은 2000년 3월 12일 "Grand Pardon Day"를 선포하시고 베드로 대성전에 무릎을 꿇고, 과거 2000년간 가톨릭이 잘못한 것에 대하여 온 세계 인류에게 용서를 청하셨습니다.

특히 교황님은 이스라엘에 가시어, "아우슈비츠에서 600만 명의 유대인들이 학살되던 때 그것을 막아주지 못한 가톨릭을 용서해 달라." 하셨는데 이 말씀을 듣고 아우슈비츠 생존자 랍비는 "유대교와 기독교 사이로 2000년간 흘러온 피의 강물 위에 가톨릭의 늙고 병든 할아버지 한 분이 혼자서 화해의 다리를 놓으셨다."라고 감동적인 논평을 하였습니다. 바로 이 말이 나에게 충격적 감동을 주어, 내가 가진 전 재산(집과 땅과 미래의 봉급과 정년 때 받을 퇴직금 연금)을 바치기로 서약하고 성가원을 법인화한 것입니다. 그

해에 나와 내 배우자는 고령에 사회복지학과 대학 3학년에 편입
학하여 사회복지의 정규 공부를 시작하였고, 2003년 2월 18일에
복지사 자격증을 받고 졸업하였습니다. 2002년에 평생직장이던
학교도 정년퇴직하였고 또 뒤늦게 자처한 학생 신분에서도 벗어
나 졸업식을 마치자, 나는 오로지 성매매 피해 여성들과 가정폭
력 피해 여성들을 돕는 일에만 전념하였습니다. 정년 퇴직금과 연
금으로 일시불로 받느냐 하는 중요한 결단의 기로에서 결국 나는
죽는 날까지 받을 연금을 일시불로 받아 땅을 사고 집 짓는 일에
오병이어의 종금을 바쳐 신축을 기획했고, 오늘 낙성 미사를 봉헌
하기에 이른 것입니다. 아직 마무리가 덜 된 부분이 많은데도 불
구하고 굳이 오늘 개원 축복 미사를 봉헌하는 것은 12월 8일이 성
가원의 생일이고 또 내 어머니가 돌아가신 날이기 때문입니다.

한 아이를 키우려면 한 마을이 필요하다고 합니다. 자본주의
가 인간까지 상품으로 전락시키는 현대사회에서 한 명의 성매매
피해자의 영혼을 갱생시키는 데에는 한 마을보다 더 많은 사람
의 관심과 손길이 필요합니다. 법조인, 의료인, 성직자, 교사, 사업
가, 상담사, 후원자, 봉사자 등 많은 전문인의 도움이 필요합니다.
나는 동두천의 기지촌에서 살해된 윤금희 사건을 세상에 드러내
는 것 같은 거창한 일은 하지 못합니다. 그러나 젊은 성매매 여성

들에게 사회에서 다시 갱생할 수 있도록 교육의 길을 열어주거나 영적으로 변화될 수 있도록 심성 교육을 제공하는 일은 할 수 있습니다. 나는 힘이 없는 일개 봉사자일 뿐이지만, 나머지 일은 하느님이 해 주실 것입니다. 하느님! 저희 <나자렛 성가정 공동체> 자매들에게 새 생명을 주소서. 아멘.

2003년 12월 8일

<사회복지법인 나자렛성가회>로 발전하기까지

나는 숙명여대 교수가 되어 첫 봉급을 받던 때부터 <나자렛성가원> 운영을 시작하였습니다. 교도소에서 나온 사람, 성매매업소에서 경찰에 쫓기다 잡혀 온 여인, 가정폭력 피해 여성들과 어린 자녀들, 미혼모, 성폭행 피해 여성들을 누구건 사저에서 같이 살기 시작하였습니다. 호의호식하지 않고 사치하지 않고 검소하게 절약하며 살았더니, 몇 차례의 전셋집을 거쳐 드디어 250평의 집 한 채를 처음으로 마련할 수 있었습니다. 출가한 딸들과 사위들은 우리 부부가 세상을 떠난 다음 부모의 재산에 대한 상속권을 주장하지 않겠다는 것을 공증하여 우리 부부의 회갑 선물로 우리에게 주었기 때문에 250평집을 기본자산으로 2000년에 <사회복지법인 나자렛성가회>라는 이름으로 법인을 만들고, 재산을 사회에 환원하였습니다. 제 소유가 아닙니다.

1989년에 대한민국 문학상을 받았는데 나는 그 상금으로 숙명여대 강당에서 박병윤, 서병윤, 고찬근, 김창만 네 분 신부님을 모시고 <나자렛 성가원>의 발족식을 가졌습니다. 거기서 "성매매 여성들과 슬픔을 짊어지고 살아가는 갸륵한 미혼모들을 위하여 내 교수 봉급을 바쳐" 일할 것을 공표했습니다. 그리고 종합여성복지시설로서, 도움이 필요한 여성이면 누구나 와서 함께 살 수 있는 집을 운영하기 시작하였습니다. 숙대를 정년퇴직하고, 퇴직금과 연금을 일시불로 받아, 성매매 여성이 자활할 수 있는 시설을 별도로 창설하여 <나자렛 성가정 공동체>라는 이름으로 새 쉼터를 더 마련하였습니다. 빈손이 되면서 집을 지어 또 하나의 시설을 만들어 사회복지시설로 법인화하는 일은 힘든 일이지만 나는 성경에 나오는 빵 다섯 개로 오천 명을 먹이고도 열두 광주리가 남은 기적, 빵 일곱 개로 사천 명을 먹이고도 일곱 광주리가 남은 기적을 생각하였습니다. 그 기적은 성체성사의 본질을 드러내 주는 성경의 말씀입니다.

내가 시작한 일도 오병이어의 기적으로 운영되기를 원했습니다. 내가 번 것은 빵 다섯 개이지만 "이것으로 함께 나누어 먹으며 살자." 하고 내놓으니까, 성령 안에서 사는 분들이 찾아오시어 오천 명을 같이 먹이게 되었습니다. 나는 <나자렛 성가원>과 <나자렛 성가정 공동체>를 운영하면서 적어도 우리 시설을 찾아오는 위기에 처한 여성들을, 돌려보내지 않았습니다. 슬픔을 기쁨으로, 고통을 행복으로, 절망을 희망으로 바꾸어주고 이끌어주는 작업을 조금씩 그러나 끊임없이 성령 안에서 실현해 왔습니다. 이것이 남북통일로 가는 길이라고도 생각하며 기도하였습니다. <나자렛성가회>의 오랜 여성 보호 시설 운영 실적과 본 사업에 대한 법인의 비전이 인정되어, 노무현 대통령 때부터 시설을 돕는 지원금을 받게 되었습니다.

　기적이었습니다. 이 일을 지속하는 동안 나는 법인에 적지 않은 이사장 기여금을 봉헌해야 하였지만 분단 조국의 국민으로서 반드시 해야 할 일이기 때문에 용기를 내어 시작하고 기도 속에서 오늘에 이르렀습니다. 전쟁으로 잃은 아버지와 오라비들을 섬기는 일도 이 일을 함으로써 이어지는 것으로 생각하며 기쁘게 헌신하였습니다. 권세와 재산을 가져서 좋은 점이 무엇인지요. 비싼 밥을 먹고 비싼 옷을 입고 호화로운 집, 호화로운 침대에서 자기 위해서만은 아닐 것입니다. 권세와 재산이 좋은 이유는 오히려, 불우한 사람을 도울 수 있는 역량이 있다는 것, 누군가를 도울 수 있는 처지에 있어서 좋은 것일 것입니다.

나는 매일 나에게 스스로 묻습니다. 내 어머니가 나에게 물려주신 유산은 무엇인가? 기필코 내가 죽기 전에 기혼여성들을 위한 기도공동체를 창설하는 일과 또 비참한 환경 속에 갇혀 있는 여성들에게 살려는 의지를 심어주는 일, 그것이 내 어머니의 유지입니다. 전쟁으로 지아비를 잃고 가난해지신 어머니는, 가정교사인 어린 딸이 벌어 오는 보리밥 한 사발도 부평 기지촌의 '딸들'에게 나누어 먹이시며 그들의 치유와 변화를 위해서 몸으로 부딪쳐 헌신하신 기지촌 여성들의 버팀목이셨습니다. 무엇이 진정한 행복이고 오래 사는 삶이며 누가 죽어서도 사는 사람인가를, 어머니의 삶을 통해 배워 익히며 살아왔습니다. 나눔은 덕이 아니고 의무입니다. 나눈 것만큼이 죽어서 내 재산이 됩니다. 내가 하는 일은 선행을 닦기 위해서가 아니고 나 대신 불행을 짊어지고 피해당한 여성들에게 빚을 갚기 위해서입니다.

법인으로 발전한 그 2년 후, 정년퇴임은 다가오고, 퇴직금과 연금을 목돈으로 받을 것이 현실적인 일로 가시화되던 때에, 나는 성매매 피해 여성들을 돕는 또 하나의 시설을 장만하고자 퇴직금과 연금을 일시불로 받아, 평창동에 땅을 사서 집을 짓고, 그것을

<사회복지법인 나자렛성가회> 자산으로 편입하였습니다. 6·25 한국전쟁 후의 오랜 세월을 아버지 없이 동생들을 데리고 고아원에서 살았지만, 죽지 않고 살아남은 것은, 근처 집창촌에 살던 성매매 여성들이 우리를 보호해준 은덕이니, 그들을 도우며 살다 오라는 어머님 유언을 받들었기 때문이기도 합니다. 그런데, 2010년 말 어느 날, 서울시 시청 직원들이 사회복지법인 창설자라 할지라도 법인으로 묶어 사회에 환원한 이상 그곳에서 함께 기거해서는 안 된다는 서울시장의 통고를 가지고 왔습니다. 우리 부부는 그날 성가원을 떠나야 했습니다.

나로서는 받아들이기가 매우 힘들었습니다. 우리 성가원은 대기업을 운영하는 큰 부자 대기업 회장이 만들어서 사회에 내놓은 그런 복지시설이 아닙니다. 전쟁의 피해자로 살아남았기에 그 살아남은 것이 감사하여, 가난한 봉급을 털고 자식들이 혼인할 때 혼수 하나 해주지 않으면서 가난한 교육자가 만들어 봉헌한 시설이며 복지법인입니다. 평생 한 집에서 "다 같이 살 줄" 알고, 만들어 내놓은 집입니다. 그런데 거기서 같이 살지 못한다는 것입니다. 서울시에서 우리 부부에게 나가라고 명령했습니다. 형사법으로 고발할 수 있으니, 나가서 살라고 명령했습니다. 이 통고를 받았을 때 나는 말할 수 없는 충격을 받았습니다. 그러나 지금은 이

역시 나의 영적 성숙을 위한 한 단계 고비였겠다고 생각하며 스스로를 위로하고, 이제는 포천 산기슭에 집을 짓고, 시가 친가의 네 분 부모님을 묻어드린 산자락 기슭에서, 평화롭고 행복하게 살고 있습니다. 지상의 천국입니다.

1990년, 6·25 한국전쟁 40년이 되던 해에, 전쟁에서 실종된 나는 나의 아버지가 돌아가셨다는 심증이 드는, 꿈을 꾸었습니다. 그래서 인천 상공회의소에 있는 옛날 임원들의 단체 사진 속에서 어렵사리 아버지 사진을 찾아내어 그 사진을 확대해서 어머니 묘소에 넣어 드림으로써, 아버지를 어머니와 합장해 드렸습니다. 어머니가 당신 대신 고통 받은 여성들에게 빚을 갚으며 살다 오라고 유언을 남기신 것이 계기가 되어 애초에 <나자렛성가원>과 <나자렛성가회>가 출범할 수 있게 된 것이므로, 어린 시절의 나를 봉사 정신으로 가진 딸로 키우신 아버지가 <나자렛 성가회>의 이사장이시고 그 일을 실천하도록 유언하신 어머니가 <나자렛 성가원>의 원장이시고 나는 그 봉사자라는 마음으로, 30년 이상을 성가원에서 '같이' 살았습니다. 그런데 '나가라'는 추방을 당한 것입니다. 성가원에서 쫓겨나, 아버지 어머니 계신 곳 포천으로 이사 오면서 마련한 이 가옥과 대지는, 언젠가 통일이 될 때, 북한에서 내려온 북한 동포들이 독립할 때까지 임시로 함께 살아가는,

'탈북인 임시 거처의 집'이 되면 좋겠습니다.

　인육을 먹는 가난만 아니었어도 북한을 탈출하지는 않았을 것이라고 말하는 탈북자와 석 달만 더 '이 짓'을 해 돈을 벌고는 "다시 그런 일 안 할게요."라고 말하는 철부지 탈脫성매매 여성들을 타이르고 보듬는 이 일을, 모두가 사회복지사인 내 자식들은 15명 사회복지사 직원들을 격려하며, 나보다 더 잘 이끌어 갈 것입니다. 장녀는 나 대신 성가원에서 일하고 있으며, 막내딸은 사회복지학을 가르치는 대학교수입니다. 분단 조국의 통일을 염원하면서, 어머니 아버지 뵐 날을 기다리며 이 글을 씁니다.

<나자렛성가회>의 내일

　나는 외아들과 외동딸들을 성직자나 수도자로 봉헌한 어른들, 또는 배우자를 먼저 여읜 홀아비나 홀어미들, 또는 자식들을 모두 출가하고 달랑 두 부부만 남은 노인 부부들이 수도·정진하며 성화 완덕을 추구하는 평신도 수도공동체 창설을 위해 기도하며 삽니다. 그날이 생전에 오건 사후에 오건, 우리 부부가 프란치스코 재속회 형제자매로 종신서원을 받아주신 작은형제회 수사님들이 함께 기도해 주십니다. 그래서 우리 집 가호를 성가정도재聖家靜禱齋라 이름 지었습니다.

2016년 북한 하늘이 바라보이는 포천산 기슭, 꿩이 날아다니고 시냇물에 앞산 뒷산 그림자가 내려와 안기는 아름다운 곳에, 기공 축복 미사를 봉헌했습니다. 남편과 사별했거나, 배우자가 외도하여 혼자되었거나, 너무 적적하신 분들이 와서 함께 기도 생활 하는 집을 염원해서입니다. 이 일을 죽기 전에 실현할 수 있는 시간을 내가 현실적으로 가지고 있지는 못하지만, 분명히 어언간 하느님께서 이 일을 해낼 수 있는 사람들과 나 사이에 다리를 놓아 줄 것으로 믿습니다. 우리 부부가 프란치스코 재속회 회원이니, 작은형제회 수도회 수사님들이 이 집을 평신도 수도 공동체로 발전시킬 것으로 믿고 기도합니다.

천 날이 가도 한결같은 기도. 내 생명 완성을 위한 임종 연습입니다.

> 하느님, 오늘 제게 인연 맺어 주시는 생명들을 통하여
> 찬미 영광 받으소서.
> 오늘 제가 만날 모든 사람과 또 그 사람들이
> 죽는 날까지 만나게 될 모든 이들에게 주실

생명을 통하여 찬미 영광 받으소서.

제가 상처 준 사람들과 저에게 상처 준 사람들에게 주실
생명을 통하여 찬미 영광 받으소서.

우리의 생명이 아버지 하느님의 뜻을 이루심에
도구가 되게 하시고,

눈앞의 성공을 확인할 때에만
하느님을 찬미하는 사람이 아니라,

거듭되는 실패 속에서도 그 섭리적 가치를 깨달으며
주님을 찬미하는 자녀가 되게 하소서. 아멘!

으뜸 바보와 그 제자 바보들

 다시는 봄이 없을 것처럼 맹추위가 기승을 부리더니 이제 완연한 봄입니다. 추위를 괴로워하지 않고 봄날을 기다리면 반드시 봄이 옵니다. 그리스도의 수난과 고통의 날이 끝나면 반드시 부활이 온다는 것을 우리 모두 기억하듯, 이제 수난의 날이 시작되었으니, 반드시 부활의 날이 찾아올 것입니다. 그날을 기다리는 것이 믿음입니다. 돌을 던지는 사람의 말이 너무도 진실과 달라, 나자렛 성가회가 언론 중재위원회에 도움을 청했는데, 위원회에서

한겨레 신문사를 꾸짖고 "정정 보도문을 게재하되, 이를 빨리 이행하지 않으면 이행 시까지 하루에 일백만 원의 벌금을 부과한다."라고 판결하였습니다. 성가원을 지어서 봉헌했으면 자매들이 살도록 내어 주고 이사장은 나와야지 왜 성가원에서 같이 살고 있느냐는 비난이었습니다.

돌아가신 스승이 주신 글이 너무 좋아, 집안 마루 벽면에 걸어 두고, 자주 묵상합니다. 양고선장 기고약허 군자성덕 기용여우良賈善藏 其庫若虛 君子盛德 其容如愚 "훌륭한 상인은 물건을 슬기롭게 정돈하기 때문에 그 창고가 텅 빈 것처럼 보이고 군자는 덕성이 높기 때문에 그 용모가 바보처럼 보인다."라는 의미입니다. 많이 가진 사람은 가진 것이 없듯 겸손하고, 덕이 높은 사람은 남들에게 바보처럼 보인다는 뜻. 오늘 바보스러움의 인격에 대하여 생각하게 된 것은, 예수님의 산상수훈 말씀이 오늘 분명하게 이해되었기 때문입니다. "행복하여라, 마음이 가난한 사람들! 하늘나라가 그들의 것이다. 행복하여라, 슬퍼하는 사람들! 위로를 받을 것이다. 사람들이 온갖 사악한 말을 하면, 행복하다! 기뻐하고 즐거워하여라. 하늘에서 받을 상이 크다." 신구약 성경을 통틀어서 내가 이해할 수 없었던 구절 중의 하나가 이 말씀이었습니다. 슬프고 가난한 사람이 행복하다니? 사악한 말을 들으면 행복하다니? 그런 일을 당할 때 기뻐하고 즐거워하라니?

그런데 왜 성가원에서 사느냐는 서울시와 일간 신문사의 지탄을 받고 나에게 돌을 던지는 사람으로 인해 구설 당하는 일이 생기면서, 비로소 산상수훈 말씀의 뜻을 알아들었습니다. 억울하게 모욕을 당하면, 훗날에 하늘에서 큰 상을 받을 것이니 기뻐하라는 뜻이 결코 아닙니다. 당장 억울한데 죽음 후에 천국에서 받을 상을 생각하며 기뻐하라는 의미가 아닙니다. 인류 구원이라는 하느님 성부의 뜻에 순종하시어 십자가 위에서 돌아가신 예수님의 마음과 하나가 되려는 간절한 소망을 가졌을 때, 그래서, 예수님처럼 자신을 모욕하는 사람이나 음해하는 사람조차도 원망하지 않고 십자 위에서 마지막 피 한 방울과 마지막 물 한 방울까지 다 흘리고 돌아가시며 "무슨 짓인 줄 모르고 하는 것이니 저들을 용서해 주세요."라고 기도할 수 있을 때, 그에게는 하나 되어 함께 계시는 하느님으로부터만 받을 수 있는 '하느님의 위로'가 있으니, 슬픔 속에서도 행복하다는 뜻입니다. 어떤 경우에도 평화를 지니고 그리스도 안에서 사는 삶 속에 이미 하느님이 현존하시니, 그곳이 천국이요 그 마음이 이미 천국을 누리고 있으니 행복하다는 말씀입니다.

그래서 오늘 이 산상수훈의 의미를 '바보의 영성'이라 이름 붙입니다. 으뜸 바보가 예수님이시고 으뜸 바보의 제자들이 성직자나 수도자이고 현실의 삶 속에서 몸으로 예수님 복음을 전하는 사람들입니다. 시편 22장의 말씀 "저는 인간이 아닌 구더기, 사람들의 우셋거리, 백성의 조롱거리. 저를 보는 자마다 저를 비웃고 입술을 비쭉거리며 머리를 흔들어 댑니다. 개들이 저를 에워싸고 악당의 무리가 저를 둘러싸 제 손과 발을 묶었습니다." 하시며 벌레 됨의 신비 수난을 치르신 예수님처럼, 우리가 벌레 됨의 신비를 체험함으로써 주님과 하나 될 때, 슬픔 속에서도 우리는 우리 안에 내재하시는 하느님의 천국을 사는 것입니다. 십자가를 지고 골고타 산을 오르는 길목에서 목이 말라 물 한 모금 얻어 드시고 악당들의 발길에 짓밟히신 예수님처럼, 거지 신세가 되어서야 예수님 수난의 신비를 체득하니, 가난 속에서도 우리 안에 내재하시는 주님의 천국을 함께 사는 사람은 행복하다는 뜻입니다. 예수님처럼 벌레 되고, 거지 되고, 바보 됨을 체험하는 신비의 공간에서 우리는 "예수 됨"의 육화·강생에 참여하고, 이 무한히 반복되는 예수님의 육화·강생이, 영원히 인류를 구원하시는 신비입니다. "벌레요 거지요 바보이신 그리스도의 신비"와 산상수훈의 의미를 체득하게 된 것만으로도, 성가원에서 쫓겨나와 동두천에 셋방을 얻어 살게 된 일은 신비로운 섭리적 의미를 지닙니다. 그렇다면 나에게 돌을 던진 사람이 바로 "벌레요 거지요 바보이신 그리스도의 신비"를 나로 하여금 체득하게 해 준 '영적 협조자'가 아닐 수 없습니다.

　그리스도에 이어 벌레요 거지요 바보의 극치에 도달하신 으뜸 제자 중의 한 사람이 프란치스코 성인이십니다. 성인께서 레오 형제와 함께 길고 긴 선교 봉사의 순례를 마치고 폭풍우가 내리치는 추운 겨울밤에 허기진 몸으로 귀가하신 때였습니다. 성인이 레오 형제에게 물었습니다. "세상에서 가장 큰 기쁨이 지금 우리에게 무엇일까?" 레오가 "문지기 형제가 화로 앞 불가로 우리를 이끌어 불을 쬐게 해 주는 것입니다."라고 대답하였습니다. 성인이 "아니요."라고 하자 레오가 다시 "그럼 식당 주방장이 큰 찻잔에 뜨거운 차 한 잔을 담아 주며 마시라고 하는 것입니다."라고 대답하였습니다. 성인이 또다시 "아니요." 하자 레오가 "그럼 무어예요? 친히 가르쳐주세요."하고 물었습니다. 그러지 놀랍게도 프란치스코 성인은 "문을 열라 하는데 문지기 형제가 안 열어주어 '나 원장이에요. 문 열어주세요.' 하는데도 못 알아보고 '거지야, 노숙자 시설에나 찾아가 재워 달라 해!' 하면, 그것이 최상의 기쁨입니다."라고 대답하셨습니다. 벌레 되고 거지 되고 바보 되신 예수님 모습을 닮을 때, 예수님이 우리 몸 안에 육화하시고, 우리는 전 생애를 통하여 끝없는 육화·강생을 지속하는 제자 됨의 길을 따르는 것입니다. 지금 세상에서 당하는 고초는 모두, 바보 됨을 통하여 그리스도 육화·강생의 몸이 되는 것이고, 산상수훈은 "바보 됨의 극치"를 말해 줍니다. 이 이야기가 21세기를 살아가는 우리에게는 바보의 이야기로 느껴질 것입니다. 그러나 성인은 십자가 위에서 참으로 바보가 되신 주님을 닮아, 바보 제자가 됨으로써, 최상의 기쁨을 얻으셨습니다.

그런데 그와 비슷한 기쁨이 요즘 제게 찾아왔습니다. 거룩한 신비입니다. 단 한 마디로, 돌을 던진 사람을 비난하는 일 없이 그를 위해 치유의 기도를 드려왔다는 사실입니다. 그리고 이 일을 통해 나는 산상수훈의 참 의미를 알아들었으니, 지금 당하는 수난은 나에게 영적으로 성장하도록 도움을 준 사건입니다. 인간은 고난을 통해서만 예수님을 관상하고 닮아, 예수님의 육화·강생하신 몸과 하나 됩니다. 지난 2월 13일에는 금년에 신품을 받으신 새 신부님의 첫 미사와 첫 강복 안수 예절에 참석하였습니다. 신부님이 나누어주신 상본에 인쇄되어 있는 코린토 신자들에게 보낸 첫째 서간 4장 10절 말씀을 읽으며, 살아계시는 하느님 바로 그 앞에서 신부님이 하느님께 속삭이는 고백으로 들렸습니다. "저는 그리스도 때문에 어리석은 바보가 되었습니다."

아빌라의 테레사 성녀는 기도했습니다. "그리스도는 이제 몸이 없습니다. 우리 몸 밖에 없습니다. 그분에게는 손이 없습니다. 우리 손밖에 없습니다. 그분에게는 발이 없습니다. 우리 발밖에 없습니다. 이제 우리 곁에는 예수님이 계시지 않습니다. 그분께서는 우리 안에 계십니다. 우리의 손과 발이 부활하신 주님의 현존이 되어야 합니다. 우리의 삶으로 우리는 주님의 육화·강생의 신비를 살아야 합니다." 또 어느 수사 신부님은 "우리 모두 또 다른 하느님입니다."라는 말씀으로 강의를 맺으셨습니다.

성가원에 오시어 무료 변호를 맡아주신 변호사님들, 아픈 사람들을 도와주신 의료인들, 고통당하는 일을 들어주시고 상담해 주신 분들, 성령의 궁전이 되어 예수님의 육화·강생의 도구가 된 바보 제자들인 분들은 누구나 이렇게 말씀하실 수 있습니다. "우리 모두 또 다른 하느님입니다."

벗들이여.

으뜸 바보이신 그리스도를 닮아 그 제자 바보들로 오래오래 사십시다.

사랑하는 대자 대녀 그리고 친지들이여!

성가원 가족들을 도와주신 분들이여!

으뜸 바보이신 그리스도를 닮아 그 제자 바보들로 오래오래 사십시다.

벌레 되심과 거지 되심과 바보 되심을 체험하는 신비의 삶을, 이 수난 시기에 기쁘게 살면서, 그리스도의 육화한 몸이 되십시다. 성스러운 수난시기 보내시고, 기쁜 부활 맞으세요.

침묵 속의 '뿌스띠니아'를 견디며

다시 새해를 맞이했습니다. 묵은해에 미진했던 일들, 서운했던 일들, 억울했던 일들을 하느님께 봉헌하고 침묵하면, 하느님의 시간 속에서 쇄신의 바람을 일으켜 더 높이 도약할 계기를 마련해 주실 것입니다.

그믐이 가야 초승이 옵니다.

연말이 가야 새해가 옵니다.

죽어야 삽니다.

주님이 수난당하시고 돌아가시어서야 부활하셨고, 마침내 마지막 숨을 뿜어내시어 우리가 예수님의 마지막 숨, 성령을 받았습니다. 그래서 신·구약 성경 내용의 핵심은 '선先 고통, 후後 영광' 입니다.

고통과 슬픔이 없는 행복과 기쁨은 없습니다. 칭찬 들을 때 추락할 날을 대비해야 하고 비난받을 때 기도하며 침묵합니다. 언쟁하지 않습니다. 하느님의 시간 속에서 일어나는 온갖 시련을 섭리로 알고 인내하고 받아들이고 순종하는 침묵의 기도 속에 살아갑니다. 침묵의 기도 속에는 나날이 성숙할 일만 남아 있습니다. "너는 덕이 없다."라고 비난하는 사람에게", "나는 덕이 있다."라고 맞서지 않습니다.

토마스 머튼은 침묵에 대하여 말씀하십니다. "마음이 상했지만 답변하지 않을 때, 내 명예에 대한 방어를 주님께 맡길 때, 침묵은 양선하는 것입니다. 형제들의 잘못을 드러내지 않을 때, 침묵은 자비입니다. 고통을 당하여도 불평하지 않을 때, 서두르지 않고 씨가 천천히 싹트는 것을 기다릴 때, 침묵은 인내입니다. 내 행동이 나쁘게 평가되어도 잠잠할 때, 침묵은 겸손입니다. 주님의 현존 안에 머물기 위해 세상의 소음을 피할 때, 침묵은 믿음입니다."

성가원에서 살지 말라는 서울시의 행정 명령으로, <나자렛 성가원>에서 나와, 동두천에 '뿌스띠니아'를 마련하고 이사했었습니다. 포천 삼정리, 성가정도재聖家靜禱齋 새 뿌스띠니아 건축 부지에서, 가까운 곳이라 그 또한 주님의 섭리로 알고 감사했습니다.

숙원 사업인 포천 성가정도재聖家靜禱齋 평신도 수도공동체 기도의 집과 가까운 동두천에 머물며, 서울 복지관과 포천 성가정도재聖家靜禱齋 기도의 집 중간 지점 동두천에서 살도록 섭리하시니, 동두천 임시 거처가 "기도하며 침묵 속에서 주님을 관상하는 뿌스띠니아"였습니다. 뿌스띠니아는 러시아 말로 사막이라는 뜻이고 하느님을 만나는 공간을 말합니다. 서울 사무실로의 통근시간이 길어지는 것도 나쁘지만은 않았습니다. 전철 안에서 책을 읽거나 묵주기도를 하면, 전철 안조차도 뿌스띠니아가 되었습니다. 평창동 복지관을 짓던 때, 퇴직금과 연금을 일시불로 받아 7억 5천만 원을 넣었고, 이제 포천 삼정리 성가정도재聖家靜禱齋 신축만 마치면 기도할 일만 남습니다. 우리 부부는 포천에 기획하는 성가정도재에서 남은 생애를 마칠 것입니다. 그리고 성가정도재를 향해 가는 도정에서 중간의 집, 동두천 숙소를 때맞추어 섭리하시니, 그곳이 바로 하느님을 만나는 곳입니다.

　나는 1950년 6·25 전쟁 직후에 세례를 받고 처음으로 배운 기도문을 70년간 입에 달고 삽니다. "예수 마리아님, 사랑합니다. 영혼들을 구하소서." 그런데 요즈음 또 하나 좋아하는 화살 기도문이 있습니다. 파우스티나 성녀의 기도문입니다. "예수님의 수난을 보시고 저희와 온 세상에 자비를 베푸소서."입니다. 프란치스코 성인의 평화의 기도문도 화살기도로 바칩니다. "주님, 저를 평화의 도구로 써 주소서. 미움이 있는 곳에 사랑을, 다툼이 있는 곳에 용서를, 분열이 있는 곳에 일치를, 의혹이 있는 곳에 믿음을 심도록 도와주소서."라고 기도합니다. 그렇게 지내다 보니, 요즈음 신비한 일이 생겼습니다. 단 한 번도 누군가를 비난하거나 원망하는 말을 입에 담는 일이 없습니다.

신앙은 참으로 신비합니다. 폭풍과 폭우에서 제일 득을 보는 사람은 나 자신이라는 생각이 듭니다. 내가 상상할 수도 없을 만큼 거대한 영적 힘이 밀물처럼 흘러들어와 나를 영적으로 지켜 주십니다. 오상의 비오 성인이 수많은 억측으로 시련에 봉착하셨듯이, 복지실천가들이 비슷한 가시덤불을 헤쳐 나아갔듯이 나도 하느님을 향한 신뢰와 은총에 힘입어, 험한 폭풍 길을 헤쳐 여기까지 왔습니다. 터널을 지나야 빛의 세상이 전개됩니다. 하느님이 원하시는 길을 힘겹게 걸어온 삶이, 현시대의 구원을 위하여 필요한 봉헌 제물로 하늘에 봉헌되기를 원합니다.

성가원을 시작하던 1978년 겨울, 도움이 필요한 여성들은 집에 와 있고, 딸 네 명과 배우자와 그리고 나를 찾아온 여성들이 모두 다 협소한 빌라의 쪽마루에서 함께 밥을 먹고 지내던 때, 학교에서 월급이 나오는 날은 우리 집 잔칫날이었습니다. 다음날 돼지고기 몇 근을 사 올 수 있다는 기쁨과 희망을 지니고 귀한 봉급 봉투를 들고 온 날, 밤에 도둑이 들어, 월급봉투를 통째로 가져간 일도 있었습니다. 그때는 온라인이 아니라 봉투로 월급을 받던 때였습니다. 그때에도 나는 그 도둑을 이해했습니다. 하고자 하는 일에 악마가 손을 뻗어 일을 방해하려는 것이라고 생각도 했습니다. 고난을 이겨내고 복지실천의 의지를 꺾지 말자고 다짐했습니다. 사랑과 지지를 보내주시는 분들에게 거듭 감사합니다. 격려와 지지를 보내준 배려의 손길, 이런 일들이 사랑을 향해 내딛는 작은 발걸음입니다. 성가원 가족들을 돕는 발걸음 하나하나가 어두운 밤을 태우는 촛불입니다. 각각의 촛불이 혼자서는 세상의 어둠을 완전히 다 가시게 하지는 못하지만, 그것이 모여 어둠 속에서 우리의 갈 길을 안내합니다. 우리가 걸어온 사랑의 작은 발걸음들을 뒤돌아보면, 우리가 길고 아름다운 여행을 했고, 지금도 순례의 여정에 있음을 발견하게 될 것입니다. 그리스도께서, 마구간에 세상에서 가장 초라한 거처를 마련하시며, 인간이 되시어 오신 장엄한 성탄 시기에, 하늘의 섭리를 묵상하며, 은총의 한 해를 다시 시작합니다.

    동두천, 하느님이 사람이 되어 내려와서 누우신 마구간,
    동두천의 복된 뿌스띠니아에서 씁니다.

'평신도 수도공동체'를 향해 가는 길목에서

6·25 전쟁 때에 이별한 아버지가 북녘 하늘 아래 살아계신다면 올해로 108세이십니다. 그리고 어머니는 내가 말레이시아 싸인스 국립대학교에 근무하던 1975년에 돌아가셨습니다. 그때로부터 36년이 흘렀습니다. 그래서 108은 나에게 아버지를 향한 그리움을 뜻하고 36은 어머님 뜻을 받들어 여성복지의 꿈을 키운 세월을 가리킵니다. 저에게는 마지막 꿈이 하나 더 있습니다. 함께 모여 기도하며 일하며 사랑하며 생활하는 평신도 수도공동체를 창설하는 일입니다. 수도자가 되고 싶었으나 동생들을 부양해야 하는 의무 때문에 수도자가 되지 못했던 젊은 날의 꿈을 실현하여, 죽기 전에 마지막으로 평신도 수공동체를 마련하고 거기서 살다가 생을 마무리하고 싶습니다.

공자님은 "나이 일흔이 되니 마음 내키는 대로 행동하여도 법도에 어긋나는 일이 없게 되었다." 하시며, 일흔 살에 이르러 도통한 경지를 술회하였습니다. 그런데 저는 그 칠십을 한참 넘긴 84에 이르렀는데도 철부지 어린이 같은 소망을 아직도 꿈꾸며 삽니다. 인생을 정리하고 죽음을 준비해야 할 나이이니 그동안 벌여놓은 일거리를 주섬주섬 거두어 정리하고 남은 시간을 아름답게 마무리해야겠다는 각오도 가슴 깊이 다집니다. 그 다짐 속에 평신도 수도공동체 창설의 꿈도 내려놓을 수 없는 소망으로 남아 그 결실의 날을 기다리고 있습니다. 그래서 우선 나의 생애가 하느님의 구원 섭리 안에서 어떻게 슬픔과 기쁨의 포물선을 그리며 오늘에 이르렀는지 고요히 돌이켜봅니다. 나에게 슬픔은 그리스도 수난을 관상하는 시간이었고, 기쁨은 수난과 죽음으로 키우신 은총을 우리에게 베풀어 주시는 그리스도와 함께 생활하는 평신도 수도공동체 창설의 꿈으로 이어져 왔습니다.

내가 운영하는 가정폭력 피해 여성 쉼터인 <나자렛 성가원>과 성매매 피해 여성 쉼터인 <나자렛 성가정 공동체>에 이어 이제 내가 하늘나라에 가기 전 마지막으로 해야 할 일은 바로 <나자렛 평신도 수도공동체>인 성가정도재聖家靜禱齋 창설하는 일입니다. 왜냐하면, 그리스도의 삶을 닮고자 추구했던 사회복지법인 나자렛성가회 운영에서, 내가 창설하고 키워 온 복지시설들을 통한 구원의 일이 내 평생의 숙원인 평신도 수도공동체의 창설 운영과는 공존할 수 없기 때문입니다. 안타깝지만 현행 복지법에서는 사회복지의 이념과 수도공동체 생활이라는 꿈이 동시에 실현될 수 없다 합니다. 애초에 나는 평생 사회복지에 헌신하면서 최종적으로는 우리 시설에서 살다 나간 사람들과 하나의 굳은 인연을 형성하여 함께 평신도 수도공동체를 이루어 살며 시설의 새 입소자들을 위해 봉사하는 삶을 꿈꾸어왔는데, 그 일이 현행 복지 제도에서는 불가능합니다. 그래서 나는 나처럼 공동생활을 하면서 그리스도의 삶을 관상하며 살려는 수도 성소의 꿈을 가진 사람들이 공동생활을 할 수 있는 집을 하나 따로 마련하고, 복지법인 <나자렛 성가회>와 그 기도공동체의 운영을 따로따로 병행해야겠다고 마음을 굳혔습니다.

내 꿈은 분명합니다. 지금까지 해 온 복지사업으로는 감당하기 어려운 복지의 사각지대가 구석구석에 너무 많습니다. 그 사각지대, 복지 혜택을 받지 못하는 빈자리에서 내가 할 몫의 일을 찾는 것입니다. 성가원에서 세례받고 평생 주님과 함께 기도하고 봉사하며 살려는 노령의 남녀 봉사자들은 우리 기존 시설에는 머물 수 없습니다. 현행법에 따르면 60을 넘기면 노인의 집으로 가야하고 입소 기간이 한 해를 넘기면 퇴소해야 합니다. 수족을 움직일 수 있을 때까지 함께 기도하고 봉사하며 입소자들을 돌보고 싶어도 그렇게 할 수 없습니다. 그래서 일정 기간이 지나면 퇴소하도록 규정하고 있는 현행법에 저촉되지 않는 생활공동체를 평신도 수도공동체의 정신으로 마련하려는 것입니다. 사회복지법인과 평신도 기도공동체 운영을 동일시했던 나의 소박하고 순진한 생각은 현행 복지법을 검토하면서 새롭게 구체화되었습니다. 그래서 평신도 기도공동체 창설을 결심하게 되었습니다. 평신도 기도공동체 창설이라는 대업이 하루 이틀에 이루어질 수는 없을 것입니다.

내가 살아있는 동안에 이루어지지 못한다 해도 실망하지 않으며, 하느님께 의탁하고, 이루어지기를 소망하면서 한 발짝 한 발짝 전진합니다. 내 자손들이 분명코 어미의 꿈을 귀하게 여겨 그 실현을 위해 애써 줄 것이고, 기존의 나자렛성가회에서 해오던 일들을 우리들 평신도 기도공동체의 영성을 고양하는 일로 삼아 봉사함으로써, 성심껏 수행할 것입니다. 나의 이력서 같은 이 자전적 고백이 내가 지금 그리는 꿈의 수채화입니다. 숨차고 힘겹고 쉼 없는 농경의 하루하루였습니다. 생명을 주시고 키워주시고 꿈을 주신 하느님께 감사합니다. 나에게 기도 부탁한 사람, 내가 기도를 약속한 사람, 내가 기도해 주기를 하느님께서 원하시는 사람, 우리 성가회와 평신도 수도공동체를 위하여 뜻을 같이하는 분들, 가족이 되실 미래의 형제자매들 모두에게 감사합니다.

하느님의 크신 축복을 기원합니다.

죽는 이와 남는 이를 위하여

대학원 학생의 논문을 밤새워 읽어주던 후배 여교수가 갑자기 쓰러지더니 그만 눈을 감고 말았습니다. 친정아버지를 잃은 후배 여교수가 먼저 친정집에 내려가고 남편과 아들이 함께 자가용을 운전하여 내려가던 중 고속도로에서 차 사고를 당하여 아버지와 아들이 함께 사망하였습니다. 하루에 집안의 세 남자를 모두 저세상으로 보낸 것입니다. 자녀 세 명을 거느리고 아기자기하게 너무도 행복하게 살던 어떤 부부가 연이어 매해 한 명씩 세 자녀를 같은 심장병으로 차례차례 잃고 말았습니다. 백약이 무효하였습니다. 상상도 못 할 슬픈 일들이었습니다. 우리는 죽음을 호주머니에 넣고 호두 굴리듯 손에 쥐고 살아갑니다. 그래서 허버트 스펜서는, 인간은 죽음이 무섭고 슬퍼서 종교를 만들었다고까지 말했습니다.

종교가 믿음과 위로를 주기는 합니다. 그러나 나의 경우 70년 세월을 천만번도 더 성호를 그으며 묵주신공을 하며 "이제와 저희 죽을 때에 저희 죄인을 위하여 빌어주소서. 아멘" 하며 기도해왔지만 그래도 여전히 천국에 지금 가는 것보다는 조금 더 살면서 자식들과 자식들의 자식들과 성가회와 성가원과 성가정 공동체의 가족들이 사는 것을 보며, 더 살고 싶습니다. 신앙이 부족해서 그렇다고 부끄러워할 일이 아닙니다. 자신의 죽음을 두려워하고, 사랑하는 가족의 죽음을 슬퍼하지 않는 사람이 세상에 몇 명이나 있습니까? 죽음의 공포와 사별의 애통에서 완전히 해탈한 사람이라면 그가 성인입니다. 그래서 나는 죽음을 생각할 때마다, 더 열심히 성가회의 미래와 평신도 수도공동체를 생각하며 기도합니다.

우리 성가회에서 나이는 많고 몸은 노쇠하여 사회로 내보낼 수 없는 무의탁 고령 병약자들을 데리고 경관이 아름다운 포천 산속, 시가와 친정 부모 네 분이 묻혀있는 곳에 집을 짓고 들어가 기도공동체의 삶을 살려 합니다. 이 공동체에 뜻이 있는 사람은 누구나 자유롭게 함께 살 수 있습니다. 임종 준비와 완덕 닦기를 수련하고 살면서, 부모 곁을 떠나 밤거리를 방황하는 가출 부랑 청소년들을 선도하여 검정고시를 치르게 하는 일을 실천하는 <나자렛 성가정 공동체>는 지금도 민족정화 내지는 가족치유의 둥지를 트는 일을 복지사들이 잘하고 있습니다.

11월은 죽음을 묵상하는 시기입니다. 묵은해를 보내며 새해맞이를 준비하는 시기이고 이승을 정리하고 내세를 준비하는 시기입니다. 철학자들의 죽음 묵상, 선종 준비, 죽음의 공포와 사별의 애통 극복을 이야기하는 책에 『죽는이와 남는이를 위하여』, 『죽음과 임종에 관한 의문과 해답』, 『죽기 전에 해야 할 열 가지 일』, 『슬픔이 있는 곳에 기쁨을』, 『고통이 있는 곳에 행복을』 등이 있는데 이 책들을 읽으며 깊어가는 이 가을과 다가오는 인생의 겨울을 사랑합니다.

나는 어머니의 임종 유언을 받들어 성가회를 창설하였습니다. 이제 45년이 됩니다. 12월 8일 창립일에는 기념잔치를 하고, 기념 미사를 바칩니다. 어머니를 생각하며 평생 이 일을 해 왔기 때문에 결국 어머니를 잃은 사별의 애통을 극복했다고 고백할 수 있습니다. 성경은 인간이 죽음의 공포에 병들어 있으며 그 공포에서의 해방이 구원임을 말해 줍니다. 구약의 시편 작가는 죽음의 공포에 대해 이렇게 묘사합니다. "제 마음이 속에서 뒤틀리고 죽음의 공포가 제 위로 떨어집니다. 두려움과 떨림이 저를 덮치고 전율이 저를 휘감습니다"(시편 55,5-6). "기억하소서, 제 인생이 얼마나 덧없는지를. 누가 영원히 살아 죽음을 아니 보겠습니까? 누가 저승의 손에서 자기 영혼을 빼내겠습니까"(시편 89,48-49).

하느님과의 합일을 갈망하는 사랑의 연가에 최민순 신부님의 「두메꽃」이 있습니다.

외딸고 높은 산 골짜구니에 살고 싶어라
한 송이 꽃으로 살고 싶어라

벌 나비 그림자 비치지 않는 첩첩산중에
값없는 꽃으로 살고 싶어라

햇님만 내님만 보신다면야 평생 이대로
숨어서 숨어서 피고 싶어라

이 시는 신·망·애 향주삼덕과 청빈·정결·순종의 복음삼덕을 위해 정진하며 전 생애를 불태우는 모든 성직자와 모든 수도자의 간절한 기도입니다. 사제시인 최민순은 "외딸고 높은 골짜구니"에서 "한 송이 꽃으로" 고결하게, "값없는 꽃으로" 모든 것을 버리고 "숨어서 숨어서" 살았으며, 그러한 사람이 기도로 표상되는 자리에서, 「만도晚禱(저녁기도)」라는 시도 남기셨습니다.

이마 조아려 땅에 입 맞추고
고요히 자리에 오르나이다.
또 하루가 '영원永遠'을 아로새기고
끝을 맺는 밤.

마지막처럼 성호를 긋고 나서
등불을 끄며
반듯이 누워서 눈을 감아 봅니다.
이렇게 감는 눈을 아주 딱 감아 버리면
다시는 아무것도 슬프지 않을 세상.

마지막인 양 눈 감으면 "영원을 아로새기고" 하루가 끝나지만, 눈을 감는다 해도 영원 속에 함께 있을 '님'이시기에 삶이 슬프지 않다는 시인은, 드디어 최후의 순간에 봉헌의 노래를 부릅니다.

받으시옵소서
황금과 유향과 몰약은 아니라도
여기 육신이 있습니다. 영혼이 있습니다.
본시 없던 나 손수 지어 함께 하시고
죽었던 나 몸소 살려 주셨으니
님으로 말미암은 이 목숨 이 사랑
오직 당신 것이오니
도로 받으시옵소서. (중략)

한국 가톨릭 사제 시인이요 뛰어난 영성 신학자이며 또한 완덕을 지향하고 실천했던 최민순 신부님의 죽음 인식이 그의 유시 「받으시옵소서」에 이렇듯 분명히 드러나 있습니다.

다음으로 천상병 시인의 「귀천」을 봅시다.

    나 하늘로 돌아가리라
    새벽빛 와 닿으면 스러지는 이슬 더불어 손잡고
    나 하늘로 돌아가리라
    노을빛 함께 단둘이서 기슭에서 놀다가 구름 손짓하면은
    나 하늘로 돌아가리라
    아름다운 세상 소풍 끝내는 날 가서 아름다웠더라고 말하리라.

세상은 아름다운 곳이고 신이 부르시면 소풍 마치고 가듯 즐겁게 귀천하겠다 합니다.

우리는 필연의 미래인 죽음을 거느리고, 도를 닦으며, 내세 영생을 준비합니다.

태어난 사람은 죽습니다.

죽음이 없다면 삶은 의미를 지니지 않습니다.

한 발자국의 완성이 오른발을 전진한 것으로 끝나는 것이 아니라, 다시 왼발을 끌어당겨 오른발에 모아 붙임으로 끝나듯이, 인생도 태어남으로만 완성되는 것이 아니라, 다시 왼발을 끌어와 함께 모음으로써 완성됩니다. 인생도 죽어서 완성되는 것입니다. 여기서 죽음 연습, 임종 연습, 성인 연습은 결국 나눔 연습이 됩니다. 죽음이 생명의 원천인 하느님과의 합일임을 깨달았을 때 인간은 더 이상 죽음을 무서워하거나 슬퍼하지 않고 하늘과 사람 앞에 한 점 부끄럼 없는 자아로 완성되기 위해 수도·정진하게 됩니다. 인간은 완성된 존재가 아니라 죽음을 향해 완성되어가는 존재입니다.

신라의 대승 월명사가 누이를 여의고 쓴 시「제망매가祭亡妹歌」도 결국 동일한 개념의 시詩입니다.

> 죽고 삶이 함께 있어 이승은 두렵고 "먼저 갑니다." 말 한마디 안 주고 가십니까?
> 어느 가을 이른 아침에 여기저기 떨어지는 마른 잎새들처럼 한 가지에서 났건만 가는 곳은 모르는군요.
> 아아 죽어서야 만나올 내 누이여! 도 닦으며 기다리겠나이다.

수도 정진하며 죽음을 기다린다는 전 생애의 목표가 담겨 있습니다. 현세는 사랑하는 사람을 다시 극락에서 만나기 위하여 도 닦으며 기다리는 과정입니다. 천년을 산다 해도 영원에 비하면 천

년도 순간인데, 인생칠십고래희人生七十古來稀라는 짧은 생애에서, 죽음을 수용하고 생명을 나누는 순간부터, 아름다운 삶은 시작됩니다. 사랑합니다. 세상에서 내가 만나고 가는 분들이여! 이승에서도 저세상에서도 주님 사랑 안에서 사랑합시다.

4장
하느님의 사도가 되어

**말레이시아의
제임스 찬 주교님**

　하느님께서 나를 가르치시는 데 도구로 쓰신 몇 분이 있습니다. 그중 말레이시아의 제임스 찬 주교님도 큰 자리를 차지합니다. 나는 내 인생의 여정에서 그분을 여섯 번 만났습니다. 일곱 번째의 만남을 기약하며 이 글을 씁니다.

　1971년 여름, 나는 나의 자식들 네 명을 데리고 말레이시아로 가서 그곳 페낭 싸인스 국립대학교에서 한국학 강의를 시작하였습니다. 그 당시 어린 자식들 교육이 심각한 문제였는데, 내가 그곳에 도착한 바로 그날, 인근 성당의 신부님이 친히 찾아오시어 자식들 교육문제를 해결해 주셨습니다. 신부님께서는 아이들에게 영어를 가르치시겠다고 자청하시고는 3개월을 열심히 가르치시더니 3개월이 지나자, 첫째와 둘째는 초등학교에 셋째는 유치원에 넷째는 유아원에 맡기시고, 아이들 모두의 등하교 차편까지도 내어 주시며 우리 가족을 배려해 주셨습니다. 신부님의 영어 교육 덕택에 아이들은 지금까지도 영어 구사에 불편함이 없습니다. 신부님은 그 후 곧 주교님이 되셨습니다.

내가 4년간의 계약을 마치고 말레이시아 대학을 떠나 귀국하던 날 주교님은 송별 미사를 지내 주셨는데 나는 그날 내 평생 처음으로 양형영성체兩形領聖體를 받았습니다. 주교님은 제대 위로 나를 데리고 올라가시어 제대 앞에서 성체와 성혈을 모시게 해주셨습니다. 45년 전 1976년의 일이니 양형영성체가 무엇인지도 모르던 나에게 그 체험은 죽는 날까지 잊을 수 없는 엄청난 축복이었습니다. 주교님은 미사 후 나를 비행장까지 배웅해 주셨고 '성령의 궁전'으로 살아야 한다고 누누이 강조하셨습니다. 이것이 주교님과의 첫 번째 만남 기간입니다.

주교님과의 두 번째 만남은 1982년, 내가 마닐라로 국제 팬클럽대회 참석차 외유하던 싱가포르 비행장에서 이루어졌습니다. 싱가포르 비행장에서 마닐라행 비행기를 갈아타던 때였는데 비행장으로 친히 나와 주시어 잠시 만났습니다. 주교님은 인파가 넘치는 공항의 사람들 모두가 보는 앞에서 내 머리에 안수하고 기도해 주셨습니다. "하느님! 마리아에게 자비를 베푸시어 그를 죽음의 위기에서 살리시고 교회 안에서 평신도 사도로 봉사하며 살게 해 주신 것을 감사합니다." 그리고는 교황 바오로 2세로부터 받으셨다는 성패를 나에게 주셨습니다.

세 번째 만남은 1987년에 이루어졌습니다. 방콕에서 열린 주교 회의를 끝내고 폐회하려는 때에 제임스 찬 주교님이 우리나라 주교님께 "이인복 마리아 교수를 아느냐?"고 물으셨다는 것입니다. "이 마리아 교수가 피정 강의도 잘하고 교회 봉사에 열심."이라는 대답을 듣고 주교님은 한국행 항공권을 끊어 우리 주교님들이 귀국할 때 그들을 따라 한국에 오셨습니다. 오직 나를 가르치고 격려하시기 위해 오셨다고 했습니다. 주교님은 전화를 받고 마중 나간 나에게 손을 얹고 안수하시며 "하느님! 마리아가 성령의 은사를 받아 일을 많이 하며 교만해지는 것보다는, 성령의 열매를 맺어 겸손하고 영성적인 사람이 되게 하소서. 일 잘하며 교만해지는 것보다는 일 못하고 겸손한 사람이 더 아름다우니, 부디 이 딸에게 성령의 열매를 맺어 주시고 은사는 조금만 베풀어 주소서."라고 기도하셨습니다. 주교님은 일주일간 우리 집에 머무시며 매일 미사를 봉헌하셨는데, 미사 때마다 성령의 열매인 사랑, 기쁨,

평화, 인내, 호의, 선의, 성실, 온유, 절제의 열매(갈라 5,22)를 맺게 해 달라고 기도해 주셨습니다.

네 번째로 나는 주교님을 1992년 2월 13일 미국 샌프란시스코 공항에서 만났습니다. 내가 말레이시아를 떠난 후 17년의 긴 세월이 흐른 후였습니다. 미국의 피츠버그 교도소에서 편지가 왔는데, 그곳에서 10년간 복역 중인 어느 한국인 재소자가 나의 책 『슬픔이 있는 곳에 기쁨을』과 『고통이 있는 곳에 행복을』을 누군가가 교도소에 넣어주어 읽고 나에게 편지를 한 것입니다. 세례를 받고 싶은데 기왕이면 내 책에 소개된 제임스 찬 주교님으로부터 받게 해달라고 청하는 내용이었습니다. 나는 염치없이 주교님께 편지를 올렸고, 상상 밖의 감동적인 회신을 받았습니다. 하루도 교구를 떠나실 수 없을 만큼 바쁘신 주교님이시지만 "지옥의 저편에서 한 사람이 세례를 받고 싶어 한다면 그 한 사람에게 세례주기 위해서 나는 지옥이라도 통과하겠습니다."라는 회답이었습니다. 주교님과의 미국 여행은 그렇게 이루어졌습니다. 하느님의 섭리라고밖에는 달리 이해할 수 없는 기적 같은 일이었습니다.

주교님과 나는 드디어 그 해 1992년 2월 13일에 샌프란시스코 공항에서 만났습니다. 다시 비행기를 두 번 더 갈아타고 120불 택시 값을 치르고 교도소에 도착했습니다. 교도소에 들어가 그 재소자에게 세례를 주신 뒤 주교님은 잠시 뜸을 들이시더니, "말레이시아를 떠나 60시간 만에 여기 도착하여 이제 다시 60시간을 되돌아가야 하는데, 소모한 시간이 너무 아까우니 이참에 견진성사까지 주겠다."라고 말씀하셨습니다. 그리고는 다섯 시간 동안 쉼 없이 그 재소자에게 견진성사를 위한 강의를 하신 다음 결국 그에게 견진성사까지 주셨습니다. 그날은 토요일 저녁이었고 우리는 다음날 주일에 새벽 비행기를 타야 했으므로 토요일 특전 미사에 참석했습니다. 미국인 성당을 찾아가 미국 신부님과 함께 주교님이 미사를 봉헌하는 동안 나는 마음속으로 기도하였습니다. "하느님! 열대 지방에서 오시어 지금 추위에 떠는 주교님에게 따뜻한 물 한 잔 대접할 수 있는 친절한 한국인 한 분만 만나게 해주세요." 그날 하느님은 나의 기도를 들어주셨습니다. 미사가 끝나고 거리로 나와 주교님과 함께 택시를 기다리고 있었는데, 어느 미국인 노부부가 우리 옆에 차를 세우고는 미사를 봉헌하던 말레이시아 주교님이 웬 여인과 함께 거리에서 떨고 계시냐고 물었습니다. 주교님은 교도소에 있는 한국인 재소자에게 세례를 주시기 위해 미국에 오셨고 지금은 식당으로 가기 위해 택시를 기다리는 것이라고 내가 말하자, 그 노부부는 주교님이 한국인에게 세례를 주시기 위해 오셨다면 한국인 식당으로 안내하는 게 좋겠다면서,

우리를 차에 태우고 한국인 식당으로 안내하였습니다. 그 한국인 식당에는 이미 하느님의 섭리가 우리를 기다리고 있었습니다. 나를 알아보는 한국인이 몇 사람 그곳에 계시어 그분들로부터 융숭한 대접을 받았을 뿐만 아니라 "한 사람에게 세례를 주러 오셨다면 천 명 교포에게 강의하기 위해서도 오실 수 있겠네요? 교수님!" 하시는 분이 계시어, 나는 결국 그곳 교포 회장님의 초청을 받아 이듬해 방학 때 그곳으로 강의하러 가게 되었고 이것이 시작이 되어 미국 전역의 각 도시에서 한인교포들에게 강의하는 일정이 지방마다 또 캐나다 도시마다 이어졌습니다. 남미의 각국에도 다녀왔고 유럽의 각 나라에도 아일랜드와 영국에까지 다녀왔습니다. 하느님의 시간표와 하느님의 섭리에 감동하고, 내가 세상에서 체험한 은혜로운 사건 한 가지를 다시 한번 고백하면서 자비의 하느님께 찬미와 감사를 바칩니다.

주교님과 헤어진 후 나는 한국 성령쇄신봉사자 회의 때 주교님 이야기를 했습니다. 미국 사람들만 강사로 초빙할 것이 아니라 아시아의 주교님을 한 번 초청하면 어떻겠냐고 제안했습니다. 그렇게 주교님이 강사로 정해지자 나는 1993년 여름방학을 말레이시아 조호바루에 계시는 주교님을 찾아가 주교관에 머물면서 주교님이 쓰신 글과 강의 내용을 번역하여 『람부딴 나무에 열매가 익을 때』라는 제목으로 주교님의 평생 이야기를 출간하였습니다. 이것이 다섯 번째 만남입니다. 그 후 주교님은 한 달간 한국에 머무시며 전국 성령대회와 각 교구 성령대회를 이끄셨습니다. 이것이 그분과의 여섯 번째 만남이었습니다. 한 달을 모시고 다니면서 통역을 담당하였고 그동안 나는 한 가지 놀라운 사실을 발견했습니다. 그분은 성체조배를 자주 하십니다. 성체조배 때 주교님께서 하시는 기도의 핵심은 이렇습니다. "차 사고가 나도 좋고 암에 걸려 죽어도 좋으니, 하느님! 아버지를 빨리 만나게 하소서. 그러나 당장은 저에게서 이승의 생명을 거두지 않고 계시오니 오늘은 한국 교우들을 위하여 생명을 다 바쳐 봉사하도록 도우소서." 새벽 두 시까지 이렇게 기도하고 강의를 준비하시던 주교님! 두 시에 누우셨다가도 네 시에 자명종이 울리면 벌떡 일어나시던 67세의 주교님! 10월 말의 차가운 새벽 아침에도 절대로 더운물을 쓰지 않으시고 반드시 찬물로 냉수욕을 하시던 주교님! 이것이 한 달 동안 주교님을 수행하며 내가 발견한 사실이었습니다.

　나는 주교님이 나에게 화를 내시는 것을 꼭 한 번 경험하였습니다. 미국의 교도소 문밖에서 비바람에 떨던 때였습니다. 교도소 방문객들이 장사진을 이루고 있는데 우리 차례는 언제가 될지 몰라 마냥 기다리고 있었습니다. 그때 나는 이상한 광경에 눈길이 갔습니다. 망루에서 내려다보는 교도관이 어디 가느냐 물을 때, 방문객이 캠프에 간다하면 즉시 들여보내고, 교도소 면회를 왔다 하면 한없이 기다리게 하는 것을 알았습니다. 사람들은 무조건 캠프에 왔다고 말하고 우선 들어가서 비를 피하며 그곳에서 차례를 기다리는 듯했습니다. 그래서 나도 얼떨결에 캠프에 간다고 거짓으로 대답했습니다. 그리고 우리는 우선 건물 안으로 들어갔습니다. 대기실은 스팀이 들어와 따뜻했습니다. 그러나 주교님은 엄한 얼굴로 나를 꾸짖기 시작하셨습니다. 왜 거짓말을 했느냐고. 아무리 좋은 일을 하러 왔어도 비를 피해 조금 일찍 대기실에 들어오자고 거짓말을 한다면 그것은 애초에 품은 선행의 의도조차도 무의미하게 만드는 수치스러운 일이라고. 당신은 비를 맞더라도 다시 나가겠다고 주장하셨습니다. 주교님이 너무도 심하게 역정을 내셨기 때문에 나는 멀고 먼 곳에까지 오신 일이 후회스러우신가 보다고 의구심이 들기까지 했습니다. 하지만 나는 즉시 주교님께 순종하였습니다. 그리고 차례를 기다려 겨울비에 젖은 몸으로, 수감 중인 한국인 형제님을 만났습니다. 주교님께서는 그 한 형제를 위한 세례 예절을 마치 천 명에게 세례를 줄 때와 똑같이 그렇게 시종 진지하게 집전하셨습니다. 왕복 120시간을 들여 한 사람에게 세례를 주러 미국을 다녀오신 주교님! 무엇으로 그의 수고비와 시간을 계산해 드릴 수 있겠는지요. 하느님이 사람을 통해 하느님의 모상을 보이기 위하여 도구로 쓰신 사람 중에서 내가 제임스 찬 주교님을 그 으뜸으로 생각하지 않을 수 없는 이유입니다. 90세의 노구로 문안 연락을 주신 제임스 찬 주교님과의 일곱 번째 만남을 준비하며 이 글을 씁니다. 내일이면 늦으리니…….

**이복순 루시아 어머님과
그 외아들 주교님**

오늘은 6·25 전쟁 후 이산의 아픔을 지니고 살면서 일흔 번째로 맞는 6·25날입니다. 6·25전쟁은 나에게 불행을 가져다주었으나, 그 불행이 나를 하느님과 하느님의 사람들 가운데로 인도하였으니, 지상의 불행이 나에게는 은총이었습니다. 그 하느님의 사람들 가운데 이복순 루시아 어머님이 계십니다. 돌아가신 나의 어머님 친구였습니다. 1975년, 대학교수이던 해의 사순절, 부평성당에서 사순 특강을 마쳤을 때 "나여!" 하시던 노인이 계셨습니다. 나는 "아! 주교님 어머님이시구나." 하는 생각이 스쳤으나 외아들이신 주교님이 노모를 부평에 홀로 사시게 하리라고 상상할 수 없어서 한참을 의아해하다가, 나중에야 "어째서 여기 혼자 계셔요?" 하고 여쭈었습니다. "주교 곁에서 살면 봉헌이 아니게?" 하시며 말끝을 흐리시던 그 날의 정경이 오래오래 가슴에 남아 있습니다.

그 어머님이 선종하셨습니다. 신문을 읽지 않는 내가 어쩐 일로 그날따라 신문을 폈고, 부음란에서 주교님 어머님의 임종을 알았던 것은 우연만은 아닌 듯싶습니다. 어머님께서 천국에 가실 날이 임박했음을 염두에 두었던 때문입니다. 그날 학교에 가서 나도 임종을 준비하는 마음으로 연구실에 쌓인 것들을 정리하며 많은 것을 휴지통에 버렸습니다. 그리고 곧 주교님의 전화를 받았습니다. "지금 어머니가 임종하셨다. 묵주는 며칠 후 부쳐주마." 어머님이 임종하시기 몇 달 전, 주교님이 계시는 교구청 교육관으로 강의하러 갔을 때, 임종이 임박해 보이는 노모를 뵙고 그 손에 묵주를 감아드리고 왔는데, 그것이 마지막이 되었습니다. 임종을 앞두고서야 주교님께서 어머님을 주교관으로 모셔간 것입니다. 영결미사가 있던 그해 6월 8일에는 내가 부산, 광주, 대구 등으로 순회강연을 떠나던 날이었습니다. 광주행 비행기를 타면서 나는 주교님 교구에 사는 제자를 전화로 불러, 나 대신 주교님 어머님의 영결미사에 참례해 달라고 일렀는데, 며칠 후 제자로부터 장례미사 정경을 상세히 기록한 편지를 받았습니다.

주교님의 어머님은 23세에 유복자를 낳으셨으며 선종하실 때 안구를 기증하시고, 임종 3일 전까지 성경을 읽으셨다 했습니다. 아드님께서 교구장이 되신 후 25년 되는 해에 돌아가시어, 그레고리안 연미사로 주교님 아홉 분이 공동 장례미사를 집전하셨으며, 이문희 당시 대주교님이 강론하시고 윤공희 대주교님이 고별의 말씀을 하셨다 하니, 과연 구약의 성부 한나도 혹은 며느리 열 명을 거느린 대갓집 마나님도 이복순 루시아 어머님만 한 천상 호강을 받지는 못하셨을 것입니다. 주교님은, 사제가 되심으로 인하여 세상에서 어머님을 잠시 외롭게 하셨으나 사실은 어머님을 그지없이 복되게 하셨으니, 큰 내적 기쁨으로 어머님을 하느님께 봉헌하셨을 것입니다. 어머님 누워계시던 모습이 문득문득 눈앞에 보입니다. 어머니를 여읜 사제들이 혼자 가슴 먹먹해 하며 절절히 흐르는 끝 모를 사모곡에 흐느끼실 슬픔에 비해 그것을 이해하는 신자들이 체감하는 애통 또한 그리 작은 것은 아닙니다. 어머님을 여읜 사제들은 크고 큰 효심으로 인간적 슬픔을 견디시고, 성체 앞에 엎드려 질펀하게 한 번 통곡하고는 다시 또 새사람, 큰 사람, 주님의 사람, 새 사제로 거듭 태어날 것이라 짐작합니다.

나는 그날 광주에 가서 밤 11시까지 특강을 했습니다. 모두가 귀가한 깊은 밤, 성체조배를 하며 잠시 제대 앞에 무릎을 꿇었는데, 돌아가신 주교님의 어머니가 나에게 묵주를 건네주시는 환영이 떠올랐습니다. 나는 어머니 손을 잡고 "남은 한 손으로 하느님의 손을 잡아 저와 하느님 사이에 영혼의 끈이 되어 주세요." 하며, 오그라들어 손가락이 펴지지 않는 내 두 열 손가락을 어머니 손에 쥐어 드렸습니다. 다음 날은 버스로 부산에 가서 저녁 강의를 해야 하는데, 전날 밤에 특강을 한 성당의 이부언 바르나바 신부님이 점심으로 냉면을 먹고 가라 하시며 강의를 들은 어느 병원 의사 선생님이 냉면을 사신다고 하셨습니다. 병원 문 앞에서 우리를 기다리고 있던 병원장님에게 전문專門이 무슨 과이냐고 물으니 정형외과라 했습니다. 나는 나의 손가락을 내보이며 고칠 수 있겠냐고 물었습니다. 그분은 내 병이 트리거 핑거Trigger Finger라는 것인데, 당신이 그 전문의라며, 그 즉시 수술실로 데리고 들어가 수술을 해 주신 다음, 나를 부산행 버스에 태워주었습니다. 그 수술이 내 오그라든 열 손가락의 병을 고쳐주었습니다.

어머니가 하늘나라에서 하느님과 의논하시고 내 손을 고쳐주셨나 봅니다. 어머니를 그리워하실 주교님께 이 소식을 선물로 드리며 공항으로 나갑니다. 나는 오늘 40일간의 선교 여행길에 오릅니다. 지금까지는 미국 한인교포들의 공동체, 그들의 성당과 몇 군데 개신교 공동체에서 우리말로 강의해 왔습니다. 그런데 이번에는 미국의 대학과 미국인 본당에서 영어로 강의하는 일정이 포함되어 있는데, 영어로 하는 강의는 처음이라, 십자가를 지고 산에 오르듯 몹시 두렵습니다. 주교님은 6·25 한국전쟁 후 내가 동생들을 데리고 부평 <성모원>으로 갔던 때, 총 맞은 짐승처럼 하느님에 대한 원망으로 가득 차 있던 한 소녀의 통분을, 신학교 학생으로서 할 수 있는 최선의 지혜 은사로 치유해 주신 분, 하느님 아버지의 아들과 딸로 주님의 살과 피를 먹고 마시면서 한 피붙이요 한 살붙이이신 분, 백 번 빠져 버렸을 유혹의 강에서 나를 지켜 주신 신앙의 밧줄 같으신 분 중의 한 분. 손가락 수술 후 두 주일이 지났으나 양손에 아직 붕대가 감겨있어, 검지 하나로 이 글을 타이핑해서 부치고, 공항으로 갑니다. 1996년 6월 6일 아침 8시 30분에 "오늘 아침밥이 참 맛있다." 하시며 상을 물리신 후 주무시듯 눈 감으시고 평화롭게 천상 고향으로 이사 가신 루시아 어머님은 복되십니다. 이 시대의 새 사무엘과 한나를, 나의 생애에 알고 살도록 섭리하신 주님은 찬미 받으소서.

1998년 7월

화해의 다리를 놓으신
요한 바오로 2세 교황님을 애도하며

"세상에서 가장 아름다운 행동은 기도이고, 기도 중에서도 가장 아름다운 기도는 찬미기도이고, 찬미기도 중에서도 가장 아름다운 찬미 기도는 하느님 은총의 체험을 많은 사람에게 증언하는 것입니다." 가장 아름다운 찬미 기도로 하느님의 은총 체험을 보여주신 분이 요한 바오로 2세 교황님이십니다. 로마 그레고리안 대학교 영성 신학 교수였던 로버트 페리시 신부님이 23년 전 한국에 오셔서 피정 지도를 하시던 때의, 마지막 강의 마지막 말씀입니다.

요한 바오로 2세 교황님이 어떤 분인가를 처음 안 것은, 즉위 다음 날 아침 신문을 통해서였습니다. 리셉션 중간에 교황님이 사라지셔서 찾았더니, 주차장에서 운전기사들을 일일이 돌아보시며 "저녁밥은 드셨습니까?"라며 챙기고 계시더라는 내용이었습니다. 나는 교황님의 1993년 신년 메시지를 마드리드 대성전에서 대주교님 대독으로 들었습니다. "1994년은 우리에게 없다는 마음으로 회개하고 용서하며 성령 안에서 살아갑시다."라는 말씀이었습니다. 그리고 그 실천의 모습을 교황님은 평생 보여주셨습니다.

2000년 대희년 3월 12일, 교황님은 전 세계를 향하여 교회가 지난 2000년 동안 잘못한 것에 대해 용서를 청하셨습니다. 이어서 이스라엘에 가시어 유대인들 앞에서 "아우슈비츠 감옥의 600만 명 학살을 막아주지 못한 가톨릭을 용서해 달라."고 하셨습니다. 다음날 이스라엘 신문에 한 랍비는 "늙고 병든 가톨릭의 할아버지 한 분이 2000년간 흘러온 피의 강물 위에 혼자 화해의 다리를 놓으셨다."라고 논평하였습니다. 주님은 사랑을 실천하는 인간의 모습으로 오늘도 세상에 오십니다. 부활하신 그리스도의 모습을 성직자에게서 확인할 때, 나는 가톨릭 신자인 것이 참 기쁩니다. 27년간 온 세계 온 인류를 위하여 기도하며 하느님 성삼을 섬기신 요한 바오로 2세 교황님께서 선종하셨습니다. 파킨슨병으로 손발을 다 떨면서도 노구를 이끄시고 온 세계 104개 나라를 128번 여행하시며 자유와 평화를 위해 일하시던 어른께서 돌아가셨습니다. 어른께서는 교황 취임 이후 교회 업무뿐만 아니라 온 세계의 인권문제와 이념 갈등 해소를 위해 일하셨습니다. 독재국가로 여행하는 일이 위험하다고 곁에서 만류하면, "그리스도를 믿는 일 자체가 가장 어려운 일이니, 독재자에게 죽는 일 같은 것은 이차적 문제"라 말씀하셨습니다. 그의 사목 순방은 거리로 환산할 경우 지구를 27바퀴 회전한 것과 같다 합니다. 교황님은 가톨릭의 역사를 바꿔 주셨습니다. 어른은 바티칸에 안주하지 않으시고 가난한 사람들을 찾아다니며 위로하셨습니다. 그분이 얼마나 겸손하고 소탈한 분이셨는지를 알 수 있습니다. 나는 이런 교황님을 사랑하였습니다.

오늘의 <성가회>, <성가원>, <성가정 공동체>는 모두 교황님에게서 배운 바를 실천하리라는 의지로 45년 전에 시작되어 오늘에 이르렀습니다. "성령 안에서 대림을 준비하라" 하신 45년 전의 첫 말씀을 따라 나는 성령 안수를 받고 새 생활을 시작하였으며, 온 인류가 대희년 은사를 받는다는 교황님 말씀을 믿고 성가원의 사회복지 법인화를 추진하였으며, 만학의 용기를 내어 사회복지 대학교에 편입학하여 졸업하였고, 정년퇴임과 더불어 새 시설을 짓고 성매매 피해 여성들을 위한 자활 쉼터 하나를 더 개설하였습니다.

또 예수님의 복음 정신에 따라 살고자 작은형제회 재속회에 입회하였습니다. 이 모두가 교황님의 대희년 은사로 이루어진 일이었습니다. 실은 그 전에 입회 신청을 하였으나 나이가 50이 넘는다고 받아주지 않던 재속회에 다시 입회할 수 있었던 것은, 교황님께서 2000년 대희년 은총으로 재속회 입회를 허락하셨기 때문이었습니다. 그런 교황님을 잃고 나는 지금, 한국전쟁 때에 친정아버지를 잃은 때만큼 가슴이 저립니다. 교황님께서 임종하시던 밤, 나는 밤을 새우며 CNN방송을 지켜보았습니다. 새벽 4시 37분 그 순간에도 나는 교황님의 쾌유를 기도하고 있었습니다. 그러다가 잠시 졸았는데 그사이 꿈을 꾸었습니다. 바티칸의 교황님 침실 앞 복도에 나는 앉아 있었습니다. 내 옆에는 우리 집 가족들, 그리고 내가 사랑하는 친지들이 내 곁에 기대서 있었습니다. 그런데 교황님께서 방금 운명하셨다면서 상복을 입은 남자들이 교황님 시신을 받들어 침실에서 접견실로 옮긴다고 했습니다. 나는 재빨리 교황님의 시신을 향해 손을 뻗어 교황님의 구두 부분을 겨우 스치듯 만질 수 있었습니다. 그러는 사이에 교황님의 시신은 우리 곁을 지나 다른 장소로 옮겨져 가고 있었습니다. 그리고 나는 눈을 떴습니다. 그때 CNN방송의 TV 화면 위에 교황님께서 로마 시각 9시 37분이었습니다. 우리나라 시간으로 새벽 4시 37분이었습니다.

교황님을 사랑한 사람은 물론 나뿐만은 아닙니다. 많은 이들이 교황님을 사랑했습니다. 온 인류가 사랑했습니다. 수요일마다 일반인들을 상대로 해 오신 교황님의 강론을 듣기 위해 바티칸을 찾아온 순례자는 무려 1,780만 명에 이른다 했습니다. 나도 그중 한 사람입니다. 바티칸 내부에서도 그다지 눈에 띄지 않은 인물이었던 그가 추기경들의 여덟 번에 걸친 투표 끝에 1978년 10월 16일 제264대 교황으로 선출된 것은 분명 하느님의 섭리요 기적이었습니다. 교황 선출 결과가 공표되자 옛 소련 국가보안위원회(KGB)의 의장은 앞으로 상당한 문제가 일어날 것이라 경고했고 그 예측이 들어맞아 드디어 러시아의 고르바초프와 교황님이 만나고 그것이 러시아 민주화의 서곡이 되어 공산정권의 붕괴를 가져와 구소련의 몰락과 냉전 종식의 기폭제가 되었습니다. 또 인권 침해를 일삼는 칠레의 아우구스트 피노체트, 필리핀의 페르디난드 마르코스와 같은 독재자들을 공개적으로 질타하시어 그 나라들의 국민에게 힘을 주시었으며 독재 정권을 무너뜨리는 데 큰 역할을 하셨습니다. 1981년 첫 미국 방문에서는 미국 사회의 물질만능주의와 세속주의를 경고하시는 한편 제삼 세계의 빈곤을 외면하는 이기주의를 강력하게 비판하셨습니다. 1981년 5월 13일 바티칸 광장에서 한 터키인의 총격을 받아 많은 출혈로 중태에 빠지셨으나 기적적으로 소생하여 93일 만에 퇴원하신 후, 그 테러범이 복역 중인 감옥을 직접 방문하시어 그를 용서하는 하느님의 사랑과 자비를 증거 해 보이셨습니다.

교황님은 어린 시절 교통사고로 두 차례나 죽을 고비를 넘기셨고, 어른이 되어서도 어깨 골절, 대퇴골 교체 수술, 종양 제거 수술 등을 받았습니다. 말년엔 암살 후유증에다, 파킨슨병, 무릎 관절염 등으로 거동은 물론, 말도 제대로 할 수 없을 정도로 쇠약해지셨고, 감기에 따른 호흡곤란 등의 합병증을 앓으셨습니다. 그때 교황님의 건강을 빌미로 일부에서 제기하는 사임 권고를 접할 때마다, 나는 부모가 돌아가시기도 전에 매장 준비를 하는 것 같아 몹시 서글프고 화가 났습니다. 서거 직전 교황님은 성 베드로 광장에서 기도하고 있는 신자들을 의식하신 듯 강복의 자세로 오른팔을 들어 올리셨다 합니다. 이어 마지막 기도 말씀을 하시고 온 힘을 다해 '아멘'이라 하신 뒤 숨을 거두셨다고 뉴스가 전했습니다. 야렉시엘레키 신부는 "교황이 신자들을 응시하시는 듯 창문 쪽을 바라보며 눈을 감으셨는데 마지막 순간까지 의식이 있었음을 보여주는 것"이라 말했습니다. 영국의 <더 타임스>는 교황님께서 서거 직전 비서에게 "나는 행복합니다. 그대들도 행복하세요. 울지 말고 우리 함께 기쁘게 기도합시다."라는 메시지를 주셨다고 보도했습니다.

    27년간 나를 길러주신 아버지! 성가회의 씨앗을 뿌리게 하시고 키우게 하시고 뿌리를 내려 주신 어른. 최후 임종의 고통을 병원의 진통제에 의지하지 않으시고 그리스도의 수난과 고통과 죽으심에 동참하시어, 하느님 '자비의 날'에, 가난하고 아프고 슬픈 사람들을 위하여 자비를 간구하시며 눈 감으신, 우리들 모두의 아버지! 수십억의 눈동자가 TV를 지켜보는 가운데, 부시와 클린턴 등 수천 명 고위 지도자들도 꼬박 세 시간을 머리 숙여 기도한 장례식! 인류의 아버지께서 귀천하셨습니다. 나는 지금 그 크신 아버지를 잃고 애도하며 교황님의 말씀대로 온 세계 인류에게 행복이 가득하기를 기도합니다. 교황님 이제 하느님 곁에서 편안하고 행복하세요. (2005년)

* 친정아버지 같으셨던 교황님께서 성인이 되셨습니다. 2013년 7월 2일, 교황청 시성성 신학자위원회가 교황님의 시성을 승인하고, 2014년 4월 27일에 시성식이 거행된 것은, 추호의 의문도 없이 절대적으로 수긍되는, 하느님 현존의 신비롭고 가시적인 표상입니다.

**루케치오 형제회의
가족이 된 것을 감사드리며**

미키 루크라는 배우가 사부 프란치스코 성인으로 출연한 영화『프란치스코 성인』을 번역한 1989년에 나는 정동 프란치스코 교육회관의 재속회 사무실을 방문했었습니다. 사부님의 삶에 감동하여 재속프란치스코회 입회를 결심하였기 때문입니다. 그러나 50세가 넘었다고 거절당했습니다. 같은 해 12월 8일에는 미혼모와 가정폭력·성폭력 피해 여성들을 위한 쉼터(나자렛 성가원)를 개원하면서, 작은형제회 관구장님이시던 유수일 신부님(지금은 주교님)을 초청하여 개원미사를 봉헌했으므로, 실은 신부님에게까지 입회 허가를 청해보았으나 50세 미만이어야 하는 규정 때문에 끝내 입회 허락을 받지 못했습니다. 그 후 속절없이 늙어가며 차일피일 다른 재속회 회원될 일을 궁리하다가 60세를 넘긴 2000년 대희년에 하느님의 섭리로 나이 제한이 잠정 면제되어 입회하였고, 4년 양성 기간을 거쳐, 2004년 6월 27일에 종신 서약했습니다.

재속회원이 되게 하신 주님의 섭리에는 이보다 더 앞서 길고 긴 사연이 있었습니다. 나는 어머님으로부터 프란치스코 성인의 복음적 삶에 대하여 수차례 이야기 들으며 젊은 시절을 살았습니다. 그래서 정동 작은형제회의 성당에 가서 성체조배를 자주 하며 성인이 사셨던 청빈과 정결과 순종의 삶을 자나 깨나 묵상하였는데, 1975년에 어머님이 돌아가시면서, 6·25전쟁 후에 너무나도 많아진 집창촌의 성매매 여성들을 단 몇 명이라도 갱생시키는 일에 헌신하라는 유언을 남기고 가셨습니다. 그리고 1978년에 요한 바오로 1세 교황님께서 어느 날 밤 심장마비로 돌아가셨는데,

그 머리맡에 있던 메모지의 글이 온 세계의 아침 신문에 대서특필로 보도되었습니다. 배고프고 헐벗고 아픈 사람들을 기억해 달라는 내용이었습니다. 교황님이 더 살아계셨으면 그 메모가 일상의 업무 속에 파묻혀 버려 글의 내용이 묻히고 잊혔을 터인데, 교황님께서 그날 심장마비로 돌아가셨기 때문에 전 세계 신문에 글의 내용이 발표된 것이라고, 교황님의 죽음이 지니는 섭리적 의미를 되새기면서, 나는 교황님이 남기신 글의 내용을 하느님께서 이 시대의 인류 모두에게 내려 주시는 예언이라 생각하고 민감하게 받아들였습니다. 그러므로 재속프란치스코회에 내가 입회한 것이나 가정폭력 피해 여성과 성매매 피해 여성 돌보는 일은, 내 삶을 회고해 볼 때, 교황님의 유언과 어머님의 유언 그리고 어머님이 사랑하신 프란치스코 성인의 복음적 삶과 교황님의 죽음을 통하여, 하느님이 우리 인류에게 내려 주신 예언 등에 그 뿌리를 둔다고 나는 생각 합니다. 2000년 대희년의 은총을 입어 재속프란치스코회에 입회원서를 내고 4년에 걸친 양성 교육을 받으며 나는 꽃동네 사회복지대학교에 입학하고 졸업함으로써 사회복지사의 자격을 취득하였습니다. 재속회 입회자가 되면서 동시에 나는 사부 프란치스코 성인의 복음적 삶을 살기로 결심하고 오랫동안 운영해 오던 시설인 나자렛 성가원의 땅과 집을 서울시에 출연出捐

하여 사회복지법인 나자렛성가회를 창설 등록하고 그 법인의 인허가를 서울시로부터 취득하였습니다. 그런데 우연의 일치로 기이한 것은 법인 인허가를 받은 날짜인 6월 27일과 같은 4년 후 6월 27일에 종신 서약하였으니, 주님께서 사부님과 함께 우리 집을 축복해주시는 것을 가슴 깊이 느낍니다.

사회복지시설 운영은 근본적으로 그리스도께서 가르치신 복음적 삶의 가시적 모습이고 그것을 최초로 실현하여 제2의 그리스도라는 이름을 받으시기까지 하시며 나환자들과 가난한 사람들을 돌보신 사부님의 생활양식입니다. 따라서 사부님이 보여주신 청빈과 정결과 순명의 복음적 삶을 사모하여 재속회에 입회하면서 내가 운영하던 복지시설 재산을 법인체 재산으로 전환시킨 것은 분명 주님의 가르침에 순종한 섭리적 사건이 아닐 수 없습니다.

2002년에 나는 숙명여자대학교 교수직을 정년퇴임 하였습니다. 그때 퇴직금과 평생 연금을 일시불로 받느냐 매월 연금으로 받느냐의 문제를 놓고 여러 날 여러 밤을 심각하게 고뇌하며 하느님의 뜻을 여쭈었습니다. 주변에서는 모두 매월 연금으로 받으며 죽는 날까지의 노후 대책을 세우라 했습니다. 그러나 그 당시 우리나라 사회가 단란주점이니 불법 노래방, 소녀들의 원조교제와 부부들의 집단 혼교 모임, 집창촌 성매매 종사 여성들의 공공연한 호객행위 등등으로, 마치 이 나라가 소돔과 고모라를 연상케 하는 극단적 성 의식 문란의 땅으로 전락해가는 형편이었고, 국회에서는 성매매 방지법 통과를 놓고 집창촌 허용과 집창촌 폐쇄를 놓고 논쟁이 빈번하던 형편이어서, 나는 어머니의 유언과 교황님의 유언, 그리고 하느님의 예언과 청빈하게 살아야 할 재속프란치스코회 가족으로서의 의무 등을 종합적으로 묵상하면서 퇴직금과 연금을 일시불로 받아 성매매 종사 피해 여성들을 위한 쉼터를 짓기로 결심할 수 있었습니다. 그렇게 결심하고 땅을 사서 집을 짓고 낙성 미사를 봉헌하고 성매매 피해 여성들을 자활시키는 시설 나자렛 성가정 공동체 하나를 더 개원하자마자, 때맞추어 국회에서 '성매매방지법'이 통과되어 수많은 성매매 피해 여성들이 업주들의 굴레에서 벗어나 바깥세상으로 나올 수 있게 되었고, 그 후 우리 집은 수많은 성매매 종사 여성들을 재활시키는 역할을 감당하게 되었습니다. 성매매방지법은 성매매 여성을 피해자로 간주하여 도와주고 업주들을 가해자로 간주하여 처벌하는 내용이 골자를 이루는 법입니다. 전에는 '윤락행위 방지법'이라는 이름으로 성매매 여성을 벌주던 것이 지금은 업주들을 처벌하는 법으로 바뀐 것입니다. 업주 밑에서 인권을 유린당하며 살던 여성들이 당당히 집창촌을 떠나 우리 집에 입소할 수 있게 되었으니, 이 역시 소돔과 고모라로부터 우리 민족과 국가를 구하시고자 준비하고 섭리하신 하느님의 일이라 확신하고, 이러한 시기에 재속프란치스코 루케치오 형제회의 가족이 되어 청빈과 정결과 순명의 복음적 삶을 살게 해 주신 하느님의 섭리에 진심으로 감사드립니다.

최근에 나는 사부 프란치스코 성인의 영화를 다시 비디오로 보며 15년 전에 내가 그 영화의 각본을 번역하던 그 당시보다 훨씬 더 사부님의 길을 따른다고 하는 것이 인간적인 노력의 차원을 넘어서는 삶이며 오직 성령 충만함으로써만 가능한 삶임을 깨달았습니다. 사람으로서는 흉내 낼 길이 없는 삶을 사부님은 하느님 성삼위 안에서 성령의 도우심으로 살다가 가셨습니다.

영화의 장면 중 하나에 이런 것이 있습니다. 사부님은 형제들에게 밥을 구걸해 오라 하셨습니다. 한 형제가 그곳은 고향 땅이라 창피하다고 다른 마을로 가서 구걸하겠다고 했더니, 그럼 발가벗고 가서 구걸하라 하십니다. 그것을 통하여 겸손과 순명과 청빈을 배워야 한다고 가르치십니다. 사부님께서는 친히 밥그릇을 들고 고향마을 집집의 문을 두드리며 구걸하는데, 밥이 없으니 개밥이라도 가져가려면 가져가라 합니다. 사부님은 개가 먹고 남긴 개밥을 개밥 통속에서 쏟아서 나와 굶주리는 나환자 마을로 찾아가 그것을 먹으라고 권합니다. 나환자들이 음식을 한입 물었다가 얼굴을 찡그리고 뱉으면서 냄새나는 더러운 음식을 어떻게 먹느냐고 사부님의 얼굴에 침을 뱉습니다. 그때에야 사부님께서는 나환자들에게 거절당한 음식을 안심하고 드십니다. 눈사람을 만들어 놓고는 내 아내, 내 아들이라고 말하면서 잠시 사탄의 유혹에 빠졌었노라고 형제들 앞에서 고백하고 하느님의 용서를 청하며 정결의 덕을 지켜나갈 수 있는 은총을 주님께 청하십니다. 그러한 장면들을 다시 비디오로 보면서 나는 육체를 가진 인간이 도무지 흉내 낼 수 없는 영성적 경지의 세계를 보았습니다. 사부님께서는 청빈과 정결과 순명 서약을 지킬 수 있는 은총을 달라고 산속에서 밤낮으로 기도하며 흐느끼는데, 드디어 어느 날 주님의 오상이 드러나고 그 피 흐르는 오상에서 주님의 응답을 받습니다.

제목도 잊어버린 또 다른 미국영화의 한 장면이 생각납니다. 90세 가까운 노인 수사님께서 임종하시는 자리를 젊은 예비 수사님이 수발드시는데, 어느 날 예비수사가 노인 수사님께 후회되는 일 없으시냐고 여쭙니다. 사랑하던 소녀와 이별하고 수도원에 입회했는데 가끔 그 소녀를 생각하였으며, 그 여인을 사랑하고 키스하고 결혼하고 아이 낳고 살았더라면 그 기쁨은 어떤 것이었을까 분심한 적은 있었노라 대답하십니다. 그래서 결국은 후회하신다는 뜻이냐고 다시 묻자, 노인 수사님은 "죽으면 삼위일체이신 하느님을 육안으로 뵙게 될 것인데, 하느님 뵙는 순간의 기쁨은 세상에서 여인을 사랑하며 체험한 기쁨에 비할 길 없을 것이므로 후회하지 않는다." 말씀하시며 눈을 감습니다.

성북동 작은형제회 수도원에서 하루 수도원 생활 체험을 하였습니다. 밤에 잠이 오지 않았습니다. 5월인데도 그 춥기가 온몸을 시리게 하였습니다. 바깥보다도 안이 더 추웠습니다. 여름에는 유난스럽게 바깥보다 더 덥다고 합니다. 내가 돈이 많다면 여름에 덥지 않고 겨울에 춥지 않은 집을 지어드리고 싶었습니다. 수도원 홀에 들어서면서 나는 20년 전에 그곳에 초대받아 가서 10여 명 신학생과 예비 수사님들에게 신앙체험 고백을 이야기했던 일을 회상하였습니다. 그 후 몇 차례 나를 찾아와 고민을 털어놓던 예비수사 신학생이 있었기에 지금은 어디서 무얼 하느냐 그 후에 물었더니, 퇴회하여 결혼해 살고 있다고 말했습니다. 어디서 무일 해 먹고 사는지 궁금합니다.

수도회 입회자가 모두 다 수도자가 될 수는 없습니다. 많은 분이 입회하고 또 많은 분이 퇴회합니다. 마찬가지로 재속회 형제들도 중도에 파하는 형제가 있겠고 죽는 날까지 루케치오 단위 형제회를 하느님께 다가가는 다리이거나 또 혹은 자나 깨나 복음적 삶을 살아갈 은총의 샘터로 알고 사부님의 도우심을 청하며 살아가는 형제도 있을 것입니다. 재속프란치스코 루케치오 형제회 가족이 된 것을 주님께 감사합니다.

루케치오 형제회 설립 10주년을 맞이하여
(하느님께 바치는 찬미와 감사의 기도)

저희를 사랑하시는 하느님 아버지! 2004년 오늘 루케치오 형제회 창립 10주년을 맞이하여 이를 경축하오며, 쇄신과 성숙을 위한 행사를 마련하고 루케치오 형제회와 회원 가족 모두를 아버지께 봉헌하나이다. 사부 성 프란치스코의 가르침과 발자취를 따라 아버지의 사랑받는 자녀가 되라고 루케치오 형제회에 저희를 불러주신 성소에 감사드리오며, 오늘 여기 아버지 앞에 깊은 감사와 찬미의 기도를 봉헌하오니, 저희 루케치오 형제회를 통하여 하느님 아버지, 이제로부터 영원히 찬미 영광 받으소서.

특히 루케치오 창립 10주년에 즈음하여 나환우 형제들을 위한 사랑의 실천을 기획함으로써 사부 프란치스코 성인의 영성을 되새기고자 하오니, 이 일을 잘할 수 있는 의지와 열정과 능력을 또한 베풀어 주시고, 이 행사가 주님께 는 영광이 되고 저희에게는 기쁨이 될 수 있도록 축복하여 주시며, 저희 회원들의 가정을 세속의 온갖 위험으로부터 보호하시어 저희가 항상 주님의 평화안에 머물게 하소서.

하느님 아버지! 저희는 아무것도 아닌 존재이지만 아버지께는 사랑스러운 자식들이오니 아버지의 따뜻하신 자비와 성령의 도우심에 의지하여 세라핌 사부 프란치스코 성인의 가르침과 회칙 그리고 사부님의 카리스마와 발자취를 따라, 그리스도의 복음을 실천하면서 복음에서 생활로 생활에서 복음으로 나아갈 수 있도록, 크신 은총과 자비를 저희에게 허락하여 주소서.

우리가 비록 완전한 자는 아니지만, 완전에 가까운 자 되라 하신 사부님의 가르침을 명심할 것이오며, 루케치오 형제회 안에서 하느님 성부 성자 성령과 일치하여, 하나이고 거룩하고 공변되며 사도로부터 내려오는 가톨릭교회에 끊임없이 결속되어 살 것을 서약하나이다. 비오니 이버지의 기슴 안에 저희를 품으시어 구세주이신 예수 그리스도의 모습을 닮아 저희가 서로를 섬기고 돌보며 나누고 인내하며 복종하는 복음적 삶에, 충실히 정진하는 온전한 프란치스칸이 되게 하소서.

형제들 안에서, 성경과 교회 안에서, 그리고 성체성사 안에서, 현존하시며 활동하시는 예수그리스도를 만나, 생활과 언어로 그리스도를 선포하며 세상에서 교회가 감당해야 할 선교 사명의 증인과 도구로 살고자 합니다. 저희를 변화시켜주시어 생각과 행위가 그리스도와 하나 되게 하시고, 화해의 성사를 통하여 매 순간 새 사람으로 거듭나는 삶을 살게 하소서.

기도와 관상이 저희의 존재와 활동의 원동력이 되게 하시고, 주님의 말씀과 부르심에 흔연히 응하신 동정 성모 마리아를 본받아, 생활 안에서 겪는 온갖 어려운 환경 속에서도, 맡겨진 의무를 충실히 완수하게 하소서. 또한, 소유욕과 지배욕으로 기울어지려는 경향에서 벗어나, 올바른 정신을 항상 되찾으며, 하느님과 이웃을 사랑할 수 있는 자유롭고 깨끗한 심령으로 저희를 가득 채워 주소서.

세상에서 만나는 사람들을 주님의 선물이요 그리스도 자신으로 받아들이며, 맡겨진 책임을 그리스도교의 봉사 정신으로 수행하면서, 사람다운 삶의 증인이며 용기 있는 길잡이가 되어, 정의를 실천하는 일에 앞장서게 하소서. 노동을 하느님이 주신 선물이며 인간을 위한 창조와 구원 봉사로 알게 하소서. 평화와 충실함과 생명을 경외하는 프란치스칸 정신을 저희 안에 북돋아 주시어 어느 날 아버지 하느님을 영원히 만나기 위하여 자매인 죽음을 평온히 맞이하게 하소서.

사랑과 공경으로 구세주의 오상과 사부 성 프란치스코 성인의 오상에 친구하오니, 사부님께서 돌아가시던 때 사랑하는 제자들에게 베풀어 주신 그 강복을 저희에게도 나누어 주시고, 저희의 생명이 마칠 때까지 정성을 다하여 형제회의 회칙과 회헌을 지킴으로서, 그리스도의 복음을 세상 안에서 실현하게 하여 주소서.

오! 거룩하신 아버지 하느님! 사부 성 프란치스코가 창설하신 재속프란치스코회에 저희를 불러 주셨음을 찬미 감사드리오며, 아버지! 우리는 지금 우리 자신을 아버지께 봉헌하고, 사랑으로 가득 차 부르심에 응답하오며, 저희의 이 모든 기도를, 성령 안에서, 우리 주님이시며 형제이신 예수그리스도를 통하여, 성모님과 함께, 아버지이신 하느님께 봉헌하오니, 우리 주 하느님 아버지!

이제로부터 영원히 찬미 영광 받으소서. 아멘. 아멘. 아멘.

2004년 3월 28일

봉암 스님이 돌려주신 십만 원

봉암峰岩은 내가 아는 스님의 승명僧名입니다. 내가 대학을 졸업하고 어느 여학교에서 국어를 가르치던 때였습니다. 학교에 갓 들어온 남자 국어 선생님이 내 책상 앞에 자리를 잡았습니다. 그런데 그분은 한 해가 가고 또 한 해가 가도 주변의 선생님들과 한 마디도 이야기를 나누지 않았습니다. 나는 그분을 소개한 사람에게 물어서 그분의 과거를 조금 알아낼 수 있었습니다. 그분은 어머님을 일찍 여의었습니다. 아버님이 새 아내를 맞으셨는데, 그 이후로 그는 세상 여인들과는 일절 말을 나누지 않게 되었다 했습니다. 그 대신 그는 공부를 열심히 하여 한문, 영어, 국어 등 여러 나라 언어에 능통하게 되었고, 학교에서도 대단히 실력 있는 교사라는 정평을 받았습니다. 나는 그 후 여러 달을 지극정성으로 노력하여 그분의 여성 혐오증을 치유해 보고자 노력하였습니다. 조용히 침묵하면서, 모성적 사랑으로 그의 내복을 사서 하숙집에 슬쩍 가져다 놓았고, 집에서 먹는 음식 중에 가장 맛난 것만을 추려 도시락에 담아, 남몰래 학교 교무실 그의 책상 위에 놓아보기도 했습니다. 그러자 그의 태도가 조금씩 달라지는 것 같았습니다. 나는 그때 석사과정을 졸업하고 박사과정 입학시험을 준비하던 때라 그에게 방과 후에 학교에 남아 영어로 된 원서를 함께 읽자고 제의했습니다. 그는 내 제의에 응해주어 우리는 함께 열심히 책을 읽었고, 나는 그분 덕택에 드디어 박사과정 입학시험에서 영어시험을 무사히 치러낼 수 있었습니다. 그는 그 후 서울대학교 국문학과 석사과정에 진학하였습니다.

소식 없이 몇 년의 세월이 흘렀습니다. 그가 석사과정을 졸업하고 드디어 미국 하버드대학교 대학원으로 유학을 떠난다는 날의 바로 전날 밤이었다 합니다. 사람의 운명이란 참으로 헤아릴 길 없습니다. 그는 그날 우연히 스님 한 분을 거리에서 만났는데 그 스님과 잠시 이야기하던 중 출가를 결심하게 되어 그 길로 입산하였다는 사실을 나는 여러 해가 흐른 후에야 알았습니다. 그렇게 세월이 흐른 후 어느 봄날이었습니다. 지천명에 접어들면 귀신과도 이야기를 나눌 만큼 철든 사람이 된다는, 그 50을 맞이하던 해 어느 봄날이었습니다. 입산하여 참선·정진한다는 그 옛날의 동료 국어 선생을 나는 문득 떠올렸습니다. 그와 함께 공부하던 영어 원서를 뒤적였습니다. 텔레파시가 오간다는 심령 현상을 나는 전적으로 수긍합니다. 누군가를 생각할 때 그도 나를 생각하는 경우가 있습니다. 내가 그의 도움으로 영어의 기초를 닦아 드디어 영어 원서를 여러 권 번역하게 된 일도 회상하면서, 나는 그가 지금 어디서 무엇이 되어 살고 있을까를 생각하던 중이었습니다. 그때 전화벨이 울렸습니다. "선생님! 구름 따라 물 따라 흘러 다니는 운수雲水입니다." 그렇게 그는 입을 열었습니다. 서로 소식이 끊긴 지 여러 해가 지났건만, 그 '운수'라고 발성하는 물 흐르는 것 같은 그의 음성에서 나는 그가 누구인지 즉각 알아차렸습니다. 나는 흐느끼듯 물었습니다. "어디예요? 우리 만나요!" 그는 "태백산 굴속에서 정진하는데 식량과 초와 생필품을 구하러 서울에 잠시 왔습니다. 청량리역입니다. 3분 후에 태백행 기차가 출발합니다. 다음 상경 시에 다시 연락드리겠습니다."라고 말하고는 전화를 끊었습니다.

그 후 3년이 또 흘렀습니다. 춘곤이 아물거리며 옛날의 아름다웠던 추억들이 감미롭게 의식을 간질이는 어느 봄날, 그는 청량리역에서 또 전화했습니다. "태백행 열차가 떠나는 5분 전입니다. 다음에 서울 오면 꼭 전화를 드리지요."라고 그는 흐르는 물소리 같은 음성으로 평온히 말하였습니다. 나는 그날 "무슨 전생의 업보로 우리는 이승에서 만나 이렇게 3년에 한 번씩 전화하게 되었을까요? 그렇다면 그 업보가 무엇이건 이승에서 정성껏 풀어야 하니 우리 만납시다. 만나서 이야기합시다. 다음번 서울 행차 시에는 반드시 만납시다! 발차 3분 전이니 5분 전이니 하는 말 말고, 만나서 넉넉히 이야기한 후 기차역으로 가세요."라고 나는 성급하게 말했습니다. 그리고 또 3년이 흐른 어느 봄날 그는 드디어 학교의 내 연구실에 나타났습니다. 나이가 나보다 여러 해 젊은 사람이 이가 여기저기 빠져 있었습니다. 불결하고 음습하고 춤고 배고픈 굴속에서 그는 여러 해 동안 면벽하고 참선만 하였던 것입니다. 내 동생이나 아들이라면 내가 차마 그를 그렇게 방치했겠는가, 일회적 삶을 살다가는 한 중생의 삶의 과정이 어찌 이리도 가혹한가 싶어 나는 그만 눈물을 뚝뚝 흘렸습니다. 학교 앞 분식집으로 갔습니다. 국수를 사주었더니 미원 냄새가 난다고 헛구역을 하며 젓가락을 놓으려 했습니다. 나는 국수를 간장에 찍어 먹는 국물 없는 메밀국수를 청해 간장에 찍어보라 했습니다. 그는 메밀국수를 몇 저 떴습니다. 그가 청량리역으로 간다며 자리를 뜨려고 할 때 나는 십만 원을 봉투에 담아 차비에 쓰라고 건넸습니다. 그랬더니 그는 합장하고 나에게 절하면서 "이승에서 제가 전화 드리는, 그리고 만나러 온 유일한 보살이신데, 제가 지금 이 돈을 받으면 이것으로 우리는 마지막입니다. 다시는 보살님을 만날 수 없게 됩니다."라고 말하며 봉투를 돌려주었습니다. 나는 말 없이 그 돈을 받아 내 주머니에 도로 넣을 수밖에 없었습니다. 그리고 이제 또 3년 세월이 흘렀습니다. 여기 내가 사는 <성가원> 주변, 세검정, 평창동, 구기동 지역은 지금 온통 개나리, 진달래, 앵두꽃, 살구꽃 등으로 만산이 불에 타듯 아름답습니다. 그가 전화를 걸어 올 날이 오늘내일로 다가오는 3년 전 그런 봄날과 같았습니다. 수업을 마치고, 연구실로 들어와 다가오는 나의 늙음과 더

궁극적으로 다가오는 나의 죽음을 생각하며 앉아 있는데, 드디어 전화가 온 것입니다. "접니다. 봉암입니다. 영양실조에다가 당뇨가 겹쳤다는 의사 진단으로 여기 친구 주지 스님 암자에 와서 며칠 치료받고 있습니다." 그래서 나는 말했습니다. "전생의 업보입니다. 우리 집으로 오시지요. 오셔서 참선·정진하십시오. 당뇨에 좋다는 채소만 드시고 생식하며 매일 목욕하고 숙면하시고 편히 정양하십시오. 우리 부부도 참선하는 수도자와 매한가지로 살고 있으니 어려워 마시고 오래 머무시며 우선 건강부터 회복하십시오. 영양실조와 당뇨의 뿌리를 자르셔야지요." 그러자 그가 다시 말했습니다. "건강하거나 당뇨병이 있었거나 언젠가는 풀잎처럼 들에 누울 건데요. 운수처럼 흐르다가 풀잎처럼 들에 누울 터인데도, 아프니까 친정이 그리워 전화했습니다. 보살님!" 온몸으로 국가 민족의 화해통일을 위하여 참선·정진하며 하늘의 자비를 실천하는 구름 같은 사람, 물 같은 사람, 정욕과 무지와 분노의 독소에 묻혀 사는 현대인들에게 화두를 던지듯 그는 그렇게 말했습니다.

우리가 풀잎처럼 들에 눕는 날 우리 모두 친정집에 가는 것일 터인데, 태백산 굴속에서 사시다 가는 봉암 스님 같은 사람도, 어느 날엔가는 속절없이 풀잎처럼 들 위에 누울 일을 생각하니, 속세에서 사는 속인의 가슴에도 절절 비가 내리듯 마음이 시리고 추웠습니다. 참선·정진을 모르고 사는 내 가슴이 무겁습니다. 스님은 내 집에서 머물다 가셔야 합니다. 마음안에 천국이 있는데 어째서 굴속에서만 참선한다는 말입니까? 봉암 스님이 오시어 우리 집에서 오래 머물다 가면 우리 부부도 참선·정진하며 몸과 마음이 정결해질 것 같습니다. 이 봄이 다 가기 전에 운수처럼 봉암 스님이 오시어 운수처럼 흔적 없이 머물다 가시게 되기를 기도하고 또 거듭 기도합니다. 삼라만상이 그의 친정이요 그의 친정이 그의 깨달음인데도 그는 겸허하게 말했습니다. "아프니 친정 생각이 납니다. 보살님!" 봉암 스님이 돌려주신 십만 원이, 태산 같은 무게로, 내 가슴을 지금 누릅니다. 나도 벗어나야 하는 건데. 봉암처럼! 지상의 번뇌에서 나도 벗어나야 할 터인데…… 봉암처럼!

상품권을 돌려보내신 은사님

매일 매일 강조하시던 어른의 말씀이, 세월이 지나고 보면 바로 유언이 됩니다. 그 말씀 속에서 퍼내고 퍼내어도 마르지 않는 샘물을 받아 마십니다. 스승님이 나를 바라보시던 눈빛에는 언어가 담겨 있었는데 현재는 유명을 달리하셨지만, 그 눈빛과 말씀은 사라지지 않고 아직도 생생합니다.

    사랑하던 두 어른이 세상을 뜨셨습니다. 한 분은 스승이고 또 한 분은 선배이십니다. 구혜영 선배님. 숙명여대의 선배십니다. 그분은 숙명여대 교수가 되셨으나 한 남자를 사랑하고 임신을 하였는데 혼인할 형편이 안 되었습니다. 학생을 가르치는 교수의 입장이면서 미혼인 상태로 아기를 출산할 수 없어 교수직을 사직하고, 온갖 고생을 감수하며 아들을 낳고 길러 장가도 들였습니다. 내가 미국에 강의하러 가던 때, 미국 다녀오는 동안 평안하시라 했더니, 많이 아프셔서 항암치료 중이라 하셨습니다. 항암치료를 받으려면 기운을 차려야 하니 고기와 과일을 사서 병문안하겠다 했습니다. 항암치료 중이니 미국에 다녀와서 만나기로 하고, 며느리에게 맡기라 하셨습니다. 나는 미국에서 선배님이 귀천하셨다는 연락을 받았습니다. 선배님은 좋은 글을 많이 쓰신 소설가였고 여성 문인협회 회장을 지내셨습니다. 그분의 소설 중 『칸나의 뜰』은 지금도 그 소설의 마지막 부분을 생각하면 여전히 눈물이 납니다. 사랑하고 오해하고 마음 상하고 헤어지고 안 보고 미워하던 두 남녀가, 오해를 풀고 다시 만날 결심을 하고 큰길의 이편과 저편에서 마주 바라보며 손을 흔들고 길을 건너가던 때, 한 사람이 차 사고로 목숨을 거두고 한 사람만 슬프게 살아남습니다.

선배님은 내가 큰 대로를 건너 서로 만나서 악수하기 직전에 그만 쓰러져 땅에 묻히신 겁니다. 미혼으로 아들을 낳아 길러 며느리에게 지아비로 내어 준 일로 인하여 선배님은 딸이 있었다면 받으셨을 그 백배 이상의 효도와 사랑과 공경을 며느리로부터 받고 가셨습니다. 미혼으로 아기를 낳아 기른 그 일이 천 번 만 번 잘하신 일임을 나는 선배님과 그 며느리를 보면서 몇 번이고 수긍하고 감동으로 박수를 쳤습니다. 행복한 노후와 따뜻한 임종을 하셨고, 천국 영생을 지상에서 이미 받으셨습니다. 선배님은 위대하십니다.

비슷한 시기에, 숙명여대에서 나를 가르치시고 교수로 임용하신 은사님이 돌아가시어, 삼성병원 영안실로 문상을 갔었습니다. 사모님이 노인 요양원에 계시어 영안실 주변은 너무도 쓸쓸하였습니다. 지난 몇 년 동안 자녀들은 한 달에 한 번씩 요양원으로 찾아가 뵈었지만, 사람을 인지하지 못하신지 오래되었다고 합니다. 부유한 가문에서 귀공자 귀공녀로 자라나 큰 재산도 물려받으셨고, 곧고 고결한 인품과 가풍을 이어받은 두 어른은 슬하에 3남 3녀를 두셨는데, 인격과 품위가 결곡하셨던 은사님 부부의 가르침을 받아 자손들 또한 출중하게 성장하였고, 그리하여 제왕 부럽지 않게 사셨을 것임에도 불구하고, 스승의 쓸쓸한 노후와 임종의 자리를 지켜보면서, 나는 가슴이 아팠습니다. 벽제에서 화장하여 절에 봉안한다는데 개신교나 천주교 신자들 영안실처럼 기도하는 사람조차 없어서 영안실이 쓸쓸했습니다. 나에게는 사회에 바치고 가는 <나자렛 성가원>과 <나자렛 성가정 공동체> 이외에는 아무것도 없으니, 그저 가난한 성가원의 창설자일 뿐이지만, 나의 노후가 은사님처럼 쓸쓸하고 가족도 친지도 인지하지 못하는 단절의 상태에서 세상을 떠나는 것이어서는 결코 안 되겠다는 생각을 골똘히 하게 되었습니다. 어쩌면 그래서 나는 <나자렛 성가회>, <나자렛 성가원>, <나자렛 성가정 공동체>를 운영하며 살아온 것인지 모르겠습니다.

나의 은사 부부 두 분은 조선왕조 말엽의 이 왕가 자손 집의 아드님과 양반댁 규수여서, 내가 숙명여대에 다니던 학창시절 수업시간에 은사님께서는 "집으로 방문하는 일은 절대 허용하지 않으며 특히 설날에 여성이 세배라는 이름으로 찾아오는 것은 무례한 일입니다."라고 말씀하셨습니다. 그래서 나는 학창시절에 한 번도 스승님댁에 찾아뵌 적이 없고, 교수가 되어 스승님을 모시고 봉직하던 동안에도 부득이 스승의 연구실에 들어갈 때는 스승님이 연구실 문을 반쯤 열고 놓고 일을 지시하셨고, 나는 반드시 뒷걸음으로 물러 나와 한 번도 내 등을 스승에게 보인 일이 없었습니다. 그렇게 양반의 법도에 따라 끔찍한 예절을 지키며 살아오신 어른이 말년에 방문객을 인지하지 못하는 상태에서 요양원에 계시며 한 달에 한 번 자녀들의 방문을 받으시다 가셨다니, 은사님의 영정 앞에 엎드려 절하던 때의 내 마음은 애통하였습니다.

　내가 교수로 발령받았을 때였습니다. 나를 교수로 임용해 주신 은사님에게 배우자와 함께 인사드리러 가면서 10만 원짜리 백화점 상품권 한 장을 준비해 갔습니다. 무엇을 잘 드실지 몰라서 그리했노라고 선생님께서 즐겨 드시는 반찬이라도 해 드렸으면 좋겠다고 사모님께 여쭈며 상품권을 드렸습니다. 그것이 내가 은사님 댁을 찾아갔던 처음이자 마지막 일이었습니다. 그런데 그 며칠 후, 내가 드리고 온 10만 원 상품권이 나에게 우편으로 반송되어 왔습니다. 나는 너무도 무안하고 섭섭하고 슬퍼서, 그 후 두 번 다시 은사님 댁을 찾는 일 없이 지냈습니다. 그리고 어제 은사님 따님의 전화로 돌아가셨음을 알고 영안실로 찾아가 영정 앞에 엎드려 절을 드린 것입니다. 10만 원이 아무것도 아닌 너무도 큰 부자셨지만, 20년 전에 은사님께서 제자의 작은 정표를 받아주셨더라면 그 후 더 자주 과일 바구니를 들고 와병 중이신 은사님을 찾아뵈었을 터인데, 그만 다시는 그리 못했습니다. 선물을 받아들이는 것은 선물을 주는 일보다 더 큰 사랑인 것 같습니다. 치매를 앓다 가신 스승님을 문상하고 보니 늙어 죽을 때까지 치매에 걸리지 않고 일하다 죽는다는 것은 축복 중의 축복이라 생각되었습니다. 은사님의 임종 앞에서 나 역시 마저 해 놓고 가야 할 일들을 정리하고 기획하고 준비하는 마음으로 기도하며 하루를 보냈습니다.

전쟁의 상처와 남북분단의 슬픔을 주제로 한 소설을 쓰셨던 나의 은사님이 영정 안에서 인자스럽게 웃으시며 내게 말씀하시는 것 같았습니다. "이 교수! 내가 쓴 소설들은 말이야, 가난한 사람들의 고난에 늘 마음 아파하면서도 그들 가까이 다가가지 못하는 귀공자의 갈등, 암을 앓는 사람들을 가엾게 생각하면서도 그들을 찾아 위로 한 번 못해 본 이기적인 사람, 슬퍼하는 사람들을 측은히 여기면서도 단 한 번도 그들을 위로해 본 적 없이 안일하게 살아온 비겁한 부유층 사람들의 갈등을 주제로 한 것인데, 그것이 바로 나의 자화상이야. 이 교수는 어려운 사람들과 함께 살아왔으니 나는 이 교수가 부러웠어. 나에게 다시 인생이 주어진다면 이번에는 슬프고 아프고 억울하고 가난한 사람들과 더불어 사는 삶을 살 거야. 이 교수처럼." 내 착각일지는 모르지만 이렇게 말씀하시는 것 같았습니다.

스승님은 내가 드린 10만 원 상품권으로 과일을 사서, 내가 가르친 학생이 교수가 되어 첫 봉급을 받아 사 온 것이라 자랑하시며 자녀들과 드셨어야 했습니다. 그랬다면 아마도 스승님 소설 속의 주제들은 바뀌었을지 모릅니다. 제자의 작은 선물, 그 감사의 정표조차 돌려보내신 스승님 영정 앞에는 나 이외의 다른 제자들은 없었습니다. 받는 것이 주는 것 이상으로 큰 사랑임을 스승님은 나에게 가르쳐 주셨습니다.

눈물, 그 고마운 은총의 샘

　백내장 수술을 받았습니다. 그 수술 이후로 나는 안구 건조증으로 많이 고생했습니다. 온종일 인공 눈물을 가방에 넣고 다녔습니다. 전철 안에서도 인공 눈물을 넣어야 했고, 거리를 걷다가도 거리 한복판에서 눈물을 눈에 넣어야 했습니다. 게다가 백내장 수술 후 비문증이 수술 전보다 심해져, 모기를 쫓느라 손으로 얼굴 앞 허공을 자주 휘저었습니다. 눈앞에 까만 모기들이 날아다니고 안구가 팍팍하며 아리고 쓰리고 따가워 그 불편함은 차라리 백내장 수술을 하지 않은 것이 낫지 않았을까 하는 생각까지 했습니다.

그리고는 깨달은 바가 있었습니다. 세상에는 오직 좋기만 하거나 오직 나쁘기만 한 일은 없다고. 좋은 일인 것 같았는데 그 사건 전말 속에는 나쁜 부분이 끼어있고, 나쁜 일인 것 같았는데 찬찬히 그 사건의 전말을 살펴보면 그 속에 좋은 부분도 있다는 그것을 체험했습니다. 호사다마好事多魔는 좋은 일에 언짢은 일이 따른다는 말이겠고, 고진감래苦盡甘來는 고생 끝에 즐거움이 따른다는 말 아니겠는지요. 그래서 나쁜 일을 당하여도 절망할 일이 아니며, 좋은 일이 생겼다고 방자하지도 말아야 합니다. 백내장 수술을 통하여 나는 깊이 깨달았습니다. 비문이 심해지고 안구 건조증 때문에 약을 손에 달고 살아야 하니 몹시 불편했지만, 그것은 나에게만 해당한 일이고, 백내장 수술을 받는다고 모두에게 그런 후유증이 있는 것은 아닙니다. 어쨌거나 나는 백내장 수술로 인해 불편을 겪었지만 좋은 일도 있었습니다.

옛날에 근무한 일이 있는 효명고등학교 교사 시절의 동료이던 분이 전화했습니다. 당시 그 학교의 교장이시던 김경하 라우렌시오 선생님께서 돌아가셨으니, 함께 문상 가자는 것이었습니다. 상복으로 갈아입고 외출 준비를 마친 후 그 동료를 기다리면서 잠시 교장 선생님에 대한 기억을 더듬었습니다. 이런저런 추억의 장면들이 눈앞을 스쳐 갔습니다. 6·25 전쟁의 포성이 끝나고 모든 학교가 다시 문을 열었을 때, 나는 학교에 다니지 못하고 무면허 간호보조사 일을 하며 어머니와 동생들을 부양하였습니다. 그러다가 어느 날 결연히 병원을 뛰쳐나와 찾아간 인천 답동 성당에서 임종국 바오로 신부님을 만나게 되었고 그 어른께서 당신이 이사장이던 인천 박문여고에 나를 입학시켜 주셨습니다. 신부님의 배려로 나의 자매들이 모두 부평에 있는 천주교회 고아원에서 생활하며 공부를 계속하게 해 주셨습니다. 그 고아원에 한 달에 한 번 과자를 사 들고 찾아오시던 분이 김경하 라우렌시오 교장 선생님이십니다. 그분은 나를 위로하시고, 아무리 힘들어도 꿋꿋하게 살아남아야 한다고 격려해 주셨습니다. 그렇게 중고등학교를 고아원에 머물며 박문여고를 졸업하였으나, 고아원에서는 대학에 갈 수 없다는 규정이 있어, 동생들을 데리고 다시 고아원에서 나와, 가정교사 아르바이트를 하며 드디어 숙명여대를 졸업하고 인천고등학교 교사가 되었습니다. 그런데 내가 교사로 근무하던 인천고등학교로 나를 찾아오신 어른이 김경하 교장 선생님이셨습니다. 선생님께서 "우리 학교로 가자." 하시어, 나는 그분을 따라 서정리로 내려가 그곳 효명고등학교 교사가 되었습니다. 첫해에 나는 중3 담임을 맡았었는데, 선생님은 고등학교로 나의 적을 옮겨 주시어 훗날에 대학교수가 되었을 때 나의 경력이 호봉에 가산되게 하셨습니다. 중학교 교사 경력은 호봉에 대학에서 가산되지 않는다고 합니다. 선생님이 내가 훗날 대학교수가 되리라는 것을 예견하신 것은 아니셨겠지만, 적어도 나에 대한 기대가 크셨던 것이 분명합니다.

그분이 천국에 가신 것입니다. 선생님은 돌아가셨지만, 오히려 지금 더 가까이 내 곁에 계십니다. 천국에 가시면서 나에게 큰 선물을 주고 가셨기 때문입니다. 상복으로 옷을 갈아입고, 함께 갈 동료를 기다리며 앉아서 잠시 그분을 생각하며 기도에 잠겼는데, 나는 나도 모르는 사이에 내가 눈물을 줄줄 흘리고 있음을 알았습니다. 눈물샘이 마른 줄 알았던 내 눈에서, 안구 건조증이 극심하여 평생 인공 눈물을 넣으며 살아야 한다고 알았던 내 눈에서, 나도 모르게 눈물이 줄줄 흘러나온 것입니다. 눈물샘이 마른 것도 아니고, 안구 건조증을 평생 앓을 것도 아니라는 사실을 알았습니다. 눈물이 흐른다는 것이 반갑고 고마웠습니다. 백내장 수술을 받은 후 안구 건조증이 너무 심하여 걱정스러웠는데, 김경하 교장 선생님의 귀천으로 눈물을 흘린 후, 은총의 눈물이 마르지 않고 계속 흐르게 하시는, 생명의 주 하느님께 감사하며, 오늘 이 글을 씁니다.

5장
사막의 언어

사막의 언어, 『뿌스띠니아』

　캐서린 드 휴엑 도허르티의 책 『뿌스띠니아』를 우리말로 옮겨 세상에 내놓은 지 여러 해가 흘렀습니다. 『뿌스띠니아』는 러시아 말로 사막沙漠을 뜻합니다. 예수님이 40일간 재를 지키신 그 사막을 지금 여기, 도시 한복판에서, 가슴에 품고, 주님을 만나자는 내용입니다. 『뿌스띠니아』를 가슴에 안으면 그 안에 예수님이 계시므로, 내가 주님의 감실, 주님의 거처가 됩니다. 주님이 내 안에 계시므로 내가 주님의 방이 되는 것입니다. 내가 주님의 재현적 존재가 되고, 그래서 내가 하는 일이 모두 주님의 전례 행위가 됩니다. 얼마나 엄청난 이야기입니까? 캐서린은 영적 교훈서인 『뿌스띠니아』에 이어 두 번째 교훈서로 『타협 없는 복음생활』을 번역 출판했습니다. 사랑의 개념이 이처럼 놀랍게 기술되고, 또 그 사랑 실천의 결단이 이처럼 극명하게 가슴을 뒤흔든 책을 오랜만에 보았습니다. 복음의 실천은 무언가와 타협할 때는 실패합니다. 온전한 봉헌의 의지로 온전하게 결행하여야만 합니다.

나는 이 놀라운 사랑의 메시지 『뿌스띠니아』와 『타협 없는 복음생활』을 읽고 참으로 내 생애에서 커다란 전환점을 맞이하였습니다. 달라지고 싶었습니다. 무한한 하느님 사랑에 의지하여 사심 없고 겸허하고 따지지 않고 무조건 양보하며 내어 주는 『타협 없는 복음생활』을 필연코 실현하겠다는 뜨거운 열망을 지니게 되었습니다. 나머지 부분, 은총을 주시어 나를 변화시키시는 일은 주님의 몫입니다. 주님이 반드시 은총으로 나를 채워 주시리라 믿습니다.

1925년에 교황 비오 11세가 평신도 사도직에 대하여 강조하셨습니다. 그리고 1958년에 요한 23세가 교황님으로 등극하시고 이어서 1962년에 제2차 바티칸 공의회를 개최하시면서 "오순절 성령강림을 다시 한번 이 시대에 체험하게 하소서."라고 개회 기도를 바치셨습니다. 그리고 1978년에는 요한 바오로 2세가 등극하시면서 "성령 안에서 대림을 준비하라." 하셨습니다. 성령 안에서 다시 태어나라는 권면이셨습니다. 그 후 급격히 평신도들도 사도

직과 교회 활동에 참여하게 되었습니다.

우리 <나자렛성가회>도 그런 맥락에서 창설되었습니다. 그리하여 나는 1978년부터 성가회를 운영하며 교회 활동, 특히 교회의 피정 강론과 일반 대중 강연을 시작하였고 많은 저서를 출판하고 번역서도 여러 권 출판하였습니다. 강물처럼 흘러나온 글, 저서, 번역서, 강론 테이프 등으로 복음 생활의 필요성에 대한 메시지를 세상에 알리려고 힘차게 노력하였습니다. 성가회 운영을 통해 『뿌스띠니아』와 『타협 없는 복음 생활』의 삶을 살고자 노력해 왔다고 고백할 수 있습니다. 제2차 바티칸 공의회로부터 시작하여, 혼돈과 혼란의 한복판에서, 성령은 다시 한번 성령강림의 불길로 우리 인류 위에 강림하시고, 온 세계를 성령으로 채워 주고 계십니다. 성령의 다른 이름은 사랑입니다.

우리는 단순한 종교인으로서가 아니라 믿음의 사람으로 살아야 합니다. 우리는 하느님과 만나야 하며 하느님이 우리의 아주 깊은 부분까지 침투하실 수 있도록 문을 열어드려야 합니다. 우리는 하느님과 인간, 그리고 인간과 하느님 사이에 결속되는 사랑의 관계를 가슴으로 재인식·재확인하며 살아야 합니다. 그러면 하느님과의 사랑을 우리는 어떻게 재확인할 수 있을까요? 그것은 우리가 지금 살아서 만나는 이웃을 사랑함으로써 가능합니다. 예수님은 제자들에게 서로 사랑함을 통해 예수님의 제자라는 것을 세상에 알리라 하셨습니다. 사랑하면, 성령을 체험합니다. 그러면 달라집니다.

들리십니까? 먼 데서 불어오는 바람의 언어, 하느님 축복의 말씀이…….

감사하여라 구원받은 나환자처럼

6·25 이후의 누적된 슬픔이 내 영혼과 육신을, 폭풍이 거센 고공 하늘 위 고압선 위에 달랑 세워 놓았던 때, 나는 성령 세미나를 받았습니다. 5주 차에 성령 안수를 받았을 때, 참으로 놀라운 변화가 일어났습니다. 한없이 많은 눈물을 흘렸습니다. 눈물이 그치지 않고 흘렀습니다. 눈물에는 두 가지 종류가 있습니다. 한없이 서럽기만 하여 흘리는 슬픔과 좌절과 비관의 눈물이 그 하나이고, 눈물을 흘릴수록 가슴과 머리가 시원해지면서 "하느님, 감사합니다."라고 고백하게 하는 눈물이 다른 하나입니다. 어제까지 하느님을 원망하던 사람이 하느님께 감사의 마음이 우러나와 흘리게 되는 눈물, 그런 눈물은 그 영혼 안에 성령이 충만했을 때만 주어

집니다. 은총의 눈물입니다.

안수를 받던 때였습니다. 나의 안수 순서가 다가옴에 따라 내 심장이 몹시 뛰기 시작했습니다. 안수를 받는 순간이었는데 성령이 주시는 아홉 가지 은사 중에서 나는 '지혜'의 은사를 청했습니다. "하느님, 저에게는 지혜를 주십시오."라고 기도했습니다. 그런데 신부님께서 안수해 주실 때, 내 머릿속에 갑자기 지혜가 가득 차오는 충만함을 느꼈습니다. 지혜의 은사를 받는 체험이었습니다.

"하느님 아버지, 제가 참 잘못했습니다. 저는 아직 젊고 시어머니는 늙으셨습니다. 저는 앞으로 살날이 길고 시어머니에게는 살날이 많이 남지 않았습니다. 그런데 젊은 며느리가 언제 돌아가실지 모르는 늙은 시어머니를 미워했습니다. 하느님 제가 잘못했습니다. 저는 남편이 있는데 시어머니는 남편 없이 오십 년을 혼자 사셨습니다. 어떻게 남편이 있는 젊은 며느리가 남편 없이 오십 년을 청상과부로 늙으신 가엾은 과부 시어머니를 미워할 수 있습니까? 어머니가 저에게 어떤 서운한 말씀을 하셔도 저는 남편이 있다는 것만으로도 시어머니를 미워할 수 없습니다. 미워해선 안 됩니다. 그런데 어머니를 미워했으니 제가 잘못했습니다. 저를 용서해 주십시오."

이것은 참으로 놀라운 지혜의 은사였습니다. 그때까지 평소에 지녀왔던 생각과는 전혀 다른 생각이 기도로 터져 나온 것입니다. 동생을 향해서도 지혜를 얻었습니다. "하느님 아버지, 저는 6·25 전쟁 때 아버지를 잃었지만, 하느님의 축복으로 대학교수가 되고 문학 박사가 되어 사회에서 일하는 일꾼이 되었습니다. 언니인 제가 공단 직공이 되어 돈을 벌더라도 동생을 공부시켰어야 했는데, 저는 저만을 위하여 고학하며 공부하면서 동생에게는 공부할 수 있는 기회를 만들어주지 않았습니다. 대학을 못 간 동생이 집에서 제 시어머니 수발을 들고 제 밥을 짓고 제 빨래를 하면서 시시각각으로 저에 대한 증오심과 질투심이 어떻게 일어나지 않을 수 있었겠습니까? 시시각각으로 '아버지, 아버지!' 하고 아버지를 찾으며 울었을 때, 동생의 눈물 속에는 저에 대한 원망이 있었을 것입니다. 하느님, 용서해 주십시오. 우리 집안이 짊어져야만 했던 십자가를 동생이 몽땅 뒤집어쓰고 '언니는 아프지 마라, 내가 언니의 병 대신 다 짊어져 줄게.' 이렇게 저를 위해서 희생하고 헌신한 동생을 운다고 미워했으니 제가 잘못했습니다. 하느님, 용서해 주십시오."

이렇게 기도를 하는데 놀라운 일이 발생한 것입니다. 안수를 받던 순간에 시어머니와 동생에 대한 미움이 깨끗이 사라진 것입니다. 또 협심증이 있어서 돌덩어리 같은 혈전血栓들이 생기고 혈액 순환이 안 되었는데, 심장이 편안해지고 협심증세가 없어졌습니다. "이상하고 놀라운 일이다. 마음이 참으로 평화롭구나." 이렇게 감사드리며 나는 지혜의 은사와 평화의 열매를 체험하였습니다. 성령을 체험하자, 성령 글자 사이사이에서 성령의 불이 타는 것같이 느껴졌습니다. 요한의 첫째 서간 4장 20절의 말씀이 나에게 다가왔습니다. "하느님을 사랑한다고 하면서 자기 형제를 미워하면, 그는 거짓말쟁이입니다." 이사야서 59장 1-2절 말씀이 가슴에 사무쳤습니다. "주님의 손이 짧아 구해 내지 못하시는 것도 아니고 그분의 귀가 어두워 듣지 못하시는 것도 아니다. 오히려 너희 죄악이 너희와 너희 하느님 사이를 갈라놓았고 너희의 죄가 너희에게서 그분의 얼굴을 가리어 그분께서 듣지 않으신 것이다." 이사야서 53장 5절 말씀이 하느님 육성처럼 깊이 내 가슴 속을 울리며 들어와 자리를 잡았습니다. "그가 찔린 것은 우리의 악행 때문이고 그가 으스러진 것은 우리의 죄악 때문이다. 우리의 평화를 위하여 그가 징벌을 받았고 그의 상처로 우리는 나았다. 그리스도께서 상처를 입으므로 내 질병을 고쳐주셨다."

1980년 6월 20일, 내 나이 만 43세가 되던 생일날에, 성경 구절과 말씀들이 재림하신 예수님, 부활하신 예수님의 현존으로 나에게 인식되고, 성경 글자들 사이사이에서 하느님 성령이 충만하게 감돌면서 내 몸 안의 더러운 혈액이 샘솟는 하느님의 생명수로 완전히 바뀌고, 나는 마침내 전신이 치유된 새사람으로 다시 태어났습니다. 나는 육체의 질병이 치유된 것만을 자랑하는 것이 아닙니다. 시어머니를 미워했던 영혼의 병이 고쳐진 것을 자랑합니다. 그리고 성령이 내 입술을 빌려 기도하게 했습니다. "이제는 내가 산 것이 아니라 그리스도께서 내 안에 살고 계신다."라는 갈라티아서 2장 20절의 말씀대로 변화된 것입니다. 성령을 받고 주님의 은혜로 회개하고 변화되자 내 몸을 괴롭히던 질병들이 하나둘씩 모두 치유되는 놀라운 신비를 체험하였습니다.

나는 미운 사람들, 나를 미워하던 사람들을 차례로 모두 용서하게 되었습니다. 그들을 용서하자 회색빛으로 보이던 나뭇잎이 푸른색으로 보이고, 노랗게 타들어 가는 것처럼 보이던 하늘의 색깔이 코발트색 파란 색깔로 보이며, 핏빛으로 보이던 바닷물이 푸른색으로 보이고, 내 눈의 안개가 걷히고 맑고 밝은 눈을 갖게 되었습니다. 마음과 정신과 영혼이 치유된 것입니다. 그러나 그 무엇보다도 하느님이 나에게 주신 가장 놀라운 은총은 내가 매사에 감사하는 사람이 된 것입니다. 하느님을 원망하고, 시어머니를 원망하고, 동생을 미워하던 내가, 하느님에게 감사하는 사람, 시어머니와 동생에게 감사하는 사람이 된 것입니다. 사람은 누구에게나 하느님께서 자비로운 구원의 손을 뻗어서 우리의 손을 잡아주시는 구원의 기회, 구원의 시기가 있습니다. 스스로 인색하여 하느님께서 베풀어 주신 구원과 자비를 깨닫지 못하는 사람이 있는가 하면 작은 일에도 뜨거운 가슴으로 감사하는 사람이 있습니다. 감사하는 마음은 더 큰 은혜를 받아들이는 은총의 문이고, 감사하지 않는 것은 하느님의 축복을 거절하는 태도입니다.

　내가 건강하다고 자만하고 내 힘으로 살아간다고 생각하며 강의할 때는 사람들이 감동하지 않는데, 쓰러질 듯 힘든 날에도 성령께 깊이 의지하고 강의할 때는 사람들이 나에게 온전히 집중하는 모습을 보입니다. 그런데 성령께 의지할 때는 힘이 솟습니다. 강건해짐을 느낍니다. 성령이 함께하심을 느낍니다. 슬픔이 있는 곳에 기쁨이 있고 고통이 있는 곳에 행복이 있고, 절망이 있는 곳에 희망이 있는 것을 몰랐습니다. 그런데 그리스도의 구원을 체험하고 나자, 슬픔이 기쁨으로, 고통이 행복으로, 절망이 희망으로 가는 길임을 알게 되었습니다.

　루카복음 17장에는 인간에게 베푸시는 하느님 구원이 상징적으로 표현되어 있습니다. 나병환자 10명이 예수님께 나병을 치유해 달라고 하는데 예수님께서 "가서 사제들에게 너희 몸을 보여

라. 그리고 통행증을 떼어달라고 하여라." 하십니다. 아마도 이들은 돌아가는 동안 서로 언쟁을 했을 것입니다. "아직 병이 낫지 않은 걸 보니 거짓인가 보다." 혹은 "아직 사제에게 보이지 않아서 그러니 사제에게 보이고 통행증을 끊어달라고 하는 순간 나을 것이다." 하며 길을 걸었을 것입니다. 마침내 그들의 병은 사제를 만나 통행증을 청하던 때에 나았겠지만, 그들 가운데 한 사람만이 병이 나은 것을 보고 큰소리로 주님을 찬양하며 되돌아와 예수님 앞에 엎드려 감사를 드렸습니다. 감사하러 돌아온 나환자를 보시고 예수님은 "일어나 가거라. 네 믿음이 너를 구원하였다."(루카 17,19) 하셨습니다. 이것은 단순히 육체의 나병을 고친 사실만을 이야기하는 것이 아닙니다. 나환자임을 슬퍼하며 하느님을 원망했던 영적 질병이 낫고 하느님의 구원 섭리 안에 들어서서 영생을 누리는 영혼이 된 것입니다. 영적인 치유를 받은 것입니다. 나환자임을 억울해하면서 한없이 정신적 열등감에 사로잡혀 살았던 심리적 아픔이 모두 치유된 것입니다. 정신과 마음과 영혼이 모두 치유를 받은 것입니다. 돌아와서 주님께 감사를 드린 나환자는 몸과 영혼이 모두 치유되는 총체적 치유를 받았지만, 나머지 아홉 명의 나환자들은 그 치유가 일시적 치유에 그치고 말 수도 있는 치유입니다. 구원의 치유는 감사함에서 옵니다.

용서하면 치유 받습니다. 회개하면 치유 받습니다. 그러나 가장 중요하고 완벽하고 영원한 치유는 하느님의 은총에 감사함으로써 받는 총체적인 구원의 치유입니다. 세례받고 천주교 신자가 되었을 때 우리는 이미 영적 치유를 받은 것이지만, 슬픔과 고통과 질병과 절망 속에서도, 부단히 주님 앞으로 나아가, 이미 받은 은총에 대하여 진정으로 감사한 마음을 지닐 때, 우리는 더욱 총체적인 구원의 치유를 받습니다. 진정한 마음으로 감사할 때만 우리는 이러한 치유의 은총을 체험합니다.

기적의 나날을 지금 살고 있습니다.

미운 사람이 전혀 없습니다.

용서 못 하는 사람도 전혀 없습니다.

성령의 은사와 열매

코린토 신자들에게 보낸 첫째 서간 12장에는 하느님 성령이 우리에게 주시는 은사로 "지혜의 은사, 지식의 은사, 믿음의 은사, 치유의 은사, 기적의 은사, 분별의 은사, 신령한 언어의 은사, 예언의 은사, 신령한 언어를 해석하는 은사"가 예시되어 있습니다.

놀라운 카리스마입니다. 하느님 성령을 받는다는 것은 카리스마를 받는 것입니다.

하느님 성령이 우리에게 맺어 주는 열매는 갈라티아서 5장 22절부터 26절에 나오는 "사랑, 기쁨, 평화, 인내, 호의, 선의, 성실, 온유, 절제입니다." 그리스도에게 속한 이들은 자기 육을 욕정과 욕망과 함께 십자가에 못 박았습니다. 우리는 성령 안에서 사는 사람들이므로 성령을 따라갑니다. 성령께서 주시는 지혜, 지식, 믿음은 전교를 잘하라는 은사이고, 치유, 기적, 분별은 표적의 은사이며, 신령한 언어, 해석, 예언은 계시의 은사입니다. 은사는 다양하지만, 코린토 신자들에게 보낸 첫째 서간 12장에 나오는 아홉 가지 은사는 그 은사들을 함부로 오용하거나 남용하지 말라고 특별히 가르친 내용입니다.

나는 『미사를 통한 치유』라는 책을 번역하고 나서 큰 은혜를 받았습니다. 미사가 무엇인지 나는 세례 받고 30년이 지나서야 환하게 깨달았습니다. 그 책을 번역한 후에 미사 참례를 하는데, 사제가 성체를 들어 올리셨을 때 그만 "예수다!" 하며 땅바닥에 엎드려 버렸습니다. 사제가 성체를 모두에게 배령해 주시고 마지막으로 내 앞으로 오셔서 성체를 드신 채로 "마리아 고개 드세요." 하시는데, 고개를 들 수 없었습니다. "성체가 예수래!" 할 때는 겁 없이 모셨는데 "성체가 예수다!"를 느끼고 나니까 고개를 들 수 없었습니다. "고개 못 듭니다. 죄인입니다." 하고는 울었습니다. 신부님이 "순종하세요. 고개 드세요." 하시어 고개를 드니, 내 눈앞에서 성체가 말씀하셨습니다. "마리아야, 네가 더러우니까 나를 모시고 너를 거룩하게 해야지, 네가 완전하다면 나를 모실 필요가 없는 것 아니냐?" 그래서 "아멘, 주님!" 하고 성체를 모셨습니다. 나는 그때 잠시 천국에 다녀온 느낌입니다. 그 순간 전 생애적인 치유를 받았었습니다. 그 일이 있은 다음부터는 누가 나를 미워한다 해도 괜찮습니다. 그 이전에는 누군가가 나에게 억울하게 하면 "너 나에게 왜 그랬니?, 내가 언제 그랬니?" 하며 따졌겠지만, 지금은 "그랬어? 내가 예수님하고 더 가까워지라고 네가 나에게 그러는구나." 하며 평화로울 수 있습니다.

『치유를 위한 복음의 열쇠』는 성경 구절로 모아 만든 기도문들로 구성되었는데 하느님이 주신 말씀들로 기도하도록 하는 데 그 목적이 있습니다. 우리가 원하는 것을 얻고자 할 때 성경의 말씀으로 기도하면 말씀이 지닌 치유력으로 평화가 임합니다. 치유의 은사는 치유 사건이 존재하는 것이고, 치유의 말씀을 전하는 사람은 잠시 하느님의 도구가 되는 것일 뿐입니다. 그러므로 "내가 치유 봉사자다."라고 말하는 사람은, 이미 악마의 종이니 조심하라고, 빈센트 월시 신부님은 경계하셨습니다. "치유의 은사를 받으면 조심해야 합니다. 주님만이 치유자이십니다. 인간은 잠시 그 순간에 쓰이는 도구일 뿐입니다."

나의 경우에는 육체부터 치유된 것이 물론 아니었습니다. 내가 회개하고 용서받고 마귀와 세속으로부터 해방되었던 자유, 그 영적 치유가 우선되었습니다. 그래서 "오! 나는 하느님의 딸이다. 나는 하느님 사랑을 받는다."라는 영적 확신이 먼저 오고, 이 영적 치유가 평화와 기쁨의 열매를 맺어, 그 후에 육체가 치유되었습니다. 기도할 때에 얼마나 하느님에게 감사했는지 "주님, 제가 평생에 지은 죄, 정말 잘못했어요."하고 회개를 거듭하였습니다. 그러자 그 깊은 회개 속에서 하느님 말씀이 들려왔습니다. 차바퀴가 굴러가는 것처럼 요란한 소리가 귀에 울리며 하느님의 말씀이 들렸습니다. 귓속을 뚫고 지나가는 것 같은, 벼락 치는 소리가 들렸는데, 귀가 상하지도 아프지도 않았습니다. 그래서 나는 "하느님이 주신 치유 말씀이구나." 생각하며 더욱더 회개했습니다. 그렇게 회개할 때 성령을 받았습니다. "하느님! 고백성사 받았다고 양심의 가책 없이 살았는데 그때 "진정으로 통회합니다. 하느님! 다시는 같은 잘못을 범하지 않겠습니다."라고 말씀드리며 회개를 거듭했습니다. "하느님! 기도에 정성이 없었습니다. 용서해 주십시오. 하느님께 향하는 통회의 감성과 감사의 정성과 사랑의 심성이 부족했습니다. 용서해 주십시오." 이렇게 회개하는데 내 귀에서 우렁우렁 소리가 나는 것을 느꼈습니다. "마리아, 너의 회개가 아름답다. 내가 너를 깨끗이 씻어 주었으며 내가 너를 흠 없이 지켜 주리니, 두려워하지 말라." 그 순간 나는 영적으로 완전한 치유를 받았습니다.

누군가를 비판하고 나면, 유다처럼 자살해서 죽는 것이 아니라 즉시 베드로처럼 순진하게 되어 "오, 주님. 용서해 주소서." 하고 기도하게 되었습니다. 얼마나 예쁜지요. 잘못을 저질렀어도, "어머니 아버지, 용서해 주세요."라고 자식이 말할 때 얼마나 예쁜지요. 잘못하는 일 없이 언제나 의젓한 자식보다 오히려 잘못을 저지르고 잘못했다고 용서 청하는 자식이 더 사랑스럽습니다. 그렇게 나는 영적 치유를 받았습니다. 그리고 '내적 치유'도 받았습니다.

전에는 내가 6·25에 부모를 잃고 고아원에서 자랐다는 말을 주변의 사람들에게 말 한 적이 없습니다. 창피했기 때문입니다. 그러나 내가 회개한 다음부터는 내가 어떻게 회개했는지를 사람들에게 전달하여 그들도 회개할 수 있다면, 고아원에서 산 것이 뭐가 부끄럽냐고 자문하며 평화로이 고백하기 시작했습니다. 열등감이 사라지고 내 부끄러움을 몽땅 고백할 수 있게 된 것은, 내가 내적으로 치유되었기 때문입니다. 나는 내가 지은 죄를 고백성사 때처럼 몽땅 털어놓습니다. 수치스럽지 않습니다. 내적 치유를 받았기 때문입니다.

내가 고등학교에서 국어 교사를 하던 때 수업시간 중에 "우리들은 6·25 때 무척 가난했습니다. 보리밥도 제대로 못 먹고 배고픈 시절이었습니다." 그렇게 말하면서 '보리밥'을 끝내 발음하여 읽지 못했습니다. 내가 고아원에서 보리밥도 부족하여 잘 먹지 못했기 때문에 '보리밥'이라는 말이 입에서 떨어지지 않았습니다. 열등감 때문에 창피했던 것입니다. 그런데 이제는 보리밥도 없어서 못 먹었던 이야기를 즐겨 합니다. 내적 치유를 받아, "회개하고 행복해졌어요." 합니다. 이러한 영적 치유와 내적 치유가 이루어진 연후에 육체의 치유는 저절로 옵니다. 내적 치유와 영적 치유가 이루어지지 않은 상태에서 치유 봉사를 하는 사람을 쫓아다니며 치유기도 해달라고 조른다 한들, 치유는 이루어지지 않습니다.

회개의 단계, 용서의 단계를 거쳐야 합니다. 1980년에 페리시 신부님, 데니스 신부님, 마태오 신부님, 세 분 신부님이 우리나라에 오셔서 서강대학교에서 4,000명을 대상으로 영성 강의를 하셨는데 성령 봉사회 대표 신부님이 나에게 통역을 하라 했습니다.

나는 국문학 교수인데 내가 영어 통역을 하다니요? 그래서 로마 그레고리안 대학교 교수님이신 페리시 신부님이 오시던 날 공항에 마중 나갔습니다. "지도신부님이 저에게 통역을 맡기셔서 내일부터 제가 통역을 해야 하는데, 신부님, 제가 말도 잘하지 못하지만, 신부님 말씀을 제가 알아들을 수 없을 거예요. 그런데 제가 안 하겠다고 지도신부님 말씀을 거절하면 불순종이 될 것이고, 더욱이 망신당할 것이 두려워 못한다고 하는 것은 죄스러운 교만이 될 것입니다. 그러니 신부님께서 마리아는 통역 못 하니 시키지 말라 하시면, 제가 교만한 죄와 불순종하는 죄를 짓지 않을 수 있겠습니다."라고 말씀드렸습니다. 그러자 신부님이 "그럼 시험해 볼게요." 하시고는 "마리아!"라 부르셔서 "네 신부님!"이라 대답했습니다. 다시 이어 "하느님을 사랑하세요?"라 물으시어 "네. 하느님을 사랑합니다."라고 대답하였습니다. 신부님은 "다 잘 알아듣는군요. 통역하세요. 내가 이렇게 천천히 또박또박 말해 줄 테니 겁내지 말고 통역하세요." 하셨습니다. 그래서 결국 나는 순종하여 통역하게 되었습니다.

그 다음 날, 신부님 스무 명이 서강대학교 강당에 앉아계시는데 기도해 달라고 제가 무릎을 꿇었습니다. 스무 명 사제단을 대표해서 김대군 신부님께서 내 머리에 손을 얹으시고 "두려워하지 말라. 내가 너와 함께 하리라."하셨습니다. 성경 말씀을 인용하며 우리에게 신앙을 북돋워 주는 것이 예언의 은사인데 "두려워하지 말라. 내가 너와 함께 하리라."라고 신부님이 하신 예언의 은사를 받고 나니까 갑자기 내 안에 평화가 오면서 "할 수 있을 거야. 주님께서 함께해주시니까."라는 확신이 왔습니다. 그것이 믿음의 은사입니다. 예언 말씀을 듣자 다리가 진정되고 흔들리던 마음도 진정되었습니다.

하루 일과가 끝난 후 페리시 신부님이 "이 말씀이 끝난 다음에는 무슨 말씀을 하시겠구나라고 알고 있는 것처럼 느꼈습니다. 통역 잘했습니다."라 말씀하셨습니다. 페리시 신부님이 전 세계 33개 국가를 돌아다니면서 피정 지도를 하셨고 이번에 한국에서 하는 것이 세 번째였는데, "앞의 두 번은 수녀와 신부가 통역했지만 20년 영성 신학을 미국에서 공부하고 온 신부가 통역했어도 내 감성이 제대로 전달되지 않아 아쉬웠는데 이번에 마리아가 내 감성을 담아 전달해 주었기 때문에 33개 국가 중에서 제일 행복한 피정이 되었다."라고 말씀하셨습니다. 나는 그때 "하느님이 주시는 은총인 지식의 은사, 믿음의 은사가 이런 것이구나."라고 절실하게 인지한 체험을 했습니다.

필립 스코트 신부님이 오셨을 때도 통역했습니다. 동성고등학교에서 사흘 동안 통역을 했는데 사람들은 그 신부님 때문이 아니라 내 통역이 너무도 간절하게 말씀을 전달하여 그들의 가슴 속 죄악의 바윗덩어리가 다 부서져 나간 것 같았다고 말했습니다. 루카복음 15장의 이야기에 대하여 죄지은 아들은 둘째 아들이고 큰아들은 죄가 없다고 생각하는 사람들도 있을 것 같습니다. 그러나 더 무거운 죄를 지은 것은 큰아들입니다. 아버지에게 대든 큰아들입니다. 그래서 우리들은 철저하게 회개해야 합니다. 철저하게 뿌리 뽑는 회개를 하여야 성령 안에 축복받은 새사람이 될 수 있습니다. 예전에 나는 20년 동안 시어머니와 사이가 안 좋으면서도 주일날은 늘 성체를 모셨는데 그 성체 모시는 순간만은 어머니를 미워하는 마음이 없었습니다. 그래서 나름대로 갖게 된 내 신앙의 순진한 생각은 "성체 모시는 순간에 인간은 잠깐 예수가 된다."라는 것입니다. 이것은 기적입니다. 성체 모시는 순간에는 우리가 아무도 미워하지 않게 된다는 것, 그것이 주님이 친히 베푸시는 기적의 은사입니다. 어느 어머니나 자식을 사랑하기 때문에 새벽 4시에 일어나 도시락 반찬을 맛있게 만들어 도시락을 싸서 가방에 넣어줍니다. 이것은 일반적 모정입니다. 그러나 우리 집에서 돈과 살림살이를 몽땅 훔쳐 간 도둑을 경찰이 잡아 와 "이거 여기서 훔쳐 간 것 맞지요?"라고 물었을 때, "아니요. 그것은 제가 어제 가져가라고 준 건데요."라고 말한다면 이는 하느님이 주신 사랑의 열매입니다. "내 가족을 해친 원수라 해도, 그 집단 체제가 그를 그렇게 만들어서 어쩔 수 없이 그리된 것"이라 이해하고 미워하지 않는 마음, 그것이 하느님 사랑입니다. "오늘 우리 아이가 최고점 받았다. 아 기쁘다." 이것은 성령의 열매가 아닙니다. 오늘 학교에서 시험에 실패하여 금년에 대학을 못 가게 되고, 그래서 아이가 좌절하고 있을 때, "우리 아이가 오늘 시험에는 떨어졌지만, 자동차 사고로 다친 것도 아니고 건강하며, 올해가 아닌 내년에 합격함으로써 자녀가 더 겸손한 인격자가 될 줄 압니다. 하느님, 하느님 사랑 안에서 저는 기쁨을 잃지 않겠습니다." 이것이 신앙의 기쁨입니다.

평화는 "저 사람이 나에게 잘했다고 칭찬해 주니까 평화스러워." 하는 것이 아니라 저 사람이 나를 못 한다고 또는 나쁜 인간이라고 험담을 해도 "주님! 제가 주님의 십자가에 동참하느라고 지금 저런 소리 듣고 있습니다."라 기도하며 인내하는 것입니다. 이것이 성령이 맺어 주시는 평화의 열매입니다. 좋은 일도 균형을 유지하고 절제할 줄 알아야 합니다. 강의를 하러 갔는데 "저희들 막차가 10시에 끊어지니 9시 30분까지만 해 주세요." 했는데도 시간을 끌어 11시까지 하면 그게 좋은 것입니까? 이것은 절제를 어기는 것입니다. 온유는 몹시 나쁜 짓을 한 사람조차도 진실한 마음으로 그를 포용할 수 있는 것, 그것이 온유의 열매입니다. '신령한 언어'는 제일 좋은 은사는 아니지만 모든 은사로 나아가는 입구입니다. 즉, 다른 은사를 향해 나가는 관문입니다. 따라서 신령한 언어로 기도하는 것을 무시해서는 안 됩니다. 우리에게는 인간의 능력과 생각을 능가하는 힘이 필요합니다. 우리에겐 성령의 지혜와 권능이 필요합니다. 인간의 능력을 능가하게 하는 성령 체험이 필요합니다.

이 세상의 모든 악 뒤에는 우리의 힘을 능가하는 악마의 지능과 악령들의 왕국이 있어서 악마의 기운이 나와 하느님 사이를 이간하고 있습니다. 오늘 밤에도 악마는 "네가 무슨 자격이 있어 성령을 받겠느냐?"고 유혹할 것입니다. 그래서 사도 바오로는 "우리가 대항하여 싸워야 할 원수들은 인간이 아니라 권세와 세력의 악신들과 암흑세계의 지배자들과 하늘의 악령입니다."(에페 6,12)라고 말했습니다. 그러나 그리스도는 이 악령을 물리치시고 끊임없이 우리에게 다가오십니다. 그리스도는 우리가 앓을 병을 대신 앓아 주셨고 우리가 받을 고통을 대신 겪어 주셨습니다. 이사야서 53장 5절에 "그를 찌른 것은 우리의 반역죄요, 그를 으스러뜨린 것은 우리의 악행이었다. 그 몸에 채찍을 맞음으로 우리를 성하게 해 주었고 그 몸에 상처를 입음으로 우리의 병을 고쳐주었구나." 했습니다. 바로 그분이 우리의 그리스도입니다.

우리가 배워야 하는 것은 성령이 우리에게 임하시어 우리를 어떻게 변화시켜주시는가 하는 것입니다. 말레이시아의 제임스 찬 주교님이 쓰신 "나는 어떻게 사제가 되고 주교가 됐는가?"라는 글이 『람부딴 나무에 열매가 익을 때』에 실려 있습니다. 또 그 책에는 전 세계 성령 지도자 10명의 신부님과 내가 공동 집필한 "우리는 어떻게 성령을 체험했는가?"라는 제목의 성령 체험담들이 실려 있습니다. "우리 아버지 하느님은 우리를 창조할 의무가 없으셨습니다. 지상의 사랑과 내세의 영생을 나누어 주고 싶으시어 하느님은 우리를 창조하셨습니다."라고 쓰신 주교님 글을 읽으며, 나는 하느님이 누구인가를 심오하게 깨달았고, 하느님이 나를 창조하지 않으셨으면 우리 자녀들도 이 세상에 없었겠다고 생각하니, 생명 받았음이 감사했습니다. 주교님의 그 글을 번역하면서 나는 여러 번 감동으로 울었습니다. 그 눈물은 성령을 받았다는 증표였습니다.

『그리스도 안에서』라는 책을 쓰신 라니에로 깐따라메사 추기경님도 "수난당하시는 예수님이 가엾어서 밤새 울어 본 다음부터 신부님이 참으로 그리스도의 사람이 되신 것을 알아듣고 체험적으로 느끼셨다."라고 말씀하셨습니다. 우리는 행복할 때만 살고 싶은 것이 아니라 너무 아파서 죽을 만큼 고통스러울 때도 본능적으로 살고 싶어 합니다. 내가 슬프고 괴롭고 억울한 일을 당해도 찬미하고 감사해야 하는 것은 내가 아직 살아있기 때문입니다. 그래서 내가 살아있음에 대하여 하루에 천 번씩이라도 하느님께 감사해야 합니다. 무엇이 성인聖人을 만듭니까? 삶입니다. 생명입니다. 오늘 성인이 되고 싶다고 원하고 또 하느님께 청하면, 성인이 됩니다. 그래서 우리는 살아있음을 시시각각으로 감사해야 합니다.

『람부딴 나무에 열매가 익을 때』의 맨 마지막 부분에 주교님께서 피정에 대해 이렇게 말씀하셨습니다. "피정을 통해 얻는 것은 하느님의 은총이 나이아가라 폭포처럼 쏟아지고 있다는 깨달음입니다. 어떤 사람은 큰 그릇을 들고, 또 어떤 사람은 작은 그릇을 들고, 주여 임하소서." 합니다. 그러나 회개와 용서가 없이는, 성당만한 그릇을 들고 있어도 쏟아지는 성령을 담지 못합니다. 나를 서운하게 했던 사람들을 성령의 힘으로 용서한 가슴만이 폭포처럼 쏟아지는 성령의 은총을 담을 수 있는 유일한 그릇입니다."

기도란 진정 무엇인지요. 생명의 하느님 안으로 스며드는 것 아니겠는지요. 그 안에서만 만날 수 있는, 모든 인류며 민족이며 또한 북한 동포들과 그리운 사람들을, 하느님 안에서 만나 손잡고 포옹하며 우리 개개인의 소망을 다 합쳐 하느님 뜻에 일치시키는 것 아니겠는지요. 나는 때때로 몇 분의 지극히 감동적인 기도를 기억하면서 그분들이 지닌 영성에 대하여 하느님을 찬미합니다.

아웅산에서 산화한 17인 외교사절단의 일주기 추도식 때, "열입곱 시체들이 한 줄로 이어 서서 이북과 이남을 잇는 다리가 되게 하소서." 하신 김옥균 바오로 주교님의 기도. "권세와 돈이 붙으면 사람이 타락하는지라 걱정했더니, 하느님께서 깨끗한 채로 남편의 영혼을 거두셨으니 감사한다."라고 했던 고故 함병춘 대통령 비서실장 미망인의 기도. "조국과 민족이 짊어질 죄벌을 남편이 대신 짊어지고 가셨으니 민족의 밝은 미래를 기도하며 하느님께 감사한다."라고 했던 고故 이범석 외무부 장관 미망인의 기도들은 오늘도 나를 감동으로 가슴 저리게 합니다.

기도는 예수님의 마음으로, 성부께 드리는 비이기적 탄원이요 서약입니다. 또한, 기도는 예수님을 잉태하신 성모님의 마음으로 성령 안에서 성부께 바치는 찬미입니다. "내 영혼이 주님을 찬미하오며 나를 구하시는 천주께 용약하나이다." 그러나 언어가 휘발된 사랑의 침묵 속에서 하느님 현존을 느끼며 그 안에 소멸되는 관상의 상태야말로 기도가 추구하는 마지막 모습일 것입니다.

악마로부터의 해방과 자유

성령 봉사회에서 내가 해 온 일 중의 하나는, 바티칸에서 인정한 세계적 학자 성직자들을 한 해에 한 분씩 초청해서, 그분들의 강론을 통역해 드리고 책을 번역하는 일이었습니다. 나는 그분들의 책을 번역하면서 깊이 감동받아 좋았지만, 아무도 그 책을 읽어주지 않는다면 번역한들 무슨 소용이 있겠습니까? 호세아서 4장 6절에 "나의 백성은 예지가 없어 망하리라. 네가 예지를 배척하니 나도 너를 배척하여 사제직을 수행하지 못하게 하리라. 네가 하느님의 가르침을 잊었으니 나도 너의 자녀들을 잊으리라."라는 말씀이 있습니다.

공부해야 할 것을 강조하신 필립 스코트 신부님의 이야기입니다. 그분은 17살까지 술과 마약과 여자들에 빠져 방탕한 생활을 하셨다고 했습니다. 그분의 책을 번역할 때, 내가 신부님께 '여자들' 부분을 그대로 번역하기가 민망하니 그 대목을 빼면 어떨까 하고 여쭈었더니 크게 역정을 내시며 성령이 하시는 일을 가로막지 말라 하셨습니다. 그렇게 술을 마시고 마약을 하고 여자와 놀고 문란하게 생활하던 사람이 성령을 받고 거룩한 사제가 되어 전 세계를 다니며, 가톨릭을 반박하는 개신교에 대하여 가톨릭 입장을 변호하는 호교론護教論 신학자가 되었는데, 성령을 찬미하는 일을 멋대로 삭제해서는 안 된다고 나를 꾸짖으셨습니다. 그럼에도 불구하고, 미국의 문화와 한국의 문화는 다르다는 점을 거듭 호소하여, 겨우 그 부분을 삭제하고 번역한 책이 바로 『가톨릭은 왜 좋은가』라는 책입니다.

신부님이 17세까지 술과 마약으로 방탕한 생활을 하다가 어느 날 어머니 권유로 예쁜 여자아이가 동석한 혼배 피정에 참여하여 강의를 듣는데, 강론의 많은 말씀이 "다 버리고 나를 따르라."라는 말씀으로만 거듭 들렸다고 했습니다. 그래서 주님을 따르고자 결심하고 시카고대학 신학과에 입학하였는데 또 성체조배 시간에 "루르드로 오너라."라는 말씀을 듣게 되었습니다. 그때까지도 개신교 신앙이 몸에 배어 있던 신부님이, 루르드의 성모 굴 앞에 섰을 때였습니다. 그 앞에 서서 신부님은 "나는 당신을 증오합니다."라고 말했다 합니다. 그러자 "창조되기 이전부터 지금까지 나는 너를 사랑했다. 너는 내 아들이다."라는 성모님 말씀이 들렸고 신부님은 그만 뒤로 넘어지셨다 합니다. 그 순간 신부님은 "성모

어머니가 치마폭으로 나를 안아주셨다."라는 강렬한 신비 체험을 하게 되어, 더욱 열심히 가톨릭 호교신학을 공부하셨다고 합니다. 『가톨릭은 왜 좋은가?』에서 신부님은 마리아 공경의 타당성, 그리스도의 현존, 그리고 성체가 바로 그리스도라는 사실을 성경적으로 논증함으로써 개신교 신자들에게 천주교의 정체성을 밝히고 있습니다. 우리 가톨릭 신자들도 이런 내용에 관하여 공부해서 개신교 신자들의 질문에 분명하게 답변할 수 있으면 좋겠습니다.

성령쇄신에서 중요한 것 중의 하나가 '악마의 유혹'으로부터 해방되어 자유로워지는 것입니다. 악마의 유혹은 천지간에 가득 차 있습니다. 강의하러 가기 전날에는 항상 악마의 방해로 밤새 잠을 잘 수가 없었습니다. 그래서 밤을 꼬박 새우고 지친 몸이 되어 성령께 의지해서 "악마를 이기게 해 주세요."라고 끊임없이 기도하면, 어느새 새 힘을 얻어 강의를 무사히 마칠 수 있게 됨을 여러 번 체험하였습니다. 성령이 악마로부터 나를 해방시켜 주신 것입니다. 그때마다 성령의 임하심을 체험하였습니다.

예전에 본 영화에서 인상에 깊이 남는 장면이 있습니다. 악마가 예수님의 공생활을 방해하기 위해 온갖 방법으로 공격합니다. 마지막에는 예수님 둘레에 불을 놓아 그 불길이 점점 예수님을 향해 조여들게 합니다. 예수님은 괴로워하면서도 오로지 "아버지, 자비를 베푸소서."라고 기도하면서 끝까지 악마를 끌어안고 씨름합니다. 결국, 마귀는 "더 이상 너를 괴롭힐 수가 없구나." 하며 죽지만, 예수님 품에 안겨 죽은 악마는 온유한 노인의 모습이 되어 있었습니다. 나는 영화 속에서 그 장면을 보며, 아무리 악마 같은 사람이라도 그가 구원받을 때까지 하느님의 자비를 계속 청해야 함을 깨달았습니다.

나는 피정 강의 초대를 받을 때 피정에 임하는 자세와 피정의 의미, 피정의 목적에 대해 먼저 강조합니다. 피정은 영어로 'retreat'입니다. 'retreat from'은 "무엇인가로부터 손 떼고 그만둔다."라는 말입니다. 그러면 무엇으로부터 손을 떼고 그만두는지요. 우리들의 성화를 방해하는 사탄과 세속에 대한 집착과 육신의 욕망, 이 세 가지를 우리는 세 가지 원수인 삼구三仇라 하는데, 피정이란 이 삼구에서 손을 떼고 이들을 멀리하기 위하여 갖는 것입니다. 그래서 악마로부터 벗어나는 것, 세속적인 욕망으로부터 손을 떼는 것, 육체의 쾌락에 탐닉하는 태도에서 벗어나 하느님께로 마음을 돌리는 것, 하느님께로 마음을 향하는 것입니다. 작은형제회 고계영 신부님은 이 내용을 통합하여 '카로에서 벗어남'으로 말씀하십니다. 카로에서 벗어남이 피정의 목적입니다. 이렇게 세 가지 원수로부터 벗어나서 성화 되어 완덕의 삶을 결심하고자 피정을 받습니다.

「주님의 기도」를 묵상합니다. "하늘에 계신 우리 아버지, 아버지의 이름이 거룩히 빛나시며 아버지의 나라가 오시며 아버지의 뜻이 하늘에서와 같이 땅에서도 이루어지소서! 오늘 저희에게 일용할 양식을 주시고 저희에게 잘못한 이를 저희가 용서하오니 저희 죄를 용서하시고 저희를 유혹에 빠지지 않게 하시고 악에서 구하소서. 아멘." 「주님의 기도」에서 우리는 하느님께 일용할 양식과 우리 죄에 대한 용서를 청합니다. 그런데 하느님이 우리에게 많은 것을 주시면서 인간에게 요구하시는 것이 「주님의 기도」 속에는 꼭 한 가지입니다. "우리에게 잘못한 이를 우리가 용서하는 것"입니다. 주님이 우리에게 약속하시는 모든 축복을 받을 수 있는 단 한 가지 조건이 있다면, 인간이 하느님에게 바쳐야 할 의무가 한 가지 있다면, 그것은 "우리에게 잘못한 사람을 우리가 용서하는 것"이라고 「주님의 기도」는 일깨워 줍니다. 그 한 가지 조건을 완수함으로써 우리는 성령으로 충만해지고 하느님이 약속하신 모든 축복을 다 받을 수 있게 됩니다.

그런데 우리가 남을 용서한다는 이 기막힌 일을 하기 위해서는 삼구로부터 벗어나야 가능합니다. 남을 용서한다는 것은 가장 아름다운 성화의 모습이요 성인의 자세인데, 이는 동시에 가장 어려운 소임이기도 하기 때문입니다. 이 어려운 일을 해내기 위해서는 삼구를 물리쳐야 합니다. 삼구로부터 벗어났을 때만 우리는 사람을 용서하게 됩니다. 그래서 「주님의 기도」는 그 마지막 구절이 이렇게 끝을 맺습니다. "우리를 유혹에 빠지지 않게 하시고 악에서 구하소서. 아멘." 여기서 유혹이란 무엇이겠습니까? "나를 미워하는 시어머니를 용서할 수 없다, 용서하고 싶지 않다, 용서하지 말자."라고 속삭이는 유혹입니다. "며느리가 참 괘씸하다, 용서하고 싶지 않다, 용서하지 말자."라고 억누르는 악마의 유혹입니다. 이렇게 악마가 우리로 하여금 사람을 용서하는 아름다운 성덕을 닦지 못하도록 우리를 유혹하기 때문에 우리가 용서할 수 없게 됩니다. "우리를 유혹에 빠지지 않게 하시고 악에서 구하소서."라는 기도처럼, 유혹을 물리치고 악에서 벗어나면 용서하고 이해하는 일이 의외로 쉬워집니다.

우리는 구원 받고자 합니다. 한국말로는 '구원'이라고 표현하는 개념의 말은 영어로 말하면 세 가지 개념과 용어를 포괄합니다. 첫째, 「주님의 기도」의 마지막 구절 "악에서 구하소서.(Deliver us from evil one)"에서 나오는 'deliver'의 명사형 'deliverance'의 개념입니다. '해방되어 자유롭게 되는 '구원'을 의미합니다. 악마로부터의 해방과 자유를 의미하는 구원입니다. 둘째, 영어의

'redemption'이라는 단어는 예수님이 피 흘리시고 돌아가시어, 악마의 종살이를 하던 인간을, 악마와 악마가 주는 고통으로부터 '구출'하시고 '속량贖良'하신다는 뜻입니다. 대신 빚 갚아 주고 노예 신분에서 구출해 주어 살리신다는 뜻으로서, 예수님이 피와 생명을 몸값으로 대신 지불하시고 악마의 손에서 인간을 돌려받으셨다는 의미에서의 구출이고 속량입니다. 돈 주고 산 것이 아니라 예수가 피와 땀과 생명을 주고 인간 목숨을 구출하시어 인간을 자유로운 사람이 되도록 구해주신 것이므로, 이는 예수님의 대속代贖을 통한 구원입니다. 그런데 이러한 '해방(deliverance)'과 그리스도의 '대속(redemption)'은 애초에 우리가 하느님 성부의 창조로 인한 은총을 받지 못하였다면 우리와는 무관한 것이기 때문에 이들에 우선하여, 그리고 그 마지막에, 총체적 개념으로서의 구원을 의미하는 단어 'salvation'이 있습니다. 결국, 성부에 의해 창조된 인간이 하느님 뜻을 벗어나 잘못을 저질렀으나, 예수 그리스도의 대속을 통하여 하느님 아버지에게 다가가고, 성령의 힘으로 악마로부터 해방되어 하느님 아버지와 마침내 하나가 되어 총체적 구원을 받게 되는 것입니다. 성부 성자 성령에 의한 총체적 '구원(salvation)'이 완성됩니다.

    예수님도 하느님 성부로부터 성령을 받으신 후 공생활 3년을 시작하시기 전에, 광야에 가시어 단식기도를 하시며 공생활을 준비하셨습니다. 공생활을 준비하시는 40일의 피정 기간 얼마나 많이 악마의 유혹을 받으셨는지요. 단식하시는 예수님 앞에 악마가 나타났습니다. 마태오 복음서 4장 1절에서 11절을 보면, 첫 번째로 "당신이 하느님의 아들이라면 이 돌더러 빵이 되라고 해보시오." 하고 악마가 예수님을 유혹합니다. 이것은 악마가 육체의 욕구라는 인간의 약점을 이용하여 예수님을 유혹하는 장면입니다. 예수님은 "성경에 '사람이 빵으로만 사는 것이 아니라 하느님의 입에서 나오는 모든 말씀으로 살리라.' 하지 않았느냐?"고 대답하십니다. 두 번째는 성전 꼭대기로 예수님을 데려가 "하느님의 아들이거든 밑으로 뛰어내려 보시오. 성경에, '하느님이 천사들을 시켜 너를 시중들게 하시리니 그들이 손으로 너를 받들어 너의 발이 돌에 부딪히지 않게 하시리라.' 하지 않았소?" 하고 말합니다. 예수님은 "성경에 이렇게 기록되어 있다. 주님이신 너의 하느님을 시험하지 마라."고 대답하십니다. 세 번째로 악마는 아주 높은 산으로 예수님을 데려가 세상의 모든 화려한 것들을 보여주며 "당신이 내 앞에 절하면 이 모든 것을 당신에게 주겠소." 하고 유혹합니다. 그러자 예수님은 "사탄아 물러가라. 성경에 기록되어 있다. 주님이신 너희 하느님을 경배하고 그분만을 섬겨라." 하시며 단호하게 유혹을 물리치십니다. 그러므로 우리도 예수님의 행적을 본받아 예수님을 닮아 거룩한 인생을 살고자 한다면, 그 무엇보다도 우선하여 익혀두어야 할 말은 "사탄아 물러가라." 입니다. 항상 시시각각으로 "사탄아 물러가라." 하는 것이 우리가 취할 수 있는 방어 자세입니다.

이렇게 우리가 악마를 물리치고 악마로부터 해방될 때 아주 조금씩 우리는 성스럽고 착한 일을 주님 안에서 주님 성령의 도우심을 받아 실천해 나갈 수 있게 됩니다. 어떤 고난과 어려움 속에서도 창조된 생명에 대하여 주님께 찬미와 감사를 드리고, 예수님의 대속을 통해 우리가 하느님 자녀가 된 것을 알고 믿으며, 성령의 도우심으로 악마의 유혹으로부터 해방되어 하느님 아버지와의 하나 됨을 완성하게 됩니다. 이 세 가지 단계에 대하여 숙지하고 감사하며 구원을 체험함이 피정의 목적입니다.

나는 왜 죽음을 공부하게 되었는가?

하느님의 은혜로, 오래전에, 말레이시아 대학에서 한국학을 가르치는 교수가 되어, 나는 자식들 넷을 데리고 그리로 갔습니다. 나는 6·25 한국전쟁 이후 가난해진 친정어머니께 집 한 칸 장만해 드리고 어머니 함자衡字의 문패를 달아드리고 싶은 마음으로 열심히 저축했습니다. 그러나 정작 5년 만에 집 살 돈을 마련하여 귀국했을 때, 공항에 마중 나온 배우자가 나를 데리고 간 곳은, 강화도 방면 백석이라는 곳에 「하늘의 문」이라고 안내판이 걸려있는 천주교회 공동묘지였습니다.

그때의 아픔은 6·25 때의 상처만큼 컸습니다. 그 후 나는 신경쇠약 증상에 이를 만큼 슬퍼하고 일어나지 못해 의사와 상담했는데, 의사 선생님 말씀이 인간의 신경쇠약은 그 원인을 두 가지로 생각해 볼 수 있다 했습니다. 첫째는 죽음의 공포이고 둘째는 사별의 애통인데, 나는 죽음의 공포와 어머니에게 불효했다는 죄책감으로 인해 애통이 골수에 박혀 있는 상태여서 위중하다 했습니다. 나는 오랫동안 슬퍼하고 괴로워하다가, 이 아픔과 고통이 나에게 주는 신앙적 의미가 무언가에 대하여 기도하기 시작했습니다. 6·25 때 미망인이 된 사람이 남한에 150만 명이고, 전사한 군인이 200만 명, 부모를 잃은 고아가 500만 명인데, "내 서러운 사별의 애통은 어쩌면 이 나라 수백만의 형제자매들을 죽음의 공포와 사별의 애통에서 벗어나도록 위로하고 격려할 수 있는 일꾼이 되라고 하느님이 나에게 주시는 섭리적 고통이 아니겠는가!"

그렇게 깨달으면서 어떻게 하면 인간이 죽음의 공포와 사별의 애통을 극복할 것인가에 대해 공부하기 시작했습니다. 죽음에 관한 서적을 읽고 박사 논문을 쓰면서 조금씩 나 자신이 심화시켜 온 사별의 애통을 극복해 낼 수 있었습니다. 그때 내가 읽고 공부한 책 중에 가장 감명 깊게 다가온 책이 『죽는이와 남는이를 위하여』와 『죽음과 임종에 관한 의문과 해답』이라는 책이었습니다.

『죽음과 임종에 관한 의문과 해답』의 저자인 의사 퀴블러 로스에 의하면, 인간은 가령 암과 같은 불치병의 진단을 받으면, 그 후에 다섯 단계를 거쳐서 죽음에 이르게 된다고 합니다. (1) 거부의 단계, (2) 분노의 단계, (3) 타협의 단계, (4) 절망의 단계, (5) 평화스러운 수락의 단계인데, 인간은 누구나 이 다섯 단계를 거쳐서 죽음에 이르기 때문에 미리 알고 준비하는 자세가 필요하다고 저자는 권면하고 있습니다.

'거부의 단계'는 가령 암과 같은 불치병의 진단을 받았을 때, "오진일 거야." 또는 "나는 아무 병도 없어." 하면서 초진의 결과와는 다른 진단을 해 줄 다른 의사나 전문가를 쇼핑하러 찾아다니며, 재산을 탕진하고, 자신이 불치병에 걸렸다는 사실 자체를 부정하는 단계입니다. '분노의 단계'는 가령 의사나 간호사가 주사와 약을 줄 때, "어차피 죽을병인데 이런 것이 다 무슨 소용이냐?"며 화를 내는 등, 자신과 자신의 처지와 주변 사람들 모두에게 분노하는 단계입니다. '타협의 단계'는 가령 "6개월만 더 살게 해 달라, 자식이 결혼하는 것까지만 보고 죽게 해주면 내 재산을 교회에 바치겠다."라는 식으로 목숨의 연장을 담보로 의사나 하느님과 타협 하는 단계입니다. '절망의 단계'는 이미 모든 것이 어렵다는 것을 깨닫고 절망하고 포기하는 단계입니다. '수락의 단계'는 죽음을 있는 그대로 평화스럽게 받아들이는 단계입니다.

퀴블러 로스가 이야기한 죽음에 이르는 다섯 단계를 나는 예수님이 당하신 수난과 죽음에 대비시켜 묵상해 봅니다. 예수님조차도 돌아가시기 직전에 "아버지, 하실 수만 있으시면 이 잔이 저를 비켜 가게 해 주십시오."(마태 26,39) 라고 기도하셨습니다. "저의 하느님, 저의 하느님 어찌하여 저를 버리셨습니까? 소리쳐 부르건만 구원은 멀리 있습니다."(시편 22,2)는 죽음을 거부하는 심정의 단계입니다. "그러나 저는 인간이 아닌 구더기 사람들의 우셋거리, 백성의 조롱거리, 저를 보는 자마다 저를 비웃고 입술을 비쭉거리며 머리를 흔들어 댑니다."(시편 22,7)는 분노하는 심정의 단계입니다. "저는 모태에서부터 당신께 맡겨졌고 제 어머니 배 속에서부터 당신은 저의 하느님이십니다. 제게서 멀리 계시지 마소서. 환난이 다가오는데 도와줄 이 없습니다."(시편 22,11)는 타협의 단계입니다. "저의 힘은 옹기 조각처럼 마르고 저의 혀는 입속에 들러붙었습니다. 당신께서 저를 죽음의 흙에 앉히셨습니다."(시편 22,16)는 절망하는 심정의 단계입니다.

대 테레사 성녀는 "하느님 아버지 보고 싶어 죽고 싶어 못 살겠습니다. 오늘은 데려가소서."라고 기도하였는데, 이는 수락의 자세를 보여주는 전형적 예가 되겠습니다. 죽을 때 자신의 죽음에서 세상 사람들이 교훈적 가치를 찾아내어 "죽음은 무서운 일이 아니고 신비롭고 아름다운 것이구나." 하고 느끼며 감동할 수 있다면, 그 죽음은 얼마나 아름다운지요. 나는 감동적인 임종을 보여주신 윤형중 마태오 신부님을 늘 생각합니다. 사제관으로 찾아갔을 때 신부님은 그 컴컴한 구석방에서 너무도 늙고 병든 모습으로 누워 계셨습니다. 나는 돌아오면서 신부님의 육성을 녹음해야겠다고 생각하며 녹음기를 하나 샀습니다. 그러나 다시 찾아가 만나기로 약속되어 있는 날 새벽에 신부님은 돌아가셨습니다. 인간의 일이란, 특히 죽음이란 마음대로 되는 것이 아닙니다. 신부님은 온몸에 암이 퍼졌지만, 신체 중에서 온전한 심장과 눈은 기증하고 땅에 묻히셨습니다. 심한 교통사고를 당하신 수사 신부님이 입원해 계셨던 파티마 병원에 8주 동안 직원 연수 강의를 갔던 때였습니다. 나는 신부님이 대수술하고 사흘간 깨어나지 못하시다가 내가 병실에서 기도하고 있을 때 눈을 뜨시던 장면을 지금도 기억합니다. 눈을 뜨시면서 침대 모서리를 짚고 있던 나를 보시며 "이 마리아 교수님 아니세요?" 하셨습니다. 그분이 신학생이던 시절에 신학교에 가서 특강을 한 일이 있어 나를 한두 번 보았을 뿐이었는데, 나를 기억하고 알아보신 것입니다.

죽음 가까이에서 다시 깨어났을 때 인간은 놀랍도록 영적으로 된다는 것을 체험했습니다. 그분의 말씀이 "지금 예수님을 만났는데 '내가 너에게 라자로의 영광을 베풀어 주리라.' 하셔서 그 순간 눈을 번쩍 떴습니다."라고 말씀하셨습니다. 주말에 그 병원에 가서 8주간 강의하며, 신부님의 회복과정을 매주 주말에 지켜보았는데 신부님은 모두가 볼 수 있는 큰 유리관으로 둘러싸인 병실에서 지내시며 조금도 아픔을 표현하지 않으시고 오로지 미소로만 일관하셨습니다. "신부의 책임이 그런 거"라며 성인다운 모습을 보이셨고, 그런 신부님의 모습에 하느님이 응답하시어 신부님은 살아나셨고, 완쾌되셨고, 오랫동안 사목을 더 하셨습니다.

안동교구 이정모 요셉 신부님 이야기입니다. 암 판정을 받고 성모병원에 입원해 계셨습니다. 나는 수업이 끝나면 백 일 동안 하루도 거르지 않고 병원을 찾아가 울며 기도했습니다. 그런데 그 신부님이 "교수님은 죽음에 관하여 강론하실 때 '죽음은 끝이 아니라 하느님 계시는 방으로 들어서는 것'이라 하셨잖아요? 그런데 제가 하느님께 가는데 왜 그렇게 서럽게 우십니까?" 하셨습니다. 나는 『하느님을 체험한 성경의 여인들』에서 이 이야기를 썼습니다. 불쌍한 과부의 아들을 살려주신 하느님께서 왜 42세 젊은 신부님은 살려주지 않으시는가? 하느님이 그 신부님께는 왜 은총을 베풀지 않으시는가? 나는 의문을 가졌습니다. 거룩한 사제의 죽음은 세상에 다시 살아나는 것보다 더 기막힌 영광이고 은총이어서인가? 위암을 앓으시는 신부님은 잠시라도 통증이 멎으면 목련 송이처럼 환하게 웃으면서 즐겁던 신학생 시절의 추억을 되새기며 주님의 은혜를 찬미하였고, 아픔도 주님을 닮아가는 과정이라며 받아들이셨습니다. 나는 그때마다 "신부님은 건강한 사제들의 미사 집전이나 강론 그 이상으로 아버지 성부께 인류를 위하여 병고를 봉헌해 드리고 계신다."라고 말하며, 신부님을 위로해 드리려 했습니다. 그러나 신부님은 아름다운 미소를 머금고, 하느님과 함께 영생을 누리기 위하여 세상 떠나기를 갈망하고 있으며 또 더 이상 철저히 준비할 수 없을 만큼 최선으로 임종 준비를 하는 중이니 염려하지 말라고 오히려 건강한 나를 위로하셨습니다. 신부님이 손에 들고 계시던 십자가를 나에게 주시고 임종하셨습니다. 지금도 내 기도실 그리스도 앞에 그 십자가를 놓고, 밤낮으로 이렇게 기도합니다. "이정모 요셉 신부님. 작은 예수님. 이승의 우리 모두를 위하여 기도해 주세요."

젊은 사제의 죽음은 우리를 슬프게 합니다. 그러나 나는 하느님과 함께 계신 신부님께 축하의 악수를 청합니다. 천당에 계신 신부님은 더 이상 아픔이 없고 더 이상 죽음이 없는 영원한 삶과 치유의 은총을 하느님 성부와 함께 누리고 계시니까요. 오직 신앙에 의해서만 죽음은 생명이고 치유입니다. 신앙이 아니라면 죽음은 아픔이고 사별의 애통은 죽음보다 더 슬픈 고통이지만, 신앙으로 말미암아 죽음은 완전한 치유가 되고 하느님 성부가 우리에게 주는 최상의 은총일 수 있다는 점을 나는 깨달았습니다.

마리아라는 자매님 이야기입니다. 그분은 내가 시어머니와 갈등하고 회개하지 못하던 시절에 나에게 회개하라고 늘 이야기했었는데, 결국 내가 회개하고 은총을 받아 영육의 질병을 치유 받던 때, 그 자매님은 암에 걸려 돌아가시었습니다. 그분의 남편 되시는 분은 성경 공부를 많이 하신 분입니다. 그분은 아내의 병세에 따라 위로의 성경 말씀을 찾아 방 벽에 성경 구절을 적어 붙여 놓았습니다. 처음에는 이사야서 53장 5절의 말씀을 적었습니다. "그가 찔린 것은 우리의 악행 때문이고 그가 으스러진 것은 우리의 죄악 때문이다. 우리의 평화를 위하여 그가 징벌을 받았고 그의 상처로 우리는 나왔다." 그다음 주에 갔더니 로마서 8장 18절의 말씀이 걸려있었습니다. "장차 우리에게 계시될 영광에 견주면, 지금 이 시대에 우리가 겪는 고난은 아무것도 아니라고 생각합니다." 그 구절을 보면서 신앙인은 지금이 아무리 고통스러워도 죽음 저편의 영광을 생각하면서 그리스도와 같은 자세로 인류의 구원을 위해 기쁘게 구속적 가치救贖的價値의 고통으로 모든 고통을 하느님 성부께 봉헌해야겠다는 것을 다시금 되새겼습니다. 세 번째 찾아갔을 때는 로마서 8장 35절부터 39절의 말씀이 적혀 있었습니다. "무엇이 우리를 그리스도의 사랑에서 갈라놓을 수 있겠습니까? 환난입니까? 역경입니까? 박해입니까? 굶주림입니까? 헐벗음입니까? 위험입니까? 칼입니까? 나는 확신합니다. 죽음도, 삶도, 천사도, 권세도, 현재의 것도, 미래의 것도, 권능도, 저 높은 곳도, 저 깊은 곳도, 그 밖의 어떠한 피조물도 우리 주 그리스도 예수님에게서 드러난 하느님의 사랑에서 우리를 떼어 놓을 수 없습니다." 마지막으로 임종하시는 날 갔는데 잔칫집처럼 온 집안을 꾸며 놓고 머리맡에 묵시록 21장 4절의 말씀이 적혀 있었습니다. "그들의 눈에서 모든 눈물을 닦아 주실 것이다. 다시는 죽음이 없고 다시는 슬픔도 울부짖음도 괴로움도 없을 것이다. 이전 것들이 사라져 버렸기 때문이다." 나도 이와 같은 자세로 죽음을 준비합니다.

사랑하는 사람이 눈을 감았을 때 내가 가져야 할 애도의 자세를 배웠습니다. 나는 어머니를 잃고 22시간을 내처 울었는데 그것이 얼마나 잘못된 애도의 방식인지, 또 하느님께 얼마나 불공한 짓이었는지를 오랜 세월이 흘러서야 깨달았습니다. 죽음이 오늘은 나에게, 내일은 너에게 온다 했습니다. 그러기에 60이 넘은 어머니가 돌아가셨다고 매일 슬퍼하면서 우는 것은, 마치 옆집에 23세 새댁에게 가서 "네가 먼저 죽지 왜 우리 어머니가 먼저 죽었니?"라고 화내는 것과 같은 행위입니다. 나는 어머니가 돌아가시자 그 슬픔과 불효에 대한 죄책감 때문에 죽음 공부를 더 열심히 하게 되었고 내가 교회에서 강의 봉사하는 일을 하게 된 이후부터는 "하느님 아버지! 감사합니다. 어머니의 죽음조차도 내 성장을 위해 하느님이 섭리하신 것입니다." 이렇게 찬미하며 감사했습니다. 진정한 애도가 되기 위해서는 죽은 사람 때문에 슬퍼하고 앉아 있는 것이 아니라 죽은 사람의 이름으로 열심히 봉사해야 하는 것입니다. 내가 자주 6·25 때 만났던 신학생 이야기를 하는 것은 그가 죽은 것이 아니라 지금 이 자리에 나와 더불어 손잡고 함께 강의함으로써, 그가 재생 부활하는 것이라 내가 믿고 살기 때문입니다.

예수님의 눈물

워싱턴 링컨기념관 앞쪽에는 70년 전의 한국 전쟁터가 재현되어 있는데 그곳에 이런 글귀가 쓰여 있습니다. "우리가 안 적도, 본 적도, 만난 적도 없는 한 나라와 백성을 위하여 싸우다 죽은 우리의 딸과 아들들에게 이 자리를 바칩니다." 그리고 그 옆에 쓰여 있는 짧은 한마디가 나를 감동하게 하였습니다. "Freedom is not free!(자유는 공짜로 얻는 것이 아니다.)" 많은 한국 관광객이 링컨기념관에만 들어가고 그 글은 지나치는 것을 보았습니다. 하느님을 사랑하고 따른다는 것은 아주 미세한 데에서도 그분이 하시려는 말씀을 놓치지 않고 들으려고 애쓰는 것입니다.

위의 두 글귀는 "대한민국의 국민이 적화되지 않고 민주시민으로 살아남을 수 있었던 것은 미국의 사랑하는 50만 아들딸들이 피 흘리고 희생되었기 때문이다."라며, 한국전쟁에서 싸우다 전사한 미국인 한국전쟁 참여자들의 위대함을 표명하는 것입니다. 나는 이 뜻을 나의 신앙과 결부시켜 생각해 보았습니다. "하느님! 제가 어떻게 하느님의 일꾼이 되어 일하게 되었습니까?" 이렇게 여쭈면, 주님은 "내가 너 대신 매 맞고 십자가에 못 박혀 피 흘리고 죽었기 때문이다."라고 말씀하실 것 같았습니다.

하느님의 인류 구원 개념을 나는 세 가지로 나누어 생각해 봅니다. 첫째, 성부 하느님께서 우리를 창조하셨다는 것입니다. 우리가 창조되었다는 사실에 감사할 때 우리는 구원받습니다. 슬픔과 고통 속에서도 주님을 찬미해야 하는 것은 우리가 창조되었기 때문입니다. 둘째, 예수님의 구속救贖입니다. 예수님이 우리를 위하여 십자가에 못 박혀 돌아가심으로써 우리를 속량하셨습니다. 우리는 예수님의 구속을 통하여 구원받았으므로, 예수님을 본받아 그리스도의 구속적 가치를 실현하는 삶을 살아야 합니다. 그러한 삶은 사랑하는 삶이고, 사랑하는 삶은 나눔의 삶입니다. 따라서 나눔의 삶은 궁극적으로 그리스도의 구속적 가치를 실현하는 삶입니다. 셋째, 하느님은 성령께서 우리를 악마로부터 해방시켜 우리를 구원하셨습니다. 우리는 성령을 체험하면서 악을 물리치고 주님의 뜻에 부합하는 삶을 살 수 있게 됩니다. 성령이 주시는 은총입니다. 이 세 가지가 삼위일체 하느님께서 우리에게 베푸신 구원의 총체적 개념입니다.

오래전에 토론토로 강의하러 갔었습니다. 그곳 신부님과 사목회장님의 안내로 나이아가라 폭포를 구경하였습니다. 나이아가라의 폭포 물이 떨어지는데 그 물이 부서지고 깨지고 떨어져 마치 안개 같은 수포가 되어 하늘 꼭대기로 올라가는 것을 보았습니다.

안개 수포가 하늘을 덮고 거기에 하느님의 빛살이 은총이 되어 거대한 무지개가 형성되었습니다. 나는 그 찬란한 무지개를 보며 생각했습니다. 무지개 같은 사람! 깨지고 부서지고 또 부서짐으로써 자유롭게 해방되어 비로소 주위에 하느님 은총을 비출 수 있게 된 무지개 같은 사람이 되어야 한다고. 그렇게 되면 그 무지개 같은 사람들을 보며 세상 사람들도 하느님을 만나게 되는 것이라고.

예수님을 사랑하고 믿는 우리들 한 명 한 명이 예수님의 향기를 뿜어야 합니다. 하느님을 직접 만날 곳은 죽어서 가는 천당일 테지만, 인간을 통해서 예수님 향기를 맡을 때 우리는 이 지상에서도 천국을 체험합니다. 아래로 내려가 보니 여울목 길이 좁아 강한 물살이 형성되었는데, 그 물길이 내려오다가 옆으로 구부러지면서 한쪽에 웅덩이를 하나 만들었습니다. 그러니까 강물이 내려오다가 장애를 만나니 직진하여 흐르지 못하고 거기서 한 바퀴 도는 거지요. 한 바퀴 회진한 물이 소용돌이를 뚫고 원래 가려던 길로 갈 수 있겠는지요? "인간이 악마의 유혹에 빠져 저 가공할 소용돌이 속으로 한번 빠지면 거기서 빠져나와 하느님 구원의 길로 들어서기가 참으로 힘들겠구나."라고 생각하였습니다. 신앙생활을 하면서 우리가 악마의 유혹에 빠져 소용돌이 속으로 한번 휩쓸리면 거기서 빠져나오기란 몹시 어렵습니다. 교만, 인색, 허영, 분노, 폭력, 질투, 게으름이라는 일곱 가지 소용돌이에서 헤매게 됩니다. 인간이 한번 세속에 물들면 영성적으로 하느님을 향하는 가슴이 무뎌지다가 무너집니다. 영적靈的이 못 되고 육적肉的인 상태에서 그냥 육肉이 원하는 대로 하고 싶어집니다. 우리가 가정을 지키기 위해서 돈을 벌어야 하지만 돈의 노예가 되어서는 안 되는 이치와 같습니다. 돈이 아무리 많아도 돈에 초탈할 수 있다면, 청빈한 사람입니다.

우리는 왜 주님께 감사드립니까? 우리의 감사는 우리가 죽어서 천당에 갈 것이므로 감사하다는 것에 그치지 않고 우리가 주님의 일꾼이 되어 세상 사람들에게 복음을 전하며 어떤 모습으로건 평신도 사도직을 이행할 수 있게 해 주시어서 더욱 감사하게 되어야 합니다. 회개하고 성령이 충만해져야만 능력 있는 평신도 사도가 될 수 있으므로, 만약 우리가 성령 안에서 새로 태어난 일꾼, 능력 있는 복음 전파자가 아직 못 되었다고 생각한다면, 우선 회개하고 하느님 성령으로 충만해져 새로 태어나야 합니다. 우리가 회개하면, 하느님 성령이 우리 안에 오셔서 집안이 평안해지고 아무리 고통스러운 일이 그대로 남아 있어도 그리스도의 수난을 묵상하며 극복하고 그리스도의 마음 안에 우리가 살며, 향주삼덕과 복음삼덕을 증진시키어 그리스도를 닮아갑니다. 예수님은 "나의 아버지 하느님, 내 몸을 십자가에 못 박고 있는 이 들은 자신들이 무슨 짓을 하는지 모르고 하고 있으니 아버지, 이들이 벌 받지 않게 하시고 내가 이 죄를 혼자 받게 하소서."라고 말씀하셨습니다. 예수님은 요한복음 17장 9-11절에서 이렇게 기도하십니다. "이 사람들을 통하여 제가 영광스럽게 되었습니다. 저는 더 이상 세상에 있지 않지만 이들은 세상에 있습니다. 저는 아버지께 갑니다. 거룩하신 아버지, 아버지께서 저에게 주신 이름으로 이들을 지키시어, 이들도 우리처럼 하나가 되게 해 주십시오." 이것이 예수님 마음이기 때문에 우리가 죽어 천당을 가게 되었다고 믿는 소아적, 소극적 신앙에 빠져 있다면, 온전한 그리스도인이 아닙니다. 크리스천 사상은 "이 세상에 배고픈 사람이 한 명만 남아 있어도 나는 죄인이고 우리 신부님, 우리 추기경님, 우리 교황님도 죄인입니다. 아버지, 우리를 용서해 주십시오. 아버지, 헐벗은 사람이 세상에 하나만 남아 있어도 우리가 죄인입니다. 그리스도교 신자가 아닌 사람이 세상에 한 명이라도 남아 있으면 우리가 죄인입니다. 용서해 주십시오." 입니다.

예수님은 하느님이시고 하느님 아들이시고 성부와 성자 사이에 흐르는 하느님의 사랑입니다. 그러나 나는 예수가 하느님 아들이 아니라 그냥 서른세 살에 사망한 사람 한 명이라 하더라도 그렇게 거룩하게 죽은 사람이라면, 사랑하지 않을 수 없습니다. 학생들이 정의를 외치며 시위를 합니다. 주변에서 보던 사람들은 처음에는 별반 동요되지 않습니다. 그런데 시위하던 한 학생이 경찰에 의해 잡혀가는데 그 학생이 구타당하고 옷이 찢기고 구두가 벗겨지고 쓰러지면, 그 순간에 수천 명이 벌떼처럼 일어납니다. 정의를 부르짖다 구타당하고 옷이 찢겨 쓰러진 학생. 그 학생이 갑자기 주변인들에게 충격을 주면서 "내가 감옥에 들어가도 좋으니 저 학생을 구해주어야겠다."라는 각오를 불러일으킵니다. 학생은 영웅이 되고 수천 명 사람은 그를 따릅니다. 하물며 한 남자가 십자가에 못 박혀 죽으면서 인류를 위하여 스스로를 희생하는데, 그 사람을 영웅으로 생각하며 사랑하지 않을 수는 없겠습니다. 그래서 나는 예수님이 하느님 아들이어서만이 아니라 인류를 위해서 그리도 비참하게 돌아가신 그 일로 인해, 이미 예수님에게 내 영혼을 바친 생명입니다. 이 세상에서 이웃을 위하여 인류를 위하여 제일 많이 고통을 당하신 분이니까요.

성경에 "형제 두 사람이 모여서 주님을 찬미하는 곳이 이미 교회다." 하였듯이, 두세 사람이 모여서 "우리 예수님이 말씀하시기를…." 하고 얘기하는 순간, 그 자리에 그리스도가 재림하시고 부활하십니다. 그렇게 이 세상이 하느님 나라가 되는 날이 와야지요. 그것이 "하느님 나라의 완성"입니다. 우리만 천주교회 신자이고, 국민 대부분은 여전히 비신자인데, 대통령, 장관, 국회의원들이 모두 천주교회 신자라면 우리나라 정치가 어떻게 잘못될 수 있겠는지요. 따라서 우리들만 천주교회 신자로 기뻐하며 안일한 삶에 빠져 있다면 우리는 그리스도의 사람이기에 부족합니다. 구원이란 나만의 구원이 아니라 이 세상에 하느님 나라가 완성되는 것. 지상천국으로 완성되는 것, 그것이 우리가 바라는 전체 구원이겠습니다.

신명기 5장 12절에 보면 하느님이 모세에게 십계명을 주시는데, "주 너의 하느님이 너에게 명령한 대로 안식일을 지켜 거룩하게 하여라. 엿새 동안 일하면서 네 할 일을 다 하여라. 그러나 이렛날은 주 너의 하느님을 위한 안식일이다. 그날 너의 아들과 딸, 너의 남종과 여종, 너의 소와 나귀, 그리고 너의 모든 집짐승과 네 동네에 사는 이방인은 어떤 일도 해서는 안 된다. 그렇게 하여 너의 남종과 여종도 너와 똑같이 쉬게 해야 한다."라는 말씀이 나옵니다. 여기서 너희들이 안식일을 잘 지켜야만 '종'들이 편안해진 것이 아니냐고 하셨을 때의 그 '종'이 오늘의 현대사회에서는 누구인지요. 우리 크리스천은 모세 당시의 이스라엘 백성처럼 하느님에게서 선택을 받은 특별한 백성입니다. 선택을 받은 백성인데 우리가 안식일, 다시 말해 오늘의 주일을 잘 지켜야만 우리 주변에 있는 종들이 편안하게 될 것 아니냐고 할 때, 오늘의 우리는 우리의 안식일인 주일을 어떻게 지켜야 할 것인가를 깨닫습니다. 우리가 주일을 잘 지켜야만 내 주변에 있는 남자 종과 여자 종들이 모두 편안해질 것이라면, 우리의 남자 종과 여자 종이 누구인지요. 아직 크리스천이 되지 못한 사람, 아직 천주교회 신자가 되지 못한 사람, 슬픔 속에서 악마의 속박 속에 억압당하며 고통스럽게 사는 세상 사람들, 이들이 아직 종살이하는 사람들입니다.

정의롭지 못한 부유함보다는 정의롭게 하느님 안에서 청빈한 생활을 사랑할 줄 아는 천주교 신자는 적어도 세속적 욕망의 종살이에서 벗어난 사람입니다. 육체의 쾌락만을 추구하는 육체의 종살이에서 벗어났고 악마의 종살이에서 벗어난 사람들입니다. 그런데 우리 주변에는 세 종류의 원수에게 억압당하면서 고생하는 종들이 너무 많기 때문에 크리스천들은 주일을 거룩하게 보냄으로써 아직도 종살이하는 사람들을 그 종살이에서 풀어주어 해방시켜야 하므로, 우리 크리스천들에게 가장 아름다운 애덕은 다른 무엇보다도 복음을 전하는 겁니다. 이사야서 58장 13절에도 "네가 삼가 안식일을 짓밟지 않고 나의 거룩한 날에 네 일을 벌이지 않는다면 …… 네가 길을 떠나는 것과 네 일만 찾는 것을 삼가며 말하는 것을 삼가고 안식일을 존중한다면" 하는 표현이 나오는데, 여기서 안식일 날 삼가야 하는 "길을 떠나는 것과 네 일만 찾는 것"의 현대적 의미는 무엇인지요. 봄, 가을에 성지순례를 빌미로 순례지에 가서는 미사만 드리고 나머지 시간은 춤추며 노는 광경을 너무 많이 봅니다. 나는 이사야서 58장 13절을 읽으며 그런 생각을 합니다. 안식일 날에는 여행을 다니거나 놀러 다니지 말라는 것이다. 또 하나는 돈 벌러 다니지 말고, 6일 동안의 일로 족하니 안식일 하루만은 오직 주님을 위해서만 시간 바쳐 복음을 읽고 또 전하라는 것이다. 이렇게 생각됩니다.

"안식일 날에는 말하는 것을 삼가라." 하신 말씀은 무슨 의미인지요. 안식일 날에는 말을 삼가서 남을 헐뜯는 말은 절대로 해서는 안 된다는 것입니다. 하느님이 주신 내 입을, 내 입술을, 내 목소리를, 오로지 복음을 전하는 데에만 사용하여라. 안식일 날에는 절대 입에서 복음을 전하는 말 외의 다른 말이 나오지 않도록 하라는 것입니다. '십일조'란 수입의 십일조만을 의미하는 것이 아니라 내 모든 것의 십일조입니다. 시간의 십일조, 내 건강의 십일조, 내 재능의 십일조, 내 젊음의 십일조, 내가 가지고 있는 내 기력의 십일조를 봉헌해야 합니다. 일주일 동안, 주일 헌금 내고, 교무금 내고, 집에서 번 돈의 십일조를 하느님에게 바쳤다는 것,

그것으로 충분한 것이 아닙니다. 우리 건강의 십일조 봉사를 통해 몸으로 바치고 시간의 십일조를 바치고 내 수입의 십일조를 바치고 내 지식의 십일조와 내 깨달음의 십일조를 바치는 것입니다. 여행 다니지 말라는 말씀의 의미를 이렇게 모든 십일조를 바치며 안식일을 거룩하게 지내라는 말씀으로 나는 알아듣습니다.

시편 50편 8-15절입니다. "너의 제사 때문에 너를 벌하려는 것이 아니니 너의 번제야 늘 내 앞에 있다. 나는 네 집에 있는 수소도, 네 우리에 있는 숫염소도 받지 않는다. 숲속의 모든 동물이며 수천 산들의 짐승이 내 것이기 때문이다. 나는 산의 새들을 모두 안다. 들에서 움직이는 생물들도 내게 속한 것들이다. 나 비록 배고프다 하여도 네게 말하지 않으리니 누리와 그를 채운 것들이 나의 것이기 때문이다. 내가 황소의 고기를 먹고 숫염소의 피를 마시기라도 한단 말이냐? 하느님에게 찬양 제물을 바치고 지극히 높으신 분에게 네 서원을 채워드려라. 그리고 불행의 날에 나를 불러라. 나 너를 구하여 주고 너는 나를 공경하리라."

시편 51편 18-21절을 읽어봅니다. "당신께서는 제사를 즐기지 않으시기에 제가 번제를 드려도 당신 마음에 들지 않으시리이다. 하느님께 맞갖은 제물은 부서진 영, 부서지고 꺾인 마음을 하느님, 당신께서는 업신여기지 않으십니다. 당신의 호의로 시온에 선을 베푸시어 예루살렘의 성을 쌓아 주소서. 그때에 당신께서 의로운 희생 제물을, 번제와 전 번제를 즐기시리이다. 그때에 사람들이 당신 제단 위에서 수소들을 봉헌 하리이다." 하느님이 우리에게 원하는 제물은 첫째는 감사하는 마음이고 둘째는 회개하는 마음입니다. 이 감사의 예물과 통회의 예물을 먼저 갖추었을 때, 하느님은 우리 제물을 기쁘게 받아들이신다는 말씀입니다. 하느님이 무엇보다도 기꺼워하시는 예물은 "잘못했습니다. 아버지!" 하고 통회하는 마음이고, 두 번째는 "하느님 아버지, 감사합니다. 제가 지금까지 살아있어 아버지의 자녀답게 변화될 수 있는 가능성이 있사오니, 하느님 감사합니다." 하는 마음입니다. 이 두 가지를 다 통합할 수 있는 것이 고백의 제사입니다. "하느님 아버지! 저의 잘못을 깊이 통회하오니 용서해 주세요. 하느님 아버지! 저에게 오늘도 생명을 주시니 찬미 감사드립니다." 이 모든 것이 고백의 제사입니다.

창세기 2장 21절에서 아담은 자신의 살과 피를 바쳐 아내를 얻습니다. 하와는 아담의 살붙이가 됩니다. 그러나 아담과 하와는 금단의 열매를 먹음으로써 죄를 지었습니다. "나무 열매를 따 먹었으니, 땅 또한 너 때문에 저주를 받으리라. 너는 죽도록 고생해야 먹고 살리라"(창세 3,17). 이렇게 타락은 먹는 행위로부터 일어났습니다. 그런데 인간이 구원을 받은 것 역시 그리스도의 살과 피를 먹음으로써 이루어졌습니다. 세례자 요한은 "보라, 세상의 죄를 없애시는 하느님의 어린 양이시다."(요한 1,29) 하였고, 예수님은 "그러나 내 살과 피를 먹고 마시는 사람은 영원한 생명을 얻고 나도 마지막 날에 그를 다시 살릴 것이다."(요한 6,54)라 하셨습니다.

구약에서 유대인들이 죽음에서 벗어나는 유일한 길은 과월절의 양고기를 먹는 것이었습니다. 그런데 신약에서 예수님은 과월절 양의 완성입니다. 과월절을 기억하면서 성체성사의 진리를 묵상합니다. 우리가 하느님을 마주보기 위해서는 반드시 정화의 불, 연옥의 불을 통하여 성화된 다음에야 대면할 수 있습니다. 그런데 예수님이 밀떡 모습으로 성체성사 때 우리 앞에 계시기 때문에 우리는 겁 없이 "주님, 제가 잘못했습니다." 하면서 성체 앞에 앉아 있을 수 있습니다. 하느님은 때를 기다리십니다. 회개하기를 기다리십니다.

적절한 예를 생각합니다. 요즘은 강아지를 사랑하고 아끼며 키우는 사람들이 많습니다. 그 강아지를 사랑한다고 강아지가 되고 싶으신지요. 아닐 것입니다. 그런데 예수님은 우리를 사랑하시어 사람이 되셨습니다. 우리는 강아지를 귀여워해도 강아지가 되려 하지 않지만, 하느님은 나를 사랑하셔서 사람이 되셨습니다.

우리가 강아지를 사랑한다고 강아지 밥이 되지는 않지만, 하느님은 우리를 사랑하셔서 '우리의 밥'이, 우리의 '떡'이, 되셨습니다. 이 '밥'이라는 것이 얼마나 큰 겸허의 상징입니까? 예수님은 나의 밥이 되셨습니다. 그래서 우리의 밥인 예수님 앞에, 참으로 자유롭고 겸손하신 예수님 앞에서 우리가 회개하는 것입니다. 예수님은 우리를 기다리십니다. 가슴을 열고 우리가 숨겨두고 있는 잘못을 고백할 때까지 기다리십니다.

개신교 신자들은 연옥을 부정합니다. 천당 아니면 지옥이라 합니다. 그러나 나는 그렇게 생각하지 않습니다. 여기 이마에 그리스도의 인호가 있는 세례 받은 사람은 한 명도 빠짐없이 모두 구원받는다고 나는 확신합니다. 예수님의 마지막 피 한 방울 마지막 물 한 방울이 지니는 인류 구원의 은총이 억겁 세월의 인류 모두를 구할 만큼 무궁하고 무한하기 때문입니다. 그러면 죽은 이를 위해 왜 기도합니까? 죽은 이를 위해서 기도한다는 것은 제3의 장소가 있다는 증거입니다. 베드로의 첫째 서간 3장 19절에 보면 "그리하여 감옥에 있는 영들에게도 가시어 말씀을 선포하셨습니다." 하는 구절이 나옵니다.

천당이라면 감옥이 있을 리 없습니다. 지옥이라면 구원받을 길이 없습니다. 그러므로 이것은 제3의 장소입니다. 또 우리 신자들은 흔히, 구원받지 못한 사람이 죽은 다음에 가서 징벌을 받으면서 막연히 구원을 기다리는 장소로 연옥을 상정하는 듯한데, 이것은 잘못된 생각입니다. 연옥에 가는 사람은 하느님을 사랑하고 하느님에게 충실하게 산 사람들입니다. 작은 흠이라도 지니고 죽었을 때, 하느님을 뵙는 순간까지 하느님을 그리워하며 기다리는 장소가 연옥이고, 하느님이 우리를 씻어 주는 장소가 연옥입니다. 연옥은 하느님을 의도적으로 거역하고 공경하지 않은 인간이 가는 징벌의 장소가 아니고 성인들이 가는 정화의 공간입니다. 우리는 천주교회가 가르치는 것을 지키려고 애썼으므로 우리는 절반의 성인입니다. 반 성인이 온전한 성인이 되는 곳이 연옥입니다. 죄와 실수를 정화 받기 위해서 가는 곳이 연옥이라고 믿습니다.

요한묵시록 21장 27절에 보면, "부정한 것은 그 무엇도, 역겨운 짓과 거짓을 일삼는 자는 그 누구도 도성에 들어가지 못합니다. 오직 어린양의 생명의 책에 기록된 이들만 들어갈 수 있습니다."라고 씌어있습니다. 이렇게 깨끗한 사람만 '도성'에 들어갈 수 있으므로 우리에게 조금이라도 부정한 것이 남아 있다면 연옥에 가서 깨끗하고 정결하게 정화된다는 뜻이고 불가마가 지글지글 타는 그런 곳이 아닙니다. 그렇다면 연옥의 고통은 어떤 것일까? 연옥에 대한 가톨릭 신학계의 정설은 이렇습니다. 연옥의 고통은 하느님과 함께하고 있지 못하는 데서 오는 상실감 또는 결핍감이라 합니다. 우상숭배에 관해 개신교 신자들이 제일 많이 인용하는 말씀은 탈출기 20장 4절의 "위로 하늘에 있는 것이든, 아래로 땅 위에 있는 것이든, 땅 아래로 물속에 있는 것이든 그 모습을 본뜬 어떤 신상도 만들어서는 안 된다." 입니다.

그런데 탈출기 25장을 보면, 하느님 계약의 궤를 만드는데 온갖 것으로 만들어 장식하라는 내용이 나옵니다. 솔로몬이 성전을 지을 때에도 그 성전 안팎으로 얼마나 많은 상을 만들라고 했는지요. "이 성전을 선별하여 영원히 나의 것으로 삼을 것이니 장차 내 눈과 마음을 영원히 이곳에 두리라." 하고 승인하시며 좋아하셨습니다. 우상이란 무엇인가, 분명히 해 두어야 하겠습니다. 성모상, 예수님상, 그리고 천사의 상은 우상이 아니라 그것을 바라보면서 성경 속의 예수님, 성경 속의 성모님, 성경 속의 성인 성녀들을 생각하게 하는 구원의 표상으로 만들어 놓는 것입니다. 그것을 보면서 그분을 생각하게 하는 것입니다. 그래서 영어로는 아이콘(icon, 聖像)이라 하는데 이 성상은 우상(idol, 偶像)이 아니며, 우상은 하느님을 모셔야 할 자리에 하느님을 빼 버리고 여기에 다른 물건이나 인간을 모셔 놓고 하느님이 아닌 그 대상을 섬기는 것, 그것이 우상입니다. 따라서 성당에 있는 성상은 우상이 아닙니다.

머리카락이 열 개 남은 남자가 있었는데 그 남자의 머리카락이 한 달에 하나씩 빠졌다 합니다. 그래서 그 남자는 머리카락을 소중히 여기는 일 외에는 다른 데 신경을 쓸 수 없습니다. 그러니까 그 사람에게는 머리카락 열 개가 우상입니다. 또 돈이 많은 사람이 돈을 쓰지는 못하고 돈의 노예가 되어, 지니고만 살면 그 사람에게는 돈이 우상입니다. 하느님을 모셔야 할 자리에 다른 것을 모셔 놓고 하느님보다 더 소중히 섬기면, 그것이 우상입니다. 성모님은 하느님과 함께 공동의 구원자이신 것이 아니라, 하느님과 인간 사이의 중개자이십니다. 가장 완벽한 구원의 협조자이십니다. 하느님 성삼의 은총으로 우리가 악마를 무찌르도록 우리를 도와주십니다. 성모상은 우상이 아닙니다.

바르톨로메오 파스터 신부님은 그의 책 『유다의 교훈』에서 루카복음 15장의 돌아온 탕자를 반기시는 아버지에 대하여 이렇게 말씀하십니다. "아들이 유산을 달라고 하는 것은 아버지에게 어서 죽으라고 말하는 것입니다. 그런데도 아버지는 재산을 나누어 주었고 아들이 재산을 다 탕진하고 왔을 땐 반갑게 맞으시며 반지를 끼워주고 새 옷을 입혀주고 신을 신겨 주었습니다. 아들은 돼지죽이라도 먹게 해 달라 했습니다. 하느님이 당신의 모상으로 인간을 창조하셨는데, 그 모상을 아들이 상실했습니다. 그러나

'아버지 집으로 가자. 나는 아버지 아들이다.' 했을 때, 아버지는 아들을 맞으셨습니다. '아들'이 깨닫고 아버지에게 돌아가는 것, 그것이 회개입니다."

그러면 여기에서 다 바치고 빈털터리가 된 분은 누구인지요. 아버지입니다. 여기서 아버지는 그리스도입니다. 우리는 그리스도를 닮아야 하고 그리스도를 닮기 위하여 성령으로 충만해집니다. 물론 하느님 성부께 초점을 맞추어 우리의 창조 받음을 감사해야 하고, 하느님 아버지와의 개인적 관계를 성숙시켜야지요. 그러나 잊지 말아야 할 것은 영원하신 아버지께 의지하도록 이끌어 주시는 분이 바로 성자 그리스도요, 성부와 성자 사이에 흐르는 사랑이 성령이라는 것을 잊어서는 안 됩니다. 그러므로 우리는 성부·성자·성령을 다 모시거나, 아니면 다 모시지 못하는 거지요. 우리의 임무는 성령이 우리 안에서 활동하시도록 협력해 드리는 것입니다. 우리가 일하면서 성령의 협조를 청하는 것이 아닙니다. 성령이 우리에게 원하시는 것을 하시도록 도구가 되어 드리는 것입니다. 성령이 우리에게 요구하는 것보다 더도 덜도 아닌, 딱 그만큼만 일하시도록 길을 열어 드리는 것입니다. 과하면 교만이고, 덜하면 비겁한 것입니다. 우리는 종종 성령이 원하시는 것보다 더 많이 자의적으로 일하려고 하기 때문에 실수하고 교만해지고 혼자만 공로를 독차지하려 하거나 과시하려 합니다.

성령은, 우리에게 두 가지를 원하십니다. 빛과 소금이 되라 하십니다. 우리의 직장, 우리 가족, 우리 교구 안에서 빛과 소금이 되라 하십니다. 주님의 영광을 위하여 순종하고 겸손한 자세로 일할 때, 만나는 사람들 모두의 가치를 존중하며 사람들을 격려하고 일으켜 세워주고 어려움에 빠진 사람들에게 희망과 도움을 줄 때, 일상의 삶에서 복음적 삶을 살 때, 소금이 됩니다. 그러나 성령께서 주시는 깊은 겸손과 순종과 사랑이 없다면, 일을 아무리 많이 해도 빛과 소금이 될 수 없습니다.

나는 하느님께서 우리 평신도들에게도 교회 내의 소임을 주셨다 믿고 있습니다. 우리 모두는 가톨릭 전통에 따라 믿음의 삶을 살도록 세상 사람들을 가르치고 아버지에게로 인도해야 할 소명을 받았습니다. 그것이 평신도 사도직입니다. 예언직, 사제직 그리고 봉사직입니다. 우리는 항상 하느님 말씀에 귀를 기울입니다. "성령이 우리에게 무엇을 말씀하시려 하는가?"를 항상 생각하고 실천하며 복음을 전합니다. 지속적인 선교를 계획하고 실천합니다. 이것이 가톨릭 신자들의 평신도 사도직입니다. 참으로 감사하게도 우리는 성령이 지금 우리에게 말씀하시는 것을 귀 기울여 들을 수 있는 시대에 살고 있습니다.

나는 성령이 오늘 우리에게 말씀하시는 것을 두 가지로 듣습니다. 하나는 교황 요한 바오로 2세를 통한 대희년과 새로운 복음화에 대한 말씀이고 두 번째는 성모 마리아를 통한 메시지입니다. 요한 바오로 2세 교황님은 성령에 대한 너무도 놀라운 글을 쓰셨습니다. 2000년 대희년에 대한 중요성을 말씀하신 글이었습니다.

"희년 준비는 재림 준비이다. 2000년 전과 마찬가지로 우리는 하느님의 구원을 볼 것이다. 우리는 지금 그 준비의 시기에 있다. 우리가 대희년을 축하할 때, 다시 또 예수님의 특별한 현현을 체험하게 될 것이다. 우리는 하느님이 2000년 전에 하신 일들을 기억하려는 것이 아니라, 인류를 새롭게 하시는 하느님을 체험하려는 것이다. 때가 차서 새로운 세계가 도래하는 것이다."라고 교황님은 말씀하셨습니다. 교황님은 여기서 '시간'을 뜻하는 두 개의 그리스어 단어를 쓰셨는데, 하나는 보통의 '연대기적인 시간'을 뜻하는 '크로노스'이고, 다른 하나는 '기한이 차서, 하느님이 임하시는 움직임이 현현되는 특별한 순간'을 의미하는 '카이로스'입니다. 교황님은 명백히 대희년을 '카이로스'의 순간으로 말씀하고 계십니다. 성령이 마리아에게 예수님의 육화·강생 즉 초림을 준비시킨 것처럼, 성령은 대희년에 예수님의 특별한 재림을 준비시키신다고 말씀하십니다. 주님께서 세례자 요한을 그리스도의 초림을 위한 도구로 쓰신 것처럼, 대희년의 주님 만남을 예비하기 위해 교황 요한 바오로 2세를 광야에서 외치는 목소리로 쓰고 계십니다. 그는 "하느님은 그리스도인의 삶을 위해 새로운 봄의 시대를 준비하고 계시며, 이는 대희년에 드러날 것이다. 만일 그리스도인들이 성령께 순종한다면 말이다."라고 예언하셨습니다. 여기서 "성령께 순종한다."라는 말씀은 성령을 사랑하는 것이요, 환영하는 것이요, 성령의 말씀에 귀 기울이는 것이요, 성령에 의해 가르침을 받는 것이요, 성령에 의해 인도되는 것이요, 성령과 함께 기도하는 것이요, 성령의 뜻을 제지하지 않는 것을 의미합니다.

그러면, 교황님이 말씀하시는 새로운 봄의 징조란 무엇입니까? 가장 놀라운 징조 중 하나는 98년도 성령강림절에 일어났습니다. 전 세계 성령쇄신 운동의 50만 지도자가 오순절 주말 로마에 모였을 때, 교황님은 성령이 얼마나 강렬하고 광대하게 전 세계의 성령 쇄신 운동을 불러일으키셨는가를 역설하셨습니다. 교황님께서는 지금이 하느님께서 원하시는 전환의 시기임을 강조하셨습니다. 교황님은 50만 군중을 둘러보며, "교회의 자각은 오늘도 저희 곁에 계시는 예수님에 대한 확신에 기인하는 것"이라 말씀하셨습니다. 그리고 성령강림절 강론을 이렇게 끝마치셨습니다. "나는 성령께 외칩니다. 성령이여, 오소서! 이 세상은 성령을 필요로 합니다. 이 교회는 성령을 필요로 합니다!" 이는 성령에 의한 성령의 중재를 목청 높여 간구하신 강력한 중재의 기도였습니다.

우리 가톨릭 신자들은 우리의 신앙을 지적, 신학적, 문자적, 해설적 수준에 머물고 있습니다. 개신교 신자들이 적극적으로 교회를 확장시켜 나아가는 데 반해, 가톨릭 신자들은 복음 선교에도 열의가 없고, 세계의 변화에도 무관심하고, 그릇된 선동을 예언으로 착각하고, 육체적 질병의 치유에만 급급하고, 기복적이고, 진정한 봉사가 아닌 자신만의 영리 추구를 하느님 사업인 양 포장합니다. 교황님의 강론 담당 책임 사제인 라니에로 깐따라메사는 성부의 해에 대희년을 준비하며 우리 신자들이 갖추어야 할 자세에 대하여 다음과 같이 말씀하셨습니다.

(1) 인간은 죄를 누적시켜 왔다. 죄를 회개하고 깨끗해지기 위하여 기도해야 한다.

(2) 인간은 희망을 가져야 한다. 우리는 하느님을 알 수는 없지만 믿어야 한다. 하느님 안에서 희망을 잃지 말아야 한다. 희망을 지니고 있는 한 인간은 변한다. 하느님을 두려워할 일이 아니다. 하느님 안에, 하느님 사랑 안에 있으면 징벌은 없다.

⑶ 인간은 겸손하여야 한다. 겸손은 성령의 요소요 겸손하면 성령이 임하시고 성화된다.

⑷ 마리아는 인간과 하느님의 중재자이시다. 아기를 유산시키지 말라, 마리아를 본받아 출산하라.

⑸ 성령은 사랑의 원천이다. 인간과 하느님을 이어주는 고리이다. 하느님과 인간이 한 가족이 되게 하는 연결고리이다.

마리아는 지금 전 세계 300군데에서 발현하시어 눈물을 흘리십니다. 그 메시지는 "이 시대는 아주 긴급하다. 하느님의 응징과 심판이 시작되기 직전에 있다. 기도하라. 단식하라. 고해성사 받고 영성체를 자주 하라. 성경 읽기를 사랑하라. 그리하여 회개하고 성부·성자·성령의 현존 체험 안에서 성화 되라."는 것입니다. 즉, 하느님이 아버지임을 깨닫고 하느님에게로 귀의하라는 뜻입니다. 그러나 어떤 경우에도, 마리아의 메시지는 "나의 무염시태 성심이 거룩하신 하느님 성부·성자·성령의 은총으로 악마를 무찌르고, 승리하리라."로 종결됩니다. 그럼 마리아의 눈물과 새로운 봄에 대한 예언은 어떻게 공존할 수 있는지요. 루카복음 19장 41~43절을 봅니다. "예수님께서 예루살렘에 가까이 이르시어 그 도성을 보시고 우시며 말씀하셨습니다. 오늘 너도 평화를 가져다주는 것이 무엇인지 알았더라면……! 그러나 지금 네 눈에는 그것이 감추어져 있다. 그때가 너에게 닥쳐올 것이다. 그러면 너의 원수들이 네 둘레에 공격 축대를 쌓은 다음, 너를 에워싸고 사방에서 조여들 것이다."

교황 요한 바오로 2세는 무엇을 예언하셨습니까? 그는 하느님의 임하심과 부흥과 새봄과 성령과의 재계약을 예언하셨습니다. 그는 하느님이 임하시는 카이로스의 순간을 예언하셨습니다. 그러나 예수님은 예루살렘 성을 보고 우셨습니다. 그것은 예수님과 하느님으로부터의 초대에도 불구하고, 그 많은 기적에도 불구하고, 죽은 자가 살아났음에도 불구하고, 죄를 용서받았음에도 불구하고, 복음의 가르침과 설교에도 불구하고, 사람들의 마음이 굳어져 있었기 때문입니다. 이것이 성모님과 예수님이 눈물을 흘리신 이유입니다. 마음이 굳어질 위험에 처한 사람들을 위한 예수님과 성모님의 눈물입니다.

요한 바오로 2세 교황님은 즉위하신 후, 사제 깐따라메사를 미사 강론 담당 사제로 부르셨습니다. 신부님이 쓴 글 중에 "교황님은 출타하셨다가 돌아오시면 대성전에서 성체조배 하신 후 내 방에 노크하시고 들어오시어 '신부님! 내가 이제 돌아왔습니다. 내가 주일 미사 강론을 못 들었으니 옷 갈아입고 오면 강론해 주세요. 죄송합니다.' 하셨다."라는 내용이 있습니다. 겸손하신 요한 바오로 2세 교황님은 살아계실 때 이미 성인이셨습니다.

사제 라니에로 깐따라메사가, 요한 바오로 2세 교황님의 강론 사제이시던 때에 쓰시고, 내가 번역한 『그리스도 안에서』라는 책이 있습니다. 깐따라메사는 천주교 신자들이 흔히 빠지는 오류에 대해서도 지적하십니다. "우리에게는 개신교 신자들에게 없는, 성인이 되고 싶은 의식이 있습니다. 그래서 가엾은 사람을 도와주면 축복을 받아 성인이 된다고 생각하지만, 그것은 잘못된 생각이다. 주님의 성령이 임하시어 베푼 선행이 아니라면 성인이 될 수 없습니다."라고 말씀하십니다. 바꾸어 말하면, 어려운 사람들에게 조건 없는 선행을 베풀고자 하는 마음이 생기는 것은, 성령이 먼저 은총을 주셨기 때문입니다. 기도할 때도 "내 병 치유해 주소서."가 아니라 "주께서 내 병을 짊어지시어 나를 성하게 해 주십니다."라고 기도함이 옳습니다. 성령체험 직후 나는 그렇게 기도하여, 오랜 병을 깨끗이 치유 받았습니다.

비행기가 두 날개를 필요로 하듯, 우리는 베드로와 마리아라는 두 날개를 필요로 합니다. 성령이 베드로와 마리아를 통해 예언적으로 주신 그 말씀들이 이 시대에 놀라운 방법으로 이루어지리라 믿습니다. 우리가 지금 추구하는 것 역시, 주님으로부터 새롭고 강력한 성령을 충만하게 받고자 하는 것입니다. 요르단강에서 돌아오셨을 때의 예수님 말씀대로 "주님의 성령이 나에게 내리셨다. 주께서 나에게 기름을 부으시어 가난한 사람들에게 복음을 전하게 하셨다."라고 우리도 말할 수 있게 되려는 것입니다. 그렇게 말할 수 있기 위하여 우리는 무엇을 어떻게 해야 하는지요.

우리는 식초가 가득한 항아리와 같습니다. 그렇다면 항아리 안의 식초를 버리고 항아리를 깨끗이 씻은 후, 성령의 기름으로 채워야 합니다. 그리하여 타오르는 성령의 불로 우리를 태워 정화시켜야 합니다. 지금 수많은 곳에서 성령의 치유와 기적과 개종이 일어나는 것은 교황님께서 말씀하신 모든 예언이 진실이기 때문입니다. 우리는 성령의 불로 타서 쇄신되어야 합니다. 오로지 성령께 관심의 채널을 맞추어야 합니다. 성령의 품 안에서 다시 눈을 떠야 합니다.

성령은 우리에게 세 가지 일을 요구하십니다.

그 하나는 "성체성사를 통하여 날로 거룩해져서 성령과 함께, 그리고 성모님과 함께, 아버지를 향해 가는 길을 같이 걷자."라고 요구하십니다. 두 번째는 "기도하라."라는 것입니다. 세 번째는 "고통을 두려워하지 말며, 반대를 두려워하지 말며, 굴욕을 두려워하지 말며, 거절을 두려워하지 말며, 병을 두려워하지 말며, 인정받지 못하는 것을 두려워하지 말라."는 것입니다. 버림받음과 외로움의 십자가를 그리스도와 함께 지고, 하느님으로부터 받은 사랑에만 유일하게 희망을 걸라는 것입니다. "세상에서 제일 아름다운 행위는 기도이고, 기도 중에서 제일 아름다운 기도는 하느님을 찬미하는 것이고, 하느님 찬미 중에서 가장 아름다운 찬미는 하느님으로부터 받은 은혜를 증언하는 것"이라고 로버트 훼리시 신부님은 말씀하십니다.

나는 목마른 자에게 생명의 물을 거저 마시게 하겠다. 이 약속은 너를 위한 것이다. 무언가를 더 갈망하는 너를 위한 것이다. 아직 채워지지 않은 갈증이 많이 있는 것을 알고 있는 너를 위한 것이다. 무거운 짐을 지고 심연의 밑바닥에 떨어졌다가 다시 일어나고 싶어 발버둥 치고 있는 너를 위한 것이다.

세상 꼭대기에 있으면서 허전해하는 너를 위한 것이다. 늘 두려움과 불안감에 싸여있는 너를 위한 것이다. 마음이 무뎌질 대로 무뎌져 닫혀있는 너를 위한 약속이다.

이렇게 하느님은 약속하십니다. 무상으로 선물을 주시겠다고 하는데 우리가 받지 못하고 거절하고 있습니다. 하느님은 새 생명을 주시고자 하십니다. 우리에게 거듭 태어나는 새 생명을 주시리니, 받아만 달라고 말씀하십니다. 사도 요한은 "하느님께서는 세상을 너무나 사랑하신 나머지 외아들을 보내주시어 그를 믿는 사람은 누구나 멸망하지 않고 영원한 생명을 얻게 하셨다."(요한 3,16)라고 했습니다. 그러나 세상의 고통당하는 많은 사람에게 하느님 말씀이 들리지 않는 것이 안타깝습니다. "나는 그리스도 안에서 항상 행복하다. 내가 인간에게 거절당하고 외로울 때가 그리스도와 친해지는 기회. 나는 기쁘다."라고 생각할 수 있다면, 그 생각은 지식이 아닌 신앙으로 말미암은 신비의 기쁨입니다.

로마서 8장 9절에 "하느님의 영이 여러분 안에 사시기만 하면, 여러분은 육안에 있지 않고 성령 안에 있게 됩니다. 누구든지 그리스도의 영을 모시고 있지 않으면 그는 그리스도께 속한 사람이 아닙니다."라는 말씀이 있습니다. 이 말씀은, 하느님의 성령을 받아 그리스도적 가치를 실천하고 실현하며 살아갈 때만 우리가 하느님의 사람이라는 뜻입니다. 지식이 아닌 신앙의 도약으로 인한 기쁨의 신비를 누릴 수 있어야 합니다. 사도 바오로가 말하듯, 하느님 성부께서 우리를 창조하시고 예수 그리스도께서 우리 때문에 돌아가셨다는 사실을 '아는 것'만으로는 그리스도의 사람이 아닙니다. 성령을 체험하고 그리스도의 가르침을 실천할 때 비로소 그리스도의 사람이 됩니다. 말을 더듬던 베드로를 설교자로 만들어 세우신 하느님을 우리는 지금 우리 삶 속에서 체험할 수 있습니다. 성령이 우리에게 오셔서 우리를 도와주시도록 성령께 우리 자신을 맡기면 됩니다.

바티칸 교황청 말씀에 항상 귀를 기울이고, 지속적으로 가르침의 시간을 계획하고 가르침의 현장에서 쓰러져 눈을 감을 때까지, 항상 기도하고 감사하고 기뻐하는 아버지의 자녀로, 그리스도의 형제요 자매로 살아가면 이루어집니다. 어떠한 경우에도 실망하지 말고 성부·성자·성령께 의지합니다. 성체성사를 통하여 날로 거룩해져서 평생을 성령과 함께, 그리고 성모님과 함께, 아버지에게로 향해 가는 길을 걸어갑니다. 버림받음과 외로움의 십자가를 그리스도와 함께 지고, 하느님으로부터 받은 사랑에만 유일한 희망을 걸고 사는 그리스도의 형제자매가 되어, 그리스도의 눈물을 닦아 드립니다. (1992년)

* 현재 이 책 중판을 준비하면서, 1992년 집필 때와 달라진 내용을 여기 씁니다. 요한 바오로 2세 교황님은 2013년 7월 5일, 교황청에서 요한 23세와 함께 성인으로 공식 승인되었고, 시성식은 2014년 4월 27일에 거행되었으며, 세계 청년 대회와 청년 가톨릭 신자의 수호성인으로 선포되었습니다. 사제 깐따라메사(O.F.M.Cap. Raniero Cantalamessa)는 1980년부터 27년간 요한 바오로 2세 교황님의 미사 강론 사제이셨고, 전 교황 베네딕도 16세와 현 교황 프란치스코께서 2020년 11월 8일에 서품하시어 추기경이 되셨습니다.

성모님의 발현

캐나다와 미국의 한 달간 강의 일정을 마치고 귀국하니, 결재해야 할 서류들이 책상 위에 수북한데, 전화는 잠시도 쉬지 않고 울려대며, 미처 풀지도 못한 여장 위에 새 일감을 보탭니다. 무엇부터 어떻게 서둘러 일들을 처리할 것인가 하는 공포감에 잠시 주눅이 들었으나, 나는 즉시 마모라와 케냐에서부터 가슴에 모시고 온 성모님께 일들을 봉헌하고 "제가 다 못하는 것들은 성모님이 대신해주세요."라고 기도했습니다. 평화가 왔습니다. 성모님과의 여정이 시작된 것입니다.

사실 이번 여행 이전까지만 해도 나에게는 성모님 신심이 부족했습니다. 여기저기에 성모님이 발현하신다고 하지만 굳이 가보고 싶지 않았고, 또 성모님의 발현 사실이 하느님을 향한 내 믿음과 사랑을 특별히 더 깊게 해 줄 것 같지도 않았습니다. 내가 성모님을 공경하는 개인적 이유는, 그리스도의 수난과 고통에 비유할 일은 아니지만, 6·25에 잃은 아버지와 아들들 때문에 애통하시어 아프게 사시다 돌아가신 어머님의 통고를, 내 가슴으로 공감하기 때문입니다.

성모님과 관련하여 나에게는 풀리지 않는 의문이 있었습니다.

왜 예수님은 가슴에 칼이 박히는 고통을 드린 어머님께 부활의 첫 발현을 보여 위로하지 않고, 굳이 막달라 마리아에게 먼저 나타나셨나 하는 의문이었습니다. 그러다가 1980년에 여러 가지 신경성 질환을 앓던 중, 나는 성령 세미나를 받으며 성령의 도우심으로 회개하고, 신앙의 신비를 알게 되었는데, 그때 이 의문의 해답이 풀렸습니다. 그것은 학습에 의한 지식이 아니라, 성령께서 주시는 은사적 깨달음이었습니다. 예수 그리스도가 이 세상에 오신 목적은 거룩한 사람들을 위해서가 아니라 죄 많은 사람을 구원하시기 위함이니, 부활하신 예수님께서 원죄로 더럽혀지지 않은, 태초부터 영원에 이르도록 성결하신 성모 마리아에게 먼저 발현하실 까닭이 없고, 죄를 통회하는 막달레나에게 나타나심으로써 우리 죄인들에게 구원의 희망을 주려 하신 것이라는, 신앙의 신비를 깨달은 것입니다. 이 이치를 깨달았을 때의 내 기쁨은 형언할 수 없는 것이었고, 성령이 내게 주신 그 은사적 깨달음 앞에 내가 받은 감격은 내 신앙을 한 단계 진화시켜주는 계기가 되었습니다.

한 가지 신비를 깨닫자 다른 신비들이 하나씩 그 숨겨진 진리의 이면을 드러내며 하느님 현존이 매우 가깝게 감지되었습니다. 그런데 어쩐 일인지 그렇게 감동적인 하느님 현존 체험 속에서도 나는 성모님의 발현 사실들에는 특별한 관심을 지니지 못했습니다. 그것은 성모님께 향하여 너무도 죄송스러운 일일 법도 합니다. 그러나 특별한 체험을 통하여 성모님과 인간이 가까워지는 것이라면 그 체험을 성모님께서는 이미 나에게 풍성히 주셨음을 나는 이미 깨달아 알고 있어야만 했다고 생각했습니다.

1950년의 6·25전쟁으로 나와 여동생들 다섯 명과 병약하신 어머님만 남았을 때 내 가족이 구원받은 것도 성모님을 통해서였습니다. 왜냐하면, 나는 전쟁 후 <성모원>이라는 고아원에 의탁했고, 그곳에서 가족이 모두 세례를 받았기 때문입니다. 또 나의 어머니가 병고 끝에 돌아가시던 1975년에도 성모님은 큰 체험을 주셨습니다. 그때는 내가 말레이시아 피낭 싸인즈 국립대학교 교수로 근무하던 때였습니다.

12월 8일 저녁 6시. 나는 동료 교수들을 초청하여 내 본명인 마리아의 축일을 기념하여 저녁 식사를 함께하던 때였습니다. 원죄없이 태어나신 성모님 대축일이었습니다. 갑자기 어머니 생각이 나서 눈물을 흘리며, 잠시 방에 갔다 오겠다 양해를 구하고 침실로 들어가 침대에 앉았습니다. 마호가니제로 만든 묵중한 방문이 닫혀있었습니다.

그런데 그 문이 닫힌 채로 문을 투과하여 어머님이 내 앞으로 오셨습니다. "마리아야! 성모님이 오시어 나를 하느님에게로 데리고 간다고 하신다. 딸들을 돌보았다고." 하셨습니다. 나는 서랍을 열어보니 미화 33불이 있어 33불을 들고 제임스 챤 주교님께 가서 연미사를 청했습니다. 어머님이 돌아가신 것이 아니면 다른 연옥 영혼이 연미사 은총을 받을 것이라고도 말씀드렸습니다. 그 후, 한 달이 지나서야, 어머님 임종을 알리는 편지가 배달되었습니다. 선종하시는 순간 어머니는 말레이시아 내 침실로 들어오시어 나에게 성모님 손을 잡고 천국에 간다 하셨고 그 한 달 후에 나의 배우자로부터 편지를 받은 것입니다.

그런데도 불구하고 나는 여전히 성모님 발현에 대하여 무관심했습니다. 나는 이러한 자세가 성모님께 대한 불경이라고도 생각하지 않았습니다. 성모님을 사랑하고 공경하는 나의 마음은 성모님이 어디엔가 발현하시거나 성모상에서 눈물이 흐르는 일들로 인해 좌우될 수 없는 절대적 사랑이요 공경임을 나는 압니다. 그런 나에게 성모님의 발현에 무관심할 수 없도록 하는 사건이 발생했습니다.

1990년이 밝던 정월에 나는 소록도에 계시는 수녀님들의 초청을 받아 나환우들을 위한 강의 봉사로 내려갔습니다. 그즈음 나는 손에 관절염이 심해 손가락 열 개가 펴지지 않고 아팠습니다.

그러나 거기 소록도 성당에서 5백 명 나환자들 모두에게 있어야 할 5천 개 손가락이 단 하나도 없는 터에 나에게만은 유독 여섯 개의 손가락이 모두 달려 있다는 사실이, 나환우들에게 송구하였습니다. 비록 여섯 개 손가락은 오그라들어 펴지지 않는 병을 앓고 있었지만, 나머지 네 손가락만으로도 거뜬히 컴퓨터 자판을 두드려 글을 쓸 수 있었으므로, 손가락 열 개나 있다는 사실에 감사하였습니다. 성당 입구 좌측에 성모님이 모셔져 있었습니다. 그런데 성모님의 열 손가락 열 발가락이 다 부러진 몽당 손 몽당 발인 것이 눈에 띄었습니다. 수녀님 말씀에 의하면 어느 날 보니까 성모님의 손가락 발가락이 다 그렇게 부러져 있더라는 것입니다.

소록도에서는 이 사실을 성모님이 나환자들과 고통을 함께 하시기 위하여 스스로 그렇게 변하신 것이라 하여 '기적의 성모상'이라 부릅니다. 나는 성모님께 편지를 써서 성모님 발밑에 넣었습니다. 내 손의 통증을 나환사들을 위하여 바칠 것이니 그들에게 위로를 베풀어 달라고 썼습니다. 그런데 그곳의 봉사를 마치고 난 후 나는 바늘로 찌르듯 아프던 손가락 통증이 깨끗이 치유된 것을 알았습니다. 여섯 개의 손가락이 펴지지 않는 것은 여전했지만 바늘로 찌르는 통증은 이미 소록도에서 사라지고 없어졌습니다. 치유된 것입니다. 소록도 일을 마치고 나는 즉시 미국의 몇 군데 성당에 강의하러 갔습니다. 강의 일정의 마지막 종착지가 클리블랜드였는데, 그곳에는 큰 병원이 있고 한국인 의사가 집결되어 있었습니다. 토요일 강의를 끝내고 저녁 식사 때였습니다. 사목회장님께서 내 손을 유심히 보시더니 자신이 바로 그런 손가락을 수술하는 외과 전문의라면서 나를 외과 병동으로 데리고 가시어 다음날인 주일 새벽에 수술해 주셨습니다. 나는 주일날 온종일 피정 강의를 마치고 월요일 새벽 비행기로 그곳을 떠나 귀국했습니다. 그 후 백일 동안 나는 손에 붕대를 감고 다녔습니다. 그 후 내 손가락 열 개는 자유로워졌습니다. 이 역시 성모님의 시간표 안에서 이루어진 기적의 사건입니다. 그런데도 나는 여전히 성모님이 멀리 계시는 분, 다른 사람들에게만 도움을 주시는 분으로 생각하고 살았습니다. 그러다가 성모님의 시간표에 따라 1993년 여름방학 동안 캐나다와 미국의 교포들을 위한 한 달간의 강의를 마치고 온 연후에 나는 비로소 인류의 어머니이시면서 또한 나의 어머님이신 성모님을 내 가슴 깊이 안아 모시게 되었습니다.

나의 여행 일정은 7월 17일에서 8월 15일까지 한 달간이었습니다. 매일 정해진 일정에 따라야 하는 터라 내가 자유로울 수 있는 날은 그중에서 8월 2일과 8월 13일뿐이었습니다. 그런데 애초부터 쉬기로 되어있던 8월 2일에 나는 계획한 바도 없고 상상한 적도 없는 캐나다의 성모 발현지인 마모라 순례의 초청을 받은 것입니다. 그것도 8월 1일에 밤에 말입니다. 내가 쉬는 날인 것을 모두 알고 있으니 싫다 할 수도 없는 일이라 나는 초대에 응하긴 했지만 큰 기대를 하지는 않았습니다. 성모님의 발현에 관한 한, 나는 여전히 회의주의자였습니다. 그러나 그날 나는 순례객 중 몇 사람의 묵주가 금색으로 바뀐 것을 보았습니다. 동행하신 교우들과 신부님이 나에게 거듭 강조하여 확인시켜 주었습니다. 돌아오는 길에 나는 나의 묵주에 계속 눈길이 갔는데 그런 나를 보고 일행들은 그만 좀 들여다보라며 놀렸습니다. 마모라 순례를 촬영한 비디오테이프도 보았습니다. 그 비디오에는 성모님이 지구의地球儀를 들고 계시는 모습과 예수님 얼굴, 그리고 춤추는 태양이 찍혀 있었습니다.

그곳의 일정을 마치고 나는 애틀랜타에 가기로 되어있었습니다. 나의 일정을 들은 일행은 말하기를 8월 13일 날은 애틀랜타 근교에 있는 케냐에 성모님이 발현하신다면서 어떻게든 시간을 짜내어 그곳에 가보자 했습니다. 나는 애틀랜타에 전화하여 강의 일정이 어떻게 정해졌느냐고 물었습니다. 그곳의 답변은 놀랍게도 13일 하루만 제외하고 나머지 날들이 다 강의 계획으로 꽉 짜여 있다는 것이었습니다. 11일, 12일, 14일이 강연 일정으로 짜여 있는데 13일만 유독 강의 일정이 없는 날로 잡혀 있었던 것도 결국은 성모님의 시간표였다고 감사하며 애틀랜타에서 30분 거리에 있는 케냐 발현지를 순례할 수 있었습니다. 순례객들은 성모님의 발현을 기다리며 묵주신공 15단을 바칩니다. 기도 중에 성모님이 다녀가신다는 것입니다. 나는 통고의 신비 4단에서 갑자기 무릎을 꿇고 싶어 땅에 엎드렸습니다. 나는 캐나다 마모라에서 자꾸 들여다보았고 일행들의 놀림을 받았던 내 은색 묵주를 손에 들고 기도했습니다. 그런데 얼마나 놀라운 일인지요! 잠시 후에 보니까 묵주 알들을 엮고 있는 쇠고리들이 모두 금빛으로 변해 있었습니다.

    나는 옆의 일행에게서 카메라를 빌려 성모님이 발현하신다는 집을 사진 찍었습니다. 그 집은 빨간색 문틀을 가진 단층집인데 나중에 인화하여 보니까 빨간 문설주는 보이지 않고 황금빛으로 빛나는 삼층집이 큰 새가 날개를 펼친 듯 신비한 지붕 아래 찍혀 나왔습니다. 나는 이어서 태양을 두 번 찍었는데 태양도 특별한 모양의 같은 지붕 아래에 있었고 그 태양 안에 날개를 펼친 새가 찍혀 나왔습니다. 나는 이상한 신비를 찾아다니는 미신적인 사람은 결코 아닙니다. 피눈물을 흘리신다는 성모님 이야기를 듣는다고 해서 내 신앙이 깊어진다고 생각하지도 않습니다. 그런데 이번

캐나다의 마모라와 미국 케냐에서의 체험은 다른 사람의 체험이 아닌 내가 직접 체험한 일입니다. 이 체험 이후로 나에게 달라진 것이 있습니다. 틈만 나면 시간을 내어 묵주기도 15단을 봉헌하게 되었고 성모님을 멀리 계시는 분이 아니라 아주 가까이 나와 함께 계시는 인생 여정의 동반자로 깨닫게 된 것입니다. 일찍이 나의 어머님은 매일 묵주신공 15단을 바치라 하셨고, 그러면 성모님께서 임종 시간을 예고해 주시고 선종을 준비해 주신다 하시면서 그 말씀대로 돌아가셨으므로, 그때 이미 나는 남다른 성모 신심을 가졌어야만 했습니다. 그러나 그 일을 그저 어머니의 체험으로만 받아들이고, 나와는 무관한 일로 여겨 왔었는데, 이번에 두 군데 성모님 발현 성지를 다녀오고 나서는 나에게도 큰 회개와 변화의 계기가 되었습니다. 그날 나는 순례지 근처에 있는 성 비오 10세 성당의 미사를 참례하였는데 강론 때 미사 주례 신부님께서 말씀하셨습니다. 각자의 가슴에 그리스도를 증거하는 주님의 왕국을 세우고, 입술로가 아니라 가슴으로 기도하여 주님 안에서 일치를 이루고 살아야 한다고 강론하셨습니다.

    귀국한 후, 산적한 일들을 성모님이 대신해주신다고 믿고 마음을 편히 가지면서 요즘은 시시각각으로 내가 맡은 일들의 정리와 나의 죽음을 생각하면서 삽니다. 하느님과 성모님이 원하시는 대로 남은 세월을 살겠다는 의지로 살아갑니다. 성모님을 향하여 열린 가슴, 성모님을 맞이하기 위하여 비운 가슴, 성모님 사랑으로 타는 가슴을 지니고, 순간순간을 살아가게 된 것이 큰 성숙이요 변화입니다. 그리고 내 생명이 끝나는 날 나는 성모님과 함께 살아왔던 전 생애를 성모님께 감사드리며 하느님과 천사들과 성인 성녀들과 더불어 영원히 성모님과 함께 천상지복을 누리며 살게 될 것을 지금부터 느끼고 기뻐하면서, 성모님의 백성들을 사랑하며 살 것입니다. 성모님을 우리의 어머니, 아니 누구보다도 나의 어머니로 주신, 하느님께 감사드립니다. 아멘. (1988년)

쉐이어 신부님을 만난 이야기

시릴 존의 책 『성령으로 힘을 얻어』에 소개된, 쉐이어 신부의 이야기는 나에게 깊은 감동을 주었습니다. 그 내용을 간단히 요약하면 다음과 같습니다.

1973년에 사제서품을 받은 스티븐 쉐이어 신부는, 사제직을 예수님을 섬기는 데 있는 것이 아니라 사람들의 공경을 받으며 사는 것이라 착각하고 교만한 사제생활을 하고 있었습니다. 그러던 그는 서품받은 지 12년이 된 1985년 12월 18일, 캔자스주에 있는 자기 본당으로 가던 도중에 마주 오던 트럭과 충돌하는 교통사고를 당했습니다. 쉐이어 신부는 차에서 튕겨 나가 길바닥에 떨어졌고 오른쪽 두피가 완전히 벗겨져 뇌 일부가 노출되었고 목이 부러졌습니다. 의사들은 그가 생존할 확률이 15%밖에 되지 않는다고 말하였습니다. 그러나 많은 사람의 기도로 기적적으로 소생한 그는 8개월이 지나 본당으로 돌아갈 수 있었습니다. 본당으로 복귀한 그가 주일 미사를 집전하던 때였습니다. 마침 그날의 복음 말씀은 "열매를 맺지 못하는 무화과나무"의 비유였습니다. 루카 복음서 13장 6절부터 9절의 말씀입니다.

예수님께서 이러한 비유를 말씀하셨다. "어떤 사람이 자기 포도밭에 무화과나무 한 그루를 심어 놓았다. 그리고 나중에 가서 그 나무에 열매가 달렸나 하고 찾아보았지만 하나도 찾지 못하였다. 그래서 포도 재배인에게 일렀다. '보게, 내가 삼 년째 와서 이 무화과나무에 열매가 달렸나 하고 찾아보지만 하나도 찾지 못하네. 그러니 이것을 잘라 버리게. 땅만 버릴 이유가 없지 않은가?' 그러자 포도 재배인이 그에게 대답하였다. '주인님, 이 나무를 올해만 그냥 두시지요. 그동안 제가 그 둘레를 파서 거름을 주겠습니다. 그러면 내년에는 열매를 맺겠지요. 그러지 않으면 잘라 버리십시오.'"

이렇게 복음을 읽고 있는데 그 페이지가 환하게 밝아지면서 큰 활자의 모습으로 독서대를 떠나 그에게 다가오는 것이었습니다. 그 순간 교통사고 직후의 일들이 생생하게 떠올랐습니다. 그는 예수님의 심판대 앞에 혼자 서 있었습니다. 예수님께서는 사제직 전체를 보여주셨고, 그는 자신이 어떻게 실패했는지를 직접 볼 수 있었습니다. 예수님께서는 사제의 대중적 인기 여부가 아니라 예수님과의 내적 관계를 중요하게 다루셨습니다. 심판에서 그의 지옥행이 선고되었습니다. 그는 그 심판이 합당하다고 생각하였습니다. 그런데 바로 그때 성모님께서 예수님께 간청하시는 것을 보았습니다.

"아들아, 저 신부를 부디 용서해 주렴." 예수님께서 "어머니, 쉐이어 신부는 신부로서 12년 동안을 자기 자신의 안일을 추구할 뿐 나와 세상 사람들을 위해 살지 않았으니 마땅히 받을 벌을 받게 해야 합니다." 하고 대답하자 성모님께서는 "그러나 아들아! 우리가 그에게 특별한 은사와 힘을 주고 그가 열매를 맺는지 지켜보자. 열매를 맺지 못하면 그때는 네 뜻대로 하려무나."라고 재차 말씀하셨습니다. 잠시 숨을 돌리신 다음 예수님께서 "어머니, 당신께 맡깁니다."라고 말씀하셨습니다.

쉐이어 신부가 무화과나무 비유의 복음 말씀을 읽고 이 대화를 기억해 낸 것은 거의 동시에 일어난 순간적인 일이었습니다. 그 순간 쉐이어 신부는 변화되었던 것입니다. 사고의 순간이 아니라 복음 말씀을 읽으며 예수님과 성모님의 대화를 기억해 낸 순간이 변화의 순간이었습니다. 미사를 마친 쉐이어 신부는 그때부터 비로소 사제다운 삶을 시작하였습니다. 많은 열매를 맺는 사목활동을 시작한 것이었습니다. 그리고 사고 후 지금까지 20년간 지속적으로 충실히 사제직에 임하고 있습니다.

쉐이어 신부의 이야기는 이렇게 정리되어 있었습니다. 쉐이어 신부가 20년 동안 사제직에 충실하였다는 말은 1986년에서부터 20년, 그러니까 2006년까지를 뜻하는 것이고 『성령으로 힘을 얻어』라는 2007년에 출간된 책이니 아마도 쉐이어 신부는 20년 동안 사제생활에 충실하다가 2006년에 선종한 것이 아닐까, 라고 나는 생각하며 그 책을 번역하였습니다. 당시 나는 『성령으로 힘을 얻어』를 나의 셋째 딸 글라라와 공동으로 번역하기 위하여 글라라가 유학하고 있는 미국 캔자스주 로렌스의 집에 머물고 있었습니다. 2008년, 정월 달이지만 날씨가 따뜻한 날이었습니다. 2009년 여름에 한국에서 개최되는 세계 성령대회 때에 그 책을 소개해야 할 임무가 있었기 때문이었습니다. 그때 불현듯 한 가지 생각이 떠올랐습니다. 나는 캔자스에서 『성령으로 힘을 얻어』 책 101쪽을 번역하다가 캔자스주에서 사목한 쉐이어 신부의 이야기를 알게 되었는데, 이처럼 좋은 기회가 어디 있겠는가? 쉐이어 신부는 이미 돌아가신 듯하지만, 그가 사목하던 성당이라도 한번 찾아가 보아야 하겠다고 생각되었습니다. 부지런히 인터넷으로 쉐이어 신부에 대해 검색해 보았더니 부스톤Bushton이라는 마을의 성당에서 사목했다는 기록이 한 줄 발견되었습니다. 부스톤은 내가 머물던 로렌스에서 세 시간 남짓 달려가면 도착할 수 있는 곳이었습니다. 나는 쉐이어 신부가 사목했다는 부스톤 성당을 찾아 길을 나섰습니다.

 2009년 1월 17일 토요일. 겨울이지만 섭씨 16도의 따뜻한 아침이었습니다. 아침 10시경 나는 일행과 함께 출발하였습니다. 나 마리아와 배우자 바오로 그리고 막내딸 스콜라스티카와 사위 마이클 넷이서 여정을 시작하고 셋째 글라라는 책을 번역하며 집을 지켰습니다. 서쪽으로 30분쯤 달려 토피카Topika를 지나면서, 그곳이 1900년 초에 베델 대학 성경학교에서 성령 운동을 일으킨 곳이라는 사실을 상기하게 되었습니다. 그래서 100여 년 전에 있었던 베델 대학을 찾아보기로 하고, 그곳 역사박물관을 찾아가 토피카에 베델 대학이 어디 있느냐 물었더니, 남쪽으로 두 시간쯤 내려가면 워치타Wachita에 들어가기 전 뉴톤Newton에 베델 대학이 있다고 알려주었습니다. 우리는 부스톤으로 가서 쉐이어 신부가 사목하던 성당에서 쉐이어 신부가 어떤 모습으로 헌신적인 사목을 하다가 돌아가셨는지 확인하는 것이 주된 목적이었기 때문에 서둘러 부스톤으로 차를 몰았습니다. 1시간 반쯤 차를 달렸습니다. 부스톤은 참으로 한적한 시골 마을이었습니다. 한 블록 건너에 자그마한 구멍가게 하나가 보였습니다. 우리는 그 구멍가게에 차를 대었습니다. 문을 밀고 들어서니 스무 살 안팎의 여성이 조는 듯 앉아 있다가 낯선 동양인을 반갑게 맞았습니다. 그 가게는 1960년대 우리나라 면 소재지쯤에서나 있을법한 구멍가게 같았습니다. 물론 넓은 공간과 진열된 물건 등 그 분위기는 한국과 다르지만 어쩐지 미국이 아니라 40~50년 전 한국 시골 마을 가게 같은 느낌을 받았습니다. "이 마을에 있는 가톨릭 성당을 찾는데요. 거기에 쉐이어 신부님이라는 분이 계셨다고 들었습니다." 했더니, "성당은 여기서 3마일쯤 더 가야 해요, 그리고 저는 쉐이어 신부를 모르지만, 제가 가톨릭 신자 한 분을 알고 있으니 그분을 소개해 드릴게요."라고 말하였습니다. 한참 만에 30대의 여인이 가게로 들어왔습니다. "저분들이 한국에서 오셨는데 쉐이어 신부님과 성당을 찾고 있어요." 가게 점원이 우리를 소개했습니다. "책에서 쉐이어 신부님의 글을 읽고 크게 감동을 받았어요. 그분이 사목하시던 성당이라도 가보고 싶어 찾아왔어요. 쉐이어 신부는 언제 돌아가셨어요?"라고 내가 물었습니다. "잠깐만요. 쉐이어 신부님이 돌아가시다니요? 지난 성탄에도 저에게 성탄 축하 전화를 하셨는데요. 정말 자상한 분이시죠." 나는 생각지도 못한 답변을 듣고, "그래요? 그럼 지금 어디 계십니까?"라고 물었습니다.

신부님이 사목하던 성당을 둘러보며 회고담을 듣는 것으로 그칠 일이 아니라, 나선 김에 쉐이어 신부를 직접 만나야겠다고 계획을 바꾸었습니다. 우리는 드디어 쉐이어 신부님과 직접 통화를 하였습니다. "신부님이 계신 켈드웰까지 세 시간이면 갈 수 있다고 하네요. 저녁 늦더라도 찾아뵐 수 있을까요?"라고 여쭈었더니, "물론이지요. 조심해 오세요. 이 마을에 들어와 스페인풍의 성당을 찾으시면 됩니다. 도착하여 전화주세요." 그리하여 우리는 또다시 차를 몰았습니다. 그때가 오후 2시경, 쉐이어 신부님이 계신 켈드웰은 오클라호마 주 접경지대에 있는 캔자스의 최남단이고 그 중간에 베델 대학이 있는 뉴톤Newton을 들르고, 또 캔자스에서 가장 큰 도시인 워치타를 지나야 하는 긴 거리였습니다. 당일에 왕복하기는 다소 무리가 되는 일정이었지만 이왕 나선 길이고 또 직접 신부님을 만나게 되는 여정인 만큼 오히려 흥이 났습니다. 두어 시간을 달려 뉴톤에 이르렀습니다. '뉴톤'이라는 도시 표지판이 보이자마자 베델 대학의 안내판이 나타났습니다. 그러니까 베델 대학은 뉴톤 시에 들어가는 입구에 자리 잡고 있었던 것입니다. 도착한 시간이 토요일 오후 4시경이라 사무실은 모두 닫혀있었고, 그 대학에 성경 학교가 지금도 있는지는 확인할 수 없었지만 '개신교 학교'라는 학교 안내 팸플릿에서 백 년 전 성령강림을 간절하게 원했던 신자들의 모습을 짐작해 볼 수는 있었습니다. 우리는 갈 길이 먼지라 아쉬운 마음만 거기 남기고 길을 재촉하였습니다. 캔자스 최대도시 워치타에 도착한 것은 5시 30분쯤 되었을까, 해가 뉘엿뉘엿 넘어가고 있었습니다. 우리는 거기서 저녁을 먹기로 하였습니다. 마침 워치타에는 이름난 베트남 국수집이 있다는 것을 알고 있었기 때문에 마이클이 그 집을 찾아갔습니다. 워치타에서 저녁을 먹고 나니 해가 저물어 오후 여섯 시가 되었습니다. 이제 워치타에서 켈드웰까지는 또 1시간을 더 달려가야 합니다. 어두운 밤길을 도로 표지판을 찾아 달리면서도 우리는 조금도 불안하지 않았습니다. 언제 어디서나 주님이 그때 그곳의 주인이라는 확신만 있다면 "그곳이 곧 천국"이라는 가르침을 새삼스럽게 되새기기까지 했습니다. 쉐이어 신부님이 일러준 대로 표지판을 따라 켈드웰 시내에 무난히 도착하였습니다. 그곳 역시 참으로 한적한 시골 마을이었습니다. 스페인풍의 성당은 시내가 거의 끝나는 남쪽 끝머리에 있었습니다. 드디어 우리는 쉐이어 신부님이 사목하시는 성당에 도착한 것입니다.

성당 앞에 차를 세우고 우리는 신부님께 전화하였습니다. 주변은 칠흑같이 캄캄하게 어두워 성당 입구에서 성당의 명판을 읽기 위해 라이터 불을 붙여 보아야 할 정도였습니다. 잠시 후 사제관 현관에 불이 켜지고 현관문이 열리더니 1m 80센티는 족히 넘을 장신에 100kg도 더 되어 보이는 거구의 신부님이 나오셨습니다. 나는 신부님에게 나를 소개하였습니다. "저는 한국 성령쇄신봉사회에서 봉사하는 사람입니다. 시릴 존이라는 분의 책에서 신부님 이야기를 읽었습니다. 마침 제가 지금 로렌스에 머물고 있기 때문에 신부님의 흔적이라도 확인하려 했었는데 직접 뵙게 되었습니다."라고 여쭈었더니, "정말 반갑습니다. 제 이야기는 제가 직접 쓴 체험 고백의 글이 있으니 이 책을 드리지요." 신부님은 가톨릭 잡지 한 권을 나에게 건네면서 말씀을 이었습니다. "저는 그때 그 사건 이후 이렇게 생각합니다. 신자들이 있기 때문에 제가 있다고요. 그 사건 전에는 신자들이 저를 위해 존재한다 생각하고 사제생활을 했었지요. 그렇지만 지금은 다릅니다. 신자들이 없으면 저도 없다고 생각합니다." 신부님 말씀은 참 순박했습니다. 날카롭고 지적인 분위기는 어디에도 없고 그저 별로 배운 것 없는 투박한 시골 농부 같은 인상이었습니다. 목소리도 조금은 둔탁하고 나 같은 동양 사람의 귀에는 다소 알아듣기 어려운 남도풍 사투리 억양이었습니다. 우리는 그날 저녁으로 다시 로렌스로 돌아가야 했기 때문에 서둘러 인터뷰를 마쳐야 했습니다. 그래도 돌아가기 전에 성당을 한번 돌아보고 싶다고 하자 신부님은 우리를 안내하셨습니다. 우리는 성당의 제대 앞에서 신부님의 안수 축복을 받고 또 사진도 함께 찍었습니다. 신부님은 내 머리에 손을 얹고 오래 기도하였습니다.

"사랑이신 하느님 아버지, 아버지의 무한하신 은총과 섭리에 감사하나이다. 하느님 아버지의 엄위하시고 자애로우신 사랑은 오늘도 놀라운 기적을 저희에게 보여주셨습니다. 지금 여기 한국에서 오신 자매 한 분이 당신 앞에 엎드려 있나이다. 한평생 교수 생활을 하신 분이 불우한 이웃을 위한 여성복지사업과 성령 운동에 몸 바쳐 일하고 있습니다. 그 여생을 축복하시어 하느님의 영광이 이 자매님의 일하심 속에서 밝게 드러나게 하소서. 저와 같이 부족한 사제가 이런 분의 방문을 받게 되어 참으로 영광스럽습니다. 오늘 저녁의 이 짧은 만남은 제가 앞으로의 사제생활을 하는 데 커다란 활력이 될 것이오니 아버지 감사합니다. 오늘 저녁으로 로렌스로 돌아간다 하오니 가는 길을 안전하게 지켜 주시고 이 자매님의 남은 생애 모든 일에 아버지의 뜻이 함께 하시기를 기원합니다. 아멘."

녹음해 온 신부님의 기도를 번역한 것입니다. 신부님은 이렇게 기도하시며 안수해 주셨습니다. 나는 그 안수기도에서 표현할 수 없는 기쁨과 평화를 느꼈습니다. 서둘러 작별 인사를 나누었습니다. "그럼 신부님 안녕히 계세요. 서로 멀리 있어도 기도 중에 기억해요.", "네 고맙습니다. 자매님을 만날 수 있어서 나도 무척 기쁩니다. 금년 내내 내게 큰 즐거움이 될 것입니다.", "저도요, 그런데 신부님 연세가 어떻게 되세요?" "1947년생입니다." "저보다 꼭 10년이 아래 시군요. 오래오래 사목하십시오." 돌아가신 분으로 알고, 그가 사목하던 성당이라도 보고 싶은 마음으로 나섰던 여행에서, 살아계신 신부님을 만난 것입니다. 그 시간이 밤 8시 반쯤. 우리는 서둘러 차를 몰았습니다. 집에 도착한 것은 자정이 넘은 깊은 밤. 그날 하느님과 성모님을 체험하신, 한 분 신부님을 만나기 위하여, 총 600마일을 달린 것입니다. 길고 긴 하루였지만 조금도 피곤하지 않았습니다. 성령이 함께하셨기 때문입니다.

막내딸 스콜라스티카 이야기를 이어서 씁니다. 여기 쓴 글, 내가 쉐레이 신부님을 찾아간 이야기는, 한국 성령 봉사회 임원 신분으로 갔던 것이었으니까요. 스콜라스티카가 받은 은총 체험은 별도의 내용입니다.

기적적인 은총의 신비

나는 내 평생에서 하느님의 성령이 분명히 역사하셨다고 생각되는 신비를 참으로 여러 차례 체험하였습니다. 6·25 한국전쟁 이후 살아남아 고아원에서 자라고 숙명여대에 입학하여 8학기 수석으로 대학을 졸업하고, 모교의 교수가 되고, 전쟁 후의 고통과 슬픔을 상기하며 가정폭력 피해 여성 쉼터 <나자렛 성가원>과 성매매 피해 여성 쉼터 <나자렛 성가정 공동체>를 창설하고 사회복지법인 나자렛성가회로 편입시킨 것은, 두말할 필요가 없는 은총이지만, 둘째 딸 테레사와 막내딸 스콜라스티카가 받은 대은大恩 또한 상상도 할 수 없는 기적의 신비 체험입니다.

하나는, 일본에서 15년을 공부하고 상지대학에서 강의하던 둘째가, 2010년 12월에 잠시 귀국하여 가톨릭 대학교 대학원 사회복지학과에 입학원서를 내고 시험을 치르고 다시 일본으로 갔었습니다. 그리고 곧, 일본에서 15년을 공부하고 가르치며 살아온 일본의 집을 팔고 강의 나가던 학교를 사임하고 한국으로 영구 귀국하여 가톨릭대학교 사회복지학과 대학원 학생으로 입학해서 공부하겠다고 결심을 하였는데, 그 모든 계획을 실행에 옮기고, 3월 10일 둘째 딸의 15년 살림살이를 담은 컨테이너가 일본 요코하마 항구를 떠난 다음 날, 센다이 대지진 소식을 듣게 되었으니, 늙은 부모를 모시겠다는 열정으로 단호히 귀국한 딸을 대참사에서 탈출시켜주신 주님의 섭리에 감읍합니다.

그리고, 혼인 13년에 막내딸이 하느님으로부터 자식을 선물로 받은 신비로운 기적에서 나에게는 살아있는 동안 하느님께 감사하는 일 외에 더할 일이 없습니다. 막내딸이 받은 대은을 상세히 말씀드립니다. 하늘을 우러르고 땅에 엎드려 절하기를 온종일 거듭해도 충분히 감사할 수 없는, 그런 심정으로 하루하루를 하느님께 감사하며 삽니다. 천지간의 모든 언어가 사라지고 오직 한마디 기도의 언어 "하느님, 감사합니다!"만이 남았습니다. 작은형제회 재속회 월례모임에서 "우리는 모두 또 다른 하느님입니다."라고 강론을 끝내신 호명환 신부님의 말씀을 듣고, 나는 깊은 생각에 잠겼었습니다. 하느님의 성령을 모시고 살면 성령의 궁전이 된다는 말씀은 익히 들었고 성경에서도 접하지만 "우리가 모두" 또 다른 하느님이라고 단언하시는 말씀은 처음 들은 일입니다. 우리는 누구나 하느님 현존을 느끼길 원하며 신앙의 확신을 갖고 싶어 합니다. 그럼에도 하느님의 현존을 확신하게 해주는 일상의 신비를 맛보지 못하고, 환시, 부양, 탈혼과 같은 신비 체험을 한 사람들만이 하느님과 가까운 사람이라고 오해하기 때문에, 신앙생활에서 큰 기쁨을 찾지 못하는 것이라고 생각합니다. 하지만 칼 라너는 인간의 지극히 일상적 삶 속에서 성령쇄신을 통하여 신비의 체험이 가능하다고 강조합니다. 성령을 만나고 맞이하는 초월적 체험 사례들이 우리의 일상적 경험 안에 무수히 존재함을 역설하며 "절망적 상황에서의 희망, 보상 없는 용서, 대가 없는 선행, 변명하지 않는 침묵, 하느님의 뜻 때문에 바치는 순종, 사랑과 아름다움과 기쁨에 대한 단편적 체험들, 죽음을 불가해한 약속의 도래로 조용히 받아들임, 쓰라리고 절망적인 고통을 끝까지 견뎌냄, 이런 일상적 고통의 체험들 속에 하느님 현존을 체험하는 대중적이고 보편적인 신비 체험이 숨겨있다."(고계영, "칼 라너의 신비신학", 『프란치스칸 삶과 사상 제32호』)라고 강조하십니다. 고계영 작은 형제회 수사 신부님 글입니다. 나는 하느님이 분명히 현존하신다고 생각되는 신비를 확실히 체험한 바 있습니다.

혼인 13년 만에 막내딸이 하느님으로부터 자식을 축복으로 받은 일입니다. 2009년 10월 셋째 토요일, 작은형제회 세검정 월례 구역모임이 있던 날, 막내딸 스콜라스티카가 혼배성사 받은 지 11년이 되는데도 아기가 없어서 온 가족이 애처로워하던 때였습니다. 자궁에 생긴 근종 제거 수술을 두 번이나 받았기 때문에 불임이 된 것이라고 나는 짐작하였고, 딸은 비싼 의료비를 치르며 시험관 아기를 가져보려고 여러 차례 시술을 받던 때였습니다. 그날 작은형제회 재속회 월례 구역모임에서 읽고 묵상한 글은 이탈리아의 프란치스카 로마나 성녀에 관한 것이었습니다. 나는 그 성녀가 불임여성을 위하여 중개 기도를 해 주는 '불임여성들의 수호성녀'라는 글을 『평화의 사도 2009년 10월호』에서 읽고, 용기를 내어 구역 형제자매들 앞에서 말했습니다. "딸과 사위에게 말하겠습니다. 시험관 아기 갖는 것을 포기하고 프란치스카 성녀의 중개 기도에 의지하여 하느님께 전구轉求를 청하라 하겠습니다. 만약 딸에게 아기가 생기면 그것은 분명 프란치스카 성녀의 중개 기도에 대한 하느님의 응답이며, 신비요 기적이라고 인정하십시오."

미국에 가서, 켄서스 대학교 교수인 막내딸 스콜라스티카와 또 박사과정 중에 있는 딸 글라라와 함께, 쉐이어 신부님의 책 『성령으로 힘을 얻어』을 번역하였습니다. 성령 봉사회 일로 쉐이어 신부님을 찾아가던 막내딸 스콜라스티카와 사위 마이클 교수를 대동하였습니다. 사위가 사주는 월남 국수를 먹고 새벽 한 시에 신부님을 만났습니다. 신부님 방에서 차를 마시는데 벽에 성녀의 사진이 고급 액자에 걸려있어서 누구냐고 물었더니 아기 수태를 위하여 기도해 주시는 필로메나 성녀라 하였습니다. 나는 깜짝 놀라서 "신부님. 그럼 여기 같이 온 이 딸을 위해 기도하여 주셔요. 혼인 후 10년이 넘었는데 수태하지 못했습니다." 신부님은 우리 가족을 다 대동하여 성당으로 들어가 제대 앞에서 오래 기도하였습니다. 그리고는 필로메나 성녀의 액자를 떼어서 우리에게 가지고 가서 벽에 걸어 놓고 기도하라 하셨습니다. 나는 다음 날 조지아 주에 살고 있는 동생 필로메나에게 액자를 우송하고 기도하라 하였습니다. 그런데 그렇게 기도한 6개월 후, 막내는 임신하였고, 금년 1월 26일에 아들을 낳았습니다. 누가 뭐래도 나는 이 일을 하느님께서 관여하시고 베푸신 은총의 선물이라고 믿습니다.

세상에서 제일 큰 신비는 생명의 출산입니다. 혼인한 지 11년이 지나도 아기가 없는 절망적인 상황에서도 희망을 잃지 않고 기도하며, 아기가 없어서 당하는 모욕 앞에서도 인내하면서, 딸은 분명 칼 라너가 말한 바 있는 일상적 삶 가운데에서 현존하시는 하느님과 그 현존의 신비를 체험하였을 것입니다. 내가 아들이 없어서, 셋째를 낳은 후 여러 해가 지나 다시 한번 아들 주시기를 기도하고 얻은 막내가 바로 이 딸입니다. 그런데 이 막내딸이 출산이 임박하여, 내가 막내를 낳던 나이보다도 훨씬 더 노산老産인 나이 40에 이 어미를 생각하며 글을 써 보냈습니다.

엄마, 감사, 감사! 지금 아기 심장 소리 아주 좋고, 잘 움직이고 있습니다. 계단 오르내리는 운동을 열심히 합니다. 이제 알겠습니다. 엄마 머리숱이 왜 그렇게 없으신지. 엄마 관절 마디마디가 왜 그리 쑤시고 아프신지. 엄마 요실금은 왜 생기셨는지. 엄마 변비와 치질과 치핵 튀어나온 것은 왜 생겼는지도. 36세에 엄마가 저를 낳으시면서 머리카락을 만들어야 할 단백질을, 온몸의 관절 물렁뼈를, 그리고 뼛속 칼슘을 아낌없이 저한테 다 주셨음을 이제야 압니다. 저를 갖고 낳으시느라 변비도, 치질도, 요실금도 다 생기신 거란 걸 이제야 압니다. 그때 엄마한테 받은 걸 이제 제가 모두 다 아가에게 주고 있나 봅니다. 엄마 딸이니까, 저도 엄마처럼 주사 한 방 안 맞고, 주님 수난을 묵상하며 자연분만 잘할 수 있을 거예요. 너무 걱정하지 마셔요. 씩씩하게 잘할게요.

2011년 1월 17일 오후 2시 막내 올림

막내의 자연분만은 일종의 순교적 사랑이었습니다. 막내는 배 속의 생명에게 피해가 갈까 봐 나이 40의 노산에서 제왕절개가 아닌 자연분만을 아프게 치러 낸 것입니다. 엄마의 마음은 하느님 마음입니다. 그리고 하느님 마음은 엄마의 마음입니다. 소와 돼지 300만 마리 이상이 땅에 매장된 구제역 파동 중에 있었던 실화입니다. 구제역에 걸린 어미 소를 안락사시키기 위해 수의사가 석시 클린이란 약을 주입했는데, 바로 그 순간 갓 태어난 송아지가 어미젖을 물었습니다. 그 약을 일단 주입하면, 소는 약의 반응이 나타나는 10초에서 1분 사이에 모두 숨을 거두기 마련인데 이 어미 소는 젖을 물린 채 다리를 부르르 부르르 떨면서도 3분간을 버티고 서서 젖을 빨렸다는 것입니다. 송아지가 젖을 다 먹고 어미 소에서 떨어져 나가자 그제야 어미 소는 털썩 주저앉아 눈을 감더라는 것입니다. 어미 소에게는 3분을 더 버티며 살아남았어야 할 이유가 있었습니다. 모성이라는 하느님 마음이 있었습니다. 어머니 마음은 하느님 마음입니다. 프란치스코 성인께서 온갖 피조물을, 벌레 한 마리도 다칠세라 걸음을 조심하신 이유를 알겠습니다.

하느님은 상처받은 백성을 위로하시는 일에도 늘 마음을 쓰십니다. 고통의 길목에서 그때마다 기다리셨다가 기쁜 소식을 주십니다. 위로를 받아야 어둠을 이기고 다시 일어서는 저의 됨됨이가 부끄러워서 대은을 체험하면서도 송구하고 부끄러웠습니다. 저에게 다가오는 일상의 고통에 대하여 제가 힘겨워할까 봐 이번에 또 이렇게 은혜를 베풀어 주신 듯합니다. 나에게 기적적인 은총의 신비를 베풀어 주신 주님께 거듭거듭 감사합니다.

2011년 6월 3일

흙에서 나와 흙으로 돌아가리니

우리 모두 곡예사처럼 고공 줄타기를 하며 아슬아슬하게 죽음을 피해 삽니다. 코로나 팬데믹 시대의 위기 상황을 조용히 견디며 살아남으시라고, 나는 가족들과 대자 대녀들과 제자들과 지인들의 평화와 안전을 위하여 자나 깨나 기도합니다. "제가 만난 사람들과 만나는 사람들과 미래에 만날 사람들과 그 배우자들과 그 자손만대에 주신 생명을 통하여, 우리 생명의 주인이신 하느님 성삼은 이제로부터 영원히 찬미 영광 받으소서. 아멘" 이렇게 기도할 뿐입니다.

지난 몇 년 사이, 런던에서 건축회사의 중역으로 일하던, 지인의 아들 바오로가 안전사고로 세상을 떠났고, 필리핀과 호주에서 성매매 업주들과 맞서 싸우며 성매매 피해 여성들을 돌보던 젊은 지인 베다가 암으로 눈을 감았고, 별에서 온 청년 도민준을 빼닮은 젊은 요셉이 미국에서 사고사로 하느님 나라에 갔고, 하나뿐인 시동생 아우구스티노가 우리에 앞서 하느님께 갔고, 사랑하는 제랑 베드로도 이승을 떠났습니다.

금년 3월 11일은 일본에서 엄청난 사상자를 낸 동일본대지진 참사가 일어난 지 10주기가 되는 날이었습니다. 10년 전의 그 참사로 수많은 사람이 희생되었고 그 여파로 원전이 폭파하여 지금도 수많은 사람과 가축들과 나무들이 죽어가는 비극이 오늘도 끝나지 않은 상태입니다. 이웃 나라의 일이지만 천재지변으로 인해 수많은 사람이 희생된 마당에, 마땅히 희생자들을 위한 애도의 기도가 우선되어야 하겠지만, 나에게는 이날을 특별히 기억하지 않을 수 없는, 지극히 개인적인 이유가 있습니다. 그 대지진이 발생하기 일주일 전에, 일본에서 15년을 공부하고 가르치며 살던 내 둘째 딸 테레사가 일본 생활을 완전히 접고 한국으로 영구 귀국했습니다. 딸이 생활하던 이바라키현은 지진과 쓰나미로 가장 많은 희생자를 낸 센다이와 멀지 않은 곳에 있습니다. 내 딸인들 일주일 후에 있을 비극을 알았겠습니까?

둘째 딸은 이미 그해 연초부터 본인의 사정과 계획에 따라 귀국을 준비하고 결행한 것이었겠지만, 나는 어미로서 대지진의 슬픈 소식을 접하자마자 가슴을 쓸어내리며 둘째 딸의 아슬아슬한 탈출에 우선 감사하고 희생자들을 위해 기도하였습니다. 생사의 갈림길이 그러한 즉, 나는 죽음을 생각하지 않는 순간이 없습니다. 내가 죽음을 생각하는 것은 삶을 생각하는 것과 같습니다. 삶 안에 죽음이 있고 죽음 안에 삶이 있으니 삶과 죽음은 하나입니다. 나는 누구건 귀천 소식을 들으면 그때 전대사 기도를 바칩니다. 하느님 성부께서 생명을 주신, 하느님 백성 모두가. 인류 전체 구원을 위하여 마지막 피 한 방울 마지막 물 한 방울까지 다 흘리고 돌아가신 하느님 성자 주 예수 그리스도의 무궁 무한의 은총으로 구원되리라 믿고 기도합니다. 기도하고 나면 마음이 평안해집니다. 살아있는 사람의 명단에서는 그 이름이 지워졌지만, 그와의 추억은 내 가슴에 새겨져 있고, 내가 그를 기억하는 한, 그는 이 순간에도 나와 함께 있다고도 생각합니다. 그래서 내가 살아있는 오늘이 매일 새날의 시작이고, 새 결심의 날입니다.

    사순절 재의 수요일을 다시 맞이하고 금년의 그리스도 부활을 또다시 맞이하는 일은 크나큰 영광이고 은총이고 감동이고 기쁨입니다. 고난 중에서도 우리가 살아있다는 것은 회개와 개혁의 가능성이 아직 그 생명에게 있다는 뜻이기도 합니다. 지금까지 가슴

설레며 살아온 것처럼, 나는 나의 남은 날도 그렇게, 흙으로 돌아갈 것을 시시각각으로 명심하며, 최선을 다하여 살아가려 합니다.

밤이 깊으면 새벽이 멀지 않은 것입니다. 지칠 때에 연락해 주세요. 전화 주신 분과 함께 기도하겠습니다. 우리가 지금 아직 살아있으니 고통 중에 있더라도 이제 다시, 우리들 각자가 머무는 자리에서 하늘을 우러러, 생명을 주시고 가족들과 인연을 맺고 살다 가게 해 주신 우리의 전 생애에 대하여, 기뻤던 일과 슬펐던 일들 모든 것에 대하여, 감사의 기도를 봉헌하며 삽니다.

흙에서 나와 흙으로 우리는 돌아가리니
이승에서 살다 가는 마지막 거처,
경기도 포천시 신북면 청신로 947번길 90-27
성가정도재로 초대합니다.

6장
성북동 비둘기

장애인의 어려움을 생각해 본다면

어느 날 퇴근길에 운전 중인 차 안에서 라디오 음악을 들었습니다. 한 곡이 끝나자 해설자는 차분히 가라앉은 음성으로 짧은 이야기를 하나 소개했습니다. 세상 사람들의 눈으로 보면 부러울 것이 없는, 한 회사의 중견 간부요, 가정적으로도 이렇다 할 문제가 없는 어느 신사가 일상생활에 회의를 느끼게 되었습니다. 회사 일도 재미없고 가정에 돌아와서도 마음 붙일 곳을 찾지 못했습니다. 특별히 아내에게 불만이 있는 것도 아니고 아이들이 속을 썩이는 것도 아닌데 신사는 우울하고 쓸쓸하기만 했습니다. 가족 간에는 대화도 없었습니다. 신사는 답답한 마음을 달래려고 이것저

것 해보지만, 상황은 호전되지 않았습니다. 그러던 어느 날, 그는 심란한 마음으로 교외로 나가는 전철을 탔습니다. 전철 서가에 꽂힌 잡지 한 권이 그의 눈에 들어왔습니다. 그는 잡지를 집어 들었습니다. 자신에게 활력을 줄 뭔가를 찾겠다는 기대 같은 것은 없었습니다. 그리고는 겉장을 무심히 넘겨 눈길이 머문 첫 페이지를 읽는데, 어느 틈엔가 그는 자세를 고치고 옷깃을 여미고 있었습니다. 그는 다음 페이지로 책장을 넘길 필요도 없었습니다. 자신이 살아온 그동안의 권태로운 감정이 갑자기 부끄러워졌습니다. 얼굴이 벌겋게 달아올랐습니다. 그 페이지에는 어떤 장애인의 시 한 수가 소개되어 있었습니다.

마음대로 일어나 척척 옷을 입어보면 좋겠다.
화장실도 마음대로 가고
식탁에도 편히 앉아 스스로의 힘으로 밥을 먹을 수 있으면 좋겠다.
계단을 내려가서 버스를 타고 나 혼자서 회사에 다녀보면 좋겠다.
아니 단 하루만이라도 남들처럼 길거리를 걸어 보면 좋겠다.

'나의 소망'이라는 제목의 이 시를 읽은 신사는 자신이 그간 얼마나 사치스러운 감정놀이에 빠져 있었는지를 깨달았습니다. 전철이 멈추자 그는 벌떡 일어나 쏜살같이 역 바깥으로 나왔습니다. 서둘러 집으로 가는 버스를 바꿔 타고 신사는 그날 저녁 아내와 아이들에게 해 줄 말을 생각하기 시작했습니다.

그렇습니다. 우리는 우리 자신이 얼마나 행복한지를 평소에 모르고 살아갑니다. 생각하면 생각할수록 우리는 복에 겨운 환경과 조건을 지니고 있고 지금껏 놀라우리만큼 크나큰 하느님의 은총 속에 살고 있건만 그것을 깨닫지 못하고 살아갑니다. 감사하며 살아갈 일입니다. 감사하며 살아야 하겠습니다.

장애인 자식을 둔 친구 부부에게

10년 긴긴 세월을 한결같이 한 약국에만 다녔습니다. 약국 주인 내외가 친절했기 때문입니다. 나는 그들과 일가친척처럼 가까워져서 약이 필요할 때면 반드시 그 약국을 찾았습니다. 그런데 그 긴 친교의 기간에 그 부부는 재산도 늘리고 일류대학을 졸업한 예쁜 큰딸도 있었지만, 얼굴에는 언제나 어두운 수심을 드리우고 있었습니다. 나는 뒤늦게야 그들 부부의 두 아들과 막내딸이 장애인이라는 사실을 알았습니다. 그 부부는 오랜 고통 끝에, 자식의 장애는 결코 하느님의 저주가 아니라 세상의 오염이 가져온 비극임을 깨닫고, 가족 모두 성당에서 세례를 받았습니다. 그런데 큰딸의 혼삿말이 오가던 때였습니다. 동생들이 장애인이라는 이야기가 전해지자 혼사가 결렬되었고 그 여파로 몸 성하고 어여쁜 큰딸이 그만 비관하여 자살을 하고만 것입니다. 딸을 잃은 부모의 상처는 과연 치유될 수 있을 것인가? 어떻게 치유가 가능할 것인가? 딸의 죽음을 자살로 보아야 하는가? 장애인을 폄하하는 이 사회풍토가 초래한 간접 타살은 아닌가? 이런 생각으로 나는 요즘 친구 부부를 위로할 말을 찾으며 가슴을 앓고 있습니다.

미국에서 본 일입니다. 한 청년이 차 사고로 인해 목뼈 아래로 전신이 마비되어 침대에 누워 대소변을 보고 있는데 미국인 남자 간호사가 그를 간호하고 있었습니다. 그 막대한 인건비를 어떻게 충당하는지 물었더니 나라로부터 공무원 월급을 받는 간호사가 장애인 환자를 돌보기 위해 가정으로 출장 나온다는 것입니다. 또 독일에서 본 일입니다. 유학생에게 물었더니 장애인은 대학원 학비도 없고 아이들 양육보조비도 나오기 때문에 근심 없이 공부할 수 있다고 했습니다. 의료보험 제도도 완벽하여 큰 수술이 필요한 경우에도 현대의학으로 치료가 가능한 질병이면 빈부귀천을 불문하고 모두 수술과 치료의 혜택이 주어진다고 했습니다. 우리나라의 형편으로는 피안의 언덕을 바라보는 꿈같은 이야기입니다.

며칠 전 일입니다. '장애인고용촉진공단'에서 어느 회사로부터 채용 약속을 미리 받고 일터로 보낸 장애인 청년이 일도 해보지 못하고 쫓겨난 일이 있었습니다. 그 청년이 그 길로 가출하여 집에 돌아오지 않고 있다는 연락을 받고 나는 지금 근심에 쌓여 있습니다. '장애인고용촉진공단'에 상담 실습을 나가 그 청년을 상담했던 사회복지 전공자인 내 딸이, 그 청년 일로 슬퍼하는 것을, 곁에서 나도 함께 앓고 있기 때문입니다.

진정으로 이 사회의 장애인은 과연 누구인가? 장애인의 가족인 것을 부끄러워하는 사람들, 장애인을 기피하는 사람들이 아닌가? 그렇다면 이제 장애인을 위하여 소신껏 일을 하도록 하늘이 부르는 사람은 누구인가? 성한 자식을 잃은 나의 친구 부부가 아닌가? 나는 친구 부부의 슬픔을 위로하기 위하여 무어라 편지할까 묵상하며 기도하다가 문득 그들이 해야 할 일이 생각나서, 지금 이 글을 씁니다. 장애인 자식을 부끄러워하거나 기피하는 사람의 장애 자녀들을 자식으로 받아들여, 잃어버린 딸 대신 사랑하며 함께 사는 장애인들의 부모님이 되시라는 말을.

친구의 딸을 위한 결혼주례

새해 아침을 주신 하느님께 감사기도 올린 지가 어제 그제 같은데 벌써 3월입니다. 세월이 빠릅니다. 숙명여대 교수 시절, 간혹 제자들로부터 결혼주례 청탁을 받는 경우가 있었습니다. 어떤 때는 제자가 너무도 간곡히 부탁하는 바람에 그만 수락하게 됩니다. 그러나 혼인날이 가까워지면 "여자가 무슨 주례?" 하는 소리가 귀에 들리는 것 같아 결혼 일자를 며칠 앞두고 온갖 구실을 만들어 용서를 청하며 주례 서주기로 한 약속을 철회했습니다. 그렇게 막바지 철회소동을 벌이면서까지 하지 않는 데 겨우 성공할 수 있었던 결혼주례를 두 번이나 결행했던 일이 있습니다.

우리 <성가원>에 무시 때로 계절 식품을 사 오던 이재순 여사가, 딸을 시집보내시는데 내가 반드시 주례를 서 줄 것이며 만약 그 청을 거절한다면 <성가원> 원장 자격이 없다고 협박 아닌 협박을 하셨습니다. 그래서 도저히 거절할 수 없었습니다. 나는 기도하고 또 기도하고 주님의 도우심을 청하며 주례에 임해야만 했습니다. 그런데 그토록 걱정했던 나의 첫 결혼주례는 의외로 좋은 반응을 얻었습니다. 주례사에서 어떻게 화목하고 평화로운 가정을 이끌며 살 것인가를 이야기하다 보니, 이재순 여사의 말씀처럼, <성가원> 원장으로서 새 세대 젊은이들의 결혼을 주례하며 모범적인 '성가정聖家庭'을 이루라고 축원하는 일이 마치 나의 본업인 양 참으로 자연스럽게 여겨졌던 것입니다. 500명의 하객은 진지하게 경청했을 뿐만 아니라 "여자가 무슨 주례?" 하는 듯 보이는 하객은 한 명도 없었습니다. 젊은 세대들이 어떻게 해야만 부부생활을 모범적으로 이끄는가 하는 주제는 민족정화를 과제로 하는 <나자렛 성가원>이나 <나자렛 성가정 공동체>의 창립 목적과도 그 맥이 닿아 있다고 생각되었습니다.

결혼식 주례는 대체로 신랑이나 신부와 인연이 깊은 사람들 가운데에서 덕망이 높으신 분이 맡게 되어있습니다. 그런데 나는 덕망은 없으나, 덕망 높으신 남자 어른들이 양가 부모님 주변에 너무 많아 누구 한 분에게 부탁하면 다른 어른들께서 마음 상하실까 봐, 차라리 여자인 나에게 부탁하신 것 같다고 말했더니, 모두 웃으며 좋아하였습니다. 나는 숙명여자대학교에서 교편을 잡는 일 이외에, 평생을 가정폭력, 미혼모, 성매매 피해 여성 등 소외 계층 여성들을 돌보는 일에 헌신하였고, 그 일로 '오늘의 여성상', '서울사랑 시민상', '유관순상' 등을 수상한 바 있습니다. 내가 국가와 사회로부터 이런 상을 받은 것은 저 일이 민족 정결이나 민족 정화에 기여하기 때문이니 신랑·신부 두 사람도 대한민국의 일등 시민으로 살아 건강한 자손을 길러내어 민족 정화에 크게 기여하리라 믿고 당부한다고 말머리를 열었습니다. 그리고 이어서 신랑·신부에게 '천생연분天生緣分', '천정배필天定配匹', '백년해로百年偕老'와 같은 말의 의미와 교훈에 대하여 설명했습니다. '천생연분'과 '천정배필'은 하늘이 정해준 인연인 만큼 부부가 서로에게 겸손과 화합의 마음으로 임해야 한다는 것을 '백년해로'는 부부가 한평생 함께할 것이니 서로 협동하고 화목하고 일치하도록 노력해야 한다는 것을 뜻한다고 이야기했습니다. 이러한 가르침을 가슴에 새기고 그 실천을 양가 가족과 친지 앞에서 서약하기 위하여 결혼식을 거행하는 것이라고 말했습니다.

예수님의 가르침은 信(믿음), 望(소망), 愛(사랑)로 요약할 수 있고, 공자님의 가르침은 仁(어짊), 義(의로움), 禮(예의 바름), 智(지혜로움)로 집약할 수 있고, 부처님의 가르침은 자비로 집약된다고 나는 생각하지만, 나는 국문학을 생업으로 해온 사람이니 우리말 속에서 결혼생활을 하는 데 부부가 반드시 지켜야 할 규범을 가나다순으로 골라내어 정리해 주었습니다. 우선 '가' 행에서는 두 개의 낱말 '감싸주기'와 '감사하기'가 부부강령의 첫 번째 기둥이고 '나' 행의 '낮추기'와 '나누기'는 그 두 번째 기둥이고 '다' 행의 '닮기'와 '돕기'는 그 세 번째 기둥이라 말했습니다. 네 번째 기둥은 가,

나, 다에 이어 '라' 행으로 갈 수도 있지만 '라' 행에서 '파'행까지는 신혼부부가 살아가면서 스스로 찾아서 덕행을 쌓도록 숙제로 남겨주고, '하'행으로 건너뛰어, '효도하기'와 '화목하기'를 마지막 부부강령으로 제시해 주었습니다. 물론 결혼생활이 이 네 가지만으로 완성되지는 않습니다. 그러나 이 네 기둥을 기본 덕행으로 삼아 실천하면, 오늘의 신혼부부는 충분히 나머지 부분을 스스로 발견하고 보완하면서, 건전하고 아름답고 모범적인 성가정을 이룰 수 있을 것이라 믿는다고 일렀습니다.

우리 집은 성매매 피해 여성과 가정폭력 피해 여성들을 돌보는 쉼터입니다. 가출 청소년들에게 가출 원인을 물어보면 대체로 "엄마 아빠가 매일 싸우기 때문"이라고 말합니다. 위의 네 가지 부부강령으로 제시한 덕목 중 하나만 부족해도 부부는 싸우게 됩니다. 부부는 누구 한 사람이 왕 노릇을 하려 해서도 안 되고 누구 한 사람이 종처럼 시중만 드는 사람으로 살아서도 안 됩니다. 반드시 서로의 잘못을 고쳐주고 서로의 장점을 닮으면서 오누이처럼 닮아가야 합니다. 먼먼 훗날에 앞서거니 뒤서거니 부부가 차례로 죽어서 하늘나라에 가면 하느님은 남편의 나쁜 행실에 대하여 남편을 나무라시지 않고 그 아내였던 자를 나무라시고, 아내의 나쁜 행실에 대하여는 아내를 나무라시는 것이 아니라 그 남편이었던 사람을 나무라실 것이라고 나는 여러 글에서 무수히 강조한 바 있습니다. 우리는 그런 마음으로 서로를 고쳐주면서 배우자의 장점을 닮으며 거룩하게 늙어가야 합니다. 위의 신랑·신부뿐만 아니라, 이 나라의 모든 신혼부부도 위의 부부강령을 마음에 새겨 평화 속에서 행복을 키워가는 한평생을 살라고 축원합니다.

우리 집에 찾아온 성북동 비둘기

　청명한 하늘과 연둣빛 신록들이 온 천지에서 생명의 근원, 하느님을 찬양합니다. 5월은 가정의 달입니다. 자녀들은 부모님의 자비를 다시 기억하고, 현시점에서 할 수 있는 효도가 무엇인가를 가슴에 새기는 때이고, 부모들은 아무리 자식이 부족하고 잘못하는 바가 있어도 거듭거듭 사랑과 자비와 인내를 보여줌으로써 자녀가 그릇된 길에서 벗어나 바른 자리로 되돌아오게 하는 데에, 심혈을 기울이는 때입니다. 복잡한 현대사회에서 가족이 함께할 수 있는 시간은 점점 줄어듭니다. 가족이 모여 식사 한번 한다는 일이 너무도 어려운 암울한 시대입니다. 이혼의 위기에까지 내몰린 가정의 한 아내에게 이혼의 이유를 물었더니 단 한 끼도 남편이 아내와 자식과 더불어 식사하는 적이 없고 밤낮을 거꾸로 산다는 것이었습니다. 밤에는 혼자 일하고 낮에는 종일 잔다는 것입니다.

한 조사에 따르면 전체 남성 응답자의 절반이 "바빠서 가족과 함께 저녁식사를 하기 어렵다."라고 대답했답니다. 가족이 모여서 함께 식사하면 각자 따로따로 식사하는 것보다 정서적인 안정감뿐만 아니라 영양 면에서도 훨씬 균형 잡힌 식사를 할 수 있습니다. 가족 전체가 모여 하는 식사일수록 다양한 음식을 충분한 양으로 섭취할 수 있는 반면 개인이 따로 식사하면 인스턴트 식품으로 때우는 경우가 많기 때문입니다. 또 함께 먹는 식사의 장점은 영양가의 문제만은 아닙니다. 미국의 미네소타 연구팀이 소아·청소년 의학지에 발표한 조사를 보면, 일주일에 7회 이상 가족과 함께 식사하는 청소년이 2회 이하로 가족과 함께 식사하는 청소년에 비해서 성적이 좋고 음주나 흡연을 하는 비율도 훨씬 낮게 나타난다고 합니다.

돌아가신 교황 요한 바오로 2세는 2004년 4월 30일에 하느님의 자비의 사도로 잘 알려진 마리아 파우스티나 수녀를 성인품에 올리면서 특별히 하느님의 자비를 기억하라고 당부하셨습니다. 불교의 최고 덕목이자 근본정신 역시 자비입니다. 사실 자비는 그리스도교회에 앞서 불교를 통해 우리 민족에게 친숙해진 개념입니다. 그리스도교의 자비에 상응하는 유교의 '어질 仁' 또한 자비에 통합니다. 가족 간의 사랑은 커다랗게 계획되는 일이 아니라 아주 작은 일에서부터 시작됩니다. 가정에 대화가 없어지고 가족 상호 간의 관심이 사라질 때 가정은 무너집니다.

현재 우리 사회는 가정해체와 경제적 어려움으로 인하여 수많은 남녀 청소년들이 거리로 내몰리고 있습니다. 이제는 이들을 가족적 분위기로 양육할 수 있는 '대안 가정'이 시급합니다. 가톨릭의 성인 돈 보스코는 "청소년들을 사랑하는 것만으로는 충분하지 않다. 그들이 사랑받고 있음을 느낄 수 있도록 사랑해야 한다."라고 말씀하셨습니다. 부모의 위치에서 자녀에게 보이는 자비는 끊임없는 인내와 관용과 기다림입니다. 어떠한 경우에도 "나에게는 돌아가서 안길 부모님이 계셔!"라는 확신을 자녀에게 주어야 합니다. 자녀들은 부모님께 효도해야 합니다. 특별히 돈을 잘 벌어다 드린다거나 좋은 옷을 사드리라는 것이 아닙니다. "제가 지금은 탈선상태에 있고 불손하게 보이겠지만 언젠가는 반드시 부모님의 성심을 헤아려 바른 자리로 돌아설 것이고 반드시 오늘의 탈선을 청산하고 부모님 품으로 돌아갈 것임을 믿고 기다려주세요." 하는 확신을 부모님께 드려야 합니다.

나자렛성가회 5층 구석방인 내 침실과 사무실에는 반 평 정도의 베란다가 있습니다. 그런데 내 결심을 재촉하느라고 올해는 4월 내내 비둘기들이 구구 소리를 내며 떼 지어 울어대면서 피곤한 봄날의 수면을 방해하였습니다. 아침에 베란다를 살펴보니 밤새 비둘기들이 구구거린 그 자리에 나뭇가지들이 수북이 쌓여 있고 거기에 비둘기 알 세 개가 놓여있는데 어미 비둘기가 알을 품고 있는 것입니다.

갑자기 김광섭 시인의 「성북동 비둘기」라는 시가 생각났습니다. 최고급 저택을 짓기 시작한 성북동에서, 오랫동안 그곳에서 살아오던 터줏대감인 비둘기들만이 그들의 보금자리에서 쫓겨나는 시대를 풍자한 시입니다.

"성북동 산에 번지가 새로 생기면서 본래 살던 성북동 비둘기만이 번지가 없어졌다. 새벽부터 돌 깨는 산울림에 떨다가 가슴에 금이 갔다. 그래도 성북동 비둘기는 하느님의 광장 같은 새파란 아침 하늘에 성북동 주민에게 축복의 메시지나 전하듯 성북동 하늘을 한 바퀴 휘돈다. 예전에는 사람들을 성자聖者처럼 보고 사람 가까이서 사람과 같이 사랑하고 사람과 같이 평화를 즐기던 사랑과 평화의 새 비둘기는 이제 산도 잃고 사람도 잃고, 사랑과 평화의 사상까지 낳지 못하는 쫓기는 새가 되었다."

부모는 누구인가? 알을 낳아 품고, 불도저와 굴착기가 몰려와도 알을 가슴에 품고 미동도 안 하며 자식의 생명이 부화하기를 인내하며 기다리는 생명체입니다. 그러면 자녀는 어떤가? 자식을 가슴에 품고 있던 때의 부모님의 자비를 기억하지 못하는, 영원한 철부지입니다. 그러나 부모가 세상을 떠난 후 부모가 더 이상 세상에 존재하지 않는 날이 오면 스스로 부모의 도리를 깨닫고, 부모로부터 받은 자비와 어진 사랑을, 부모가 물려 준 DNA 유전자로 자손들의 생명체 안에서 피어내는 생명체입니다. 그 부모에서 그 자식이 나옵니다. 자식에게 실망하고 계신 부모님들. 기다리세요. 자식들이 부모가 되면 부모님들에게 감사하는 마음을 갖습니다. 부모에게 항거하는 자녀들! 기다리세요. 부모님이 돌아가신 후에는 아무도 자식에게 이래라저래라하지 않습니다. 부모를 이해하고 부모에게 효도한다는 것이 곧 그리스도의 사랑이요 부처의 자비요 공자님의 어질 仁에 해당하는 덕성이지만, 오늘은 그렇게 못하더라도 기다립시다. 부모가 눈을 감은 다음에는 철부지 못난 자식들도 자비롭고 어진 부모가 됩니다. 가정의 달 5월에 성북동에서 온 비둘기들이 우리 집에 작은 거치를 마련한 것이 고마워, 오늘 이 글을 쓰면서 사람이 금수에게서 진리를 배웁니다.

둥지를 떠난 비둘기가
돌아오기를 기다리며

    비둘기에게 모이를 주려고 창문을 열어보니, 비둘기 두 마리가 사라지고 없어졌습니다. 두 달 동안 머물던 비둘기 가족이 사라진 것입니다. 처음에 비둘기가 날아들어 둥지를 틀더니 알을 낳았고 그 알을 품에 품고 길고 추운 이른 봄밤들을 떨고 지내더니, 어느 날 새끼 비둘기 두 마리가 부화하였습니다. 새끼 비둘기들이 알을 깨고 나오듯, 친구의 손자 다섯 살 어린 박경원 라파엘이 암으로 병원에 입원하여 100날을 넘긴 때여서, 새끼 비둘기처럼 알을 깨고 일어나주기를 기도하며, 부화한 새끼 비둘기들을 보면서 기도했는데, 사라진 것입니다. 이 두 비둘기 새끼는 한동안 날아가지 못하고 서로 어깨를 비비며 온기를 나누면서 어미가 물어오는 양식만 받아먹으며 마치 싱크로나이즈드 수영 선수들처럼 일치된 몸짓으로 날아오르는 연습을 했는데, 그만 둥지를 떠난 것입니다.

    가슴이 쾅 소리를 내며 무너져 내리는 줄 알았습니다. 눈물이 핑 돌더니 머릿속이 아찔하였습니다. "왜 갔니? 문자도 한 줄 안 남기고 어디로 갔니?" 하면서 나는 주저앉았습니다. 그리고는 정신을 차려, <사회복지법인 나자렛 성가회> 연례 음악회에서 할 인사말을 겨우 몇 마디 메모하여, 음악회장으로 갔습니다. 나는 날아간 비둘기를 생각하며, 그리고 아직 눈을 뜨지 못하는 친구의 손자 박경원 라파엘을 생각하며 400명 모두에게 물 한 병, 김밥 한 줄 그리고 떡 한 팩씩을 나누어 드렸습니다. 그리고 음악회가 진행되는 동안에도 하염없이, 어디론가 날아가 버린 비둘기들을 생각했습니다. 그런데 마술사들이 마술로 우리 눈을 현혹하는 놀이를 하던 때, 가령 까만 옷을 입었던 사람이 갑자기 흰 옷 입은 사람으로 변신한다든가, 없어졌던 사람이 다시 나타나는 것을 보고 관객들이 환호하는 광경을 바라보면서, 내 가슴 속에 실낱같은 소망이 번져오는 것을 알았습니다.

그렇습니다. 어느 날 갑자기 둥지를 떠나는 식구가 어디 비둘기뿐이겠습니까? 가슴 무너지게 슬퍼지는 사건은 그 밖에도 많습니다. 우리 집에 들어왔던 여성들이 60세가 되었다고 노인 요양원으로 내몰리는 일, 성매매를 포기하게 하고 겨우 데리고 들어 온 소녀들이 너무나 돈이 아쉽다고 몰래 도망 나가며, 돈 벌면 다시 온다고 써놓고 가출하는 일, 억울함을 편지로 알려준 여성을 찾아가 겨우 법정 수속을 밟아 데리고 왔는데 어느 날 몰래 사라진 일, 때리는 남편에게 끌려 다시 감옥 같은 집으로 들어갔다가 또 발가벗고 야간도주 해 왔건만, 어느 날 또 사라지는 일, 이런 일들이 가장 슬픈 일입니다. 이제 넓고 넓은 하늘을 '성북동 비둘기' 모자들이 활개를 치고 날다가 내년 배란기가 되면 다시 우리 집을 찾아와 주길 기다리며, 이 글을 읽는 독자들 모두의 가슴에도 둥지를 떠난 비둘기를 기다리듯, 마음 깊이 기다리는 가족이 있으리라 생각합니다.

한국전쟁 이후 72년 동안 생사 여부 소식을 기다리며 가슴 저리며 아픈 세월을 살아온 내 인생에서, 나는 처음으로 내 곁에 깃을 펴고 둥지를 틀고 알을 낳아 부화시켜 비상 연습을 시킨 후 데리고 나간, 어미 비둘기의 마음을 헤아리게 되었습니다. 언제고 남북통일의 날이 올 때, 통일은 아니어도 이산가족 만나는 일만이라도 성사가 될 때, 형제 중의 한 사람이라도 만나거나, 돌아가셨을 아버지의 소식을 듣거나, 또 혹시 인연이 닿는 조카들과의 만남이 있을지도 모를 그날이 오면, 나는 그들에게 밥을 먹이고 옷을 입히고 학교에 보내는 일 등을 기쁘게 할 것입니다.

오늘은 2021년 3월 6일. 한국전쟁이 발발한 지 72년. 아침 여섯 시. 평화방송을 열고 아침 미사에 참여했습니다. 복음은 루카복음 15장의 돌아온 탕자에 관한 말씀이었습니다. 어떤 사람에게 아들 둘이 있었습니다. 그런데 작은아들이, 아버지 재산 반을 강권하여 받아 내서 가출하였습니다. 오래지 않아 재산을 탕진하고,

돼지들이 먹는 것조차 얻어먹을 수 없는 처지에 이르러 아버지를 찾아가 아버지의 품팔이꾼 가운데 하나로라도 살며 얻어먹기를 청합니다. 이를 아시는 아버지는 아들이 아직도 멀리에서 오고 있을 때 가엾은 마음이 들어 미리 아들에게 달려가 아들의 목을 껴안고 입을 맞춥니다. 종들에게 일러 가장 좋은 옷을 가져다 입히고 손에 반지를 끼우고 발에 신발을 신겨 주고 살진 송아지를 잡아 잔치를 벌입니다. 그때 큰아들이 돌아와 아버지에게 화를 냅니다. "저는 여러 해 동안 종처럼 아버지를 섬기며 아버지의 명을 한 번도 어기지 않았습니다. 이러한 저에게 아버지는 친구들과 즐기라고 염소 한 마리 주신 적이 없습니다. 그런데 창녀들과 어울려 아버지의 가산을 들어먹은 저 아들이 오니까, 살진 송아지를 잡아주시는군요." 그러자 아버지가 "애야, 너는 늘 나와 함께 있고 내 것이 다 네 것이다. 너의 저 아우는 죽었다가 다시 살아났고 내가 잃었다가 되찾았다. 그러니 즐기고 기뻐해야 한다." 하십니다. 우리는 재산을 탕진하고 배가 고파 되돌아와 용서를 청하는 작은 아들입니다.

 생명 연습과 비상飛翔연습을 부난히 지속하며, 집을 떠나 있는 모든 아들과 딸들이, 돌아온 탕자처럼 모두 귀가하고 하느님의 축복으로 행복해지기를 염원하며, 내가 세상에서 만났던, 지금 만나고 있는, 미래에 만나고 가게 될, 하느님의 백성들 모두에게 하느님 성삼의 은총이 충만하기를, 오늘도 두 손 모아 기도합니다. 둥지를 가출한 성가정 공동체 딸들이 곧 돌아오기를 기다립니다.

영적으로 보고 듣고 말하는 사람들

대추가 저절로 하루아침에 붉어지고 감이 저절로 하루아침에 익는 것이 아닙니다. 수백 수천의 대추와 감들이 매서운 몇 차례의 폭풍우와 천둥 속에서 온 힘을 다해 살아남은 것입니다. 그래서 빨간 대추와 주황색 감이 장하고 귀합니다. 우리 나자렛 성가원과 나자렛 성가정 공동체를 도와주는 분들도 저절로 또 쉽게 오랜 세월을 도우며 살아오신 것이 아닙니다. 수십 번도 더 "이제 돕는 일 그만할까?" 하면서, 폭풍우나 천둥 같은 생각들을 떨쳐버리며 오늘에 이르렀습니다. 그 오랜 세월, 태풍도 천둥도 다 이기고, 오늘까지 우리 집 여성들 돕기를 유지하셨으니 놀랍습니다. 나는 기도합니다. "하느님, 우리 집 자매들을 돕는 분들과 그 자손들이 이 지상에서 천대 만대 거룩한 가문을 이루고, 행복한 삶을 살게 하소서." 그리운 사람들을 만나 눈으로 보고 이야기를 주고받는 것은 인생의 큰 낙입니다. 요즘 어찌 지내십니까? 회사 일이 힘드십니까? 이제까지 견디셨으면 앞으로는 조금씩 나아진다고 하지 않습니까? 낙심하지 말고 잘 견디시기를 바랍니다. 지난 설날에는 식구들이 다 모였습니까? 코로나19 때문에 못 모였습니까? 집안에 근심스러운 일이 있으면 연락주세요. 우리 집 기도회에서 기도하겠습니다. 우리 집 여성들을 돕는 분들과 그 가정과 하시는 일들을 생각하며 기도합니다.

"사흘간 볼 수 있다면 첫날은 나를 가르쳐준 고마운 앤 설리번 선생님을 만나고, 둘째 날에는 새벽에 먼동이 터오는 모습과 저녁의 빛나는 별을 보고, 셋째 날에는 아침 일찍 출근하는 사람들의 활기찬 표정을 본 후, 사흘간 눈을 뜨게 해 주신 하느님께 감사기도를 드리고 싶습니다."

보지도 듣지도 못하고 말도 하지 못했던 헬렌 켈러 여사가 쓴, 『사흘 동안 볼 수 있다면』의 한 구절입니다. 나는 가장 보고 싶은 사람들이 우리 성가회와 성가원과 성가정 회원님들입니다. 한 분 한 분이 우리를 돕기 시작하던 오래전 일을 생각하면 항상 가슴이 뭉클합니다. 내 강의를 듣고, 텔레비전 대담 프로그램에서 나를 보고, 신문 기사를 보고, 내 책을 읽고, 병상에 계시면서 내 강의 카세트를 듣고, 전화하여 격려하시며 지지자가 되어 주신 분들. 소식지에 이름이 적힌 분들, 한 분 한 분이 모두 다 보고 싶습니다. 그러나 지금까지 통화도 못 했건만 해를 거듭하여 도움 주는 분들이 있습니다. 우리는 지금 반가운 사람을 볼 수도 있고 그의 말을 들을 수도 있고 반가움을 말하여 전달할 수도 있지만, 언젠가는 분명, 눈으로 반가운 얼굴을 알아볼 수도, 그의 말을 들을 수도, 또 말로 의사를 표현할 수도 없는, 쇠잔한 노후가 다가올 것입니다. 오늘이 아니더라도 몇 년 후에는 분명, 그런 날이 올 것입니다. 그전에 오늘, 이승에서 갖가지 사연으로 인연을 맺은 분들을 보고 싶습니다. 그런데, 서로 못 만나며, 그냥 시간만 흐릅니다.

예전에 광화문에 나갔다가, 정부 청사 뒷골목에서 점심으로 김치찌개를 사 먹었습니다. 값은 5,000원이었습니다. 돼지고기도 여러 점 들어있고 맛도 있었습니다. 손님이 많지 않아, "먹고살 만합니까?" 하고 주인에게 물었더니, 요즘 손님이 3분의 1로 줄었고, 5,000원도 비싸다고 3,000원으로 먹을 수 있는 식당을 찾는 사람들이 많아졌다고 했습니다. 많은 사람이, 한 집안의 남편이요 자식이요 아버지인 사람들이 모두 3,000원으로 점심을 때우고 이제 다시 고단한 오후 근무를 시작하겠구나 생각하니 자꾸만 가슴이 저렸습니다. 식당 사장님은 또 말했습니다. "이곳 환경미화원 중에는 대학 출신도 많습니다. 대학을 나와도 이렇다 할 직장을 얻을 수가 없으니, 먹고 살기 위해 환경미화원으로 취직을 하는데, 그 자리가 공무원에 해당하고 정년퇴직이 보장되니, 장가가고 자식 낳고 살기에는 환경미화원 자리가 회사원보다 좋습니다. 대학 나오고 군대 다녀오고 대학원 나와서 30세에 취직해도 40대에 명예퇴직을 한다고 하니, 어떻게 장가들고 자식 낳고 살겠습니까?" 식당 사장님의 이야기를 듣는데, 내 눈시울이 뜨거워졌습니다.

전철에 버려진 신문이 있어 읽었습니다. "아버지가 일자리를 잃었다. 파출부로 생계를 꾸리는 어머니가 담임선생님에게 간곡하게 부탁하여 학교의 무료급식을 신청하였다. 회사들이 불황으로 문을 닫아 무료급식을 청하는 학생들이 많아졌다. 그런데 서울의 OO 교육청이 최근 무상급식 지원의 제한 인원을 넘긴 네 곳 중학교 교장들을 징계하고 해당 학생들의 무상급식 지원을 중단하였다. 그래서 지난 1학기까지 무상급식을 받던 4개 학교 중학생 200여 명이 2학기부터 급식비 지원을 받을 수 없게 되었다." 이런 내용이었습니다.

민족을 이끌고 가는 지도자 중에 눈을 못 보는 사람들이 많은 모양입니다. 귀가 안 들리는 사람들도 많은 모양입니다. 말을 제대로 못 하는 사람들도 많은 것 같습니다. 눈을 뜨고도 앞을 못 보는 장님, 아첨배의 소리는 들어도 선량한 시민의 목소리는 못 들는 귀머거리, 거짓말은 잘해도 옳은 소리를 못 하는 사람들이 지도층에 많습니다. 가정에서는 가족에게 밥을 먹이는 것이 우선입니다. 도배 장판을 다시 하고 집을 그럴듯하게 치장하는 것은 밥을 먹인 다음에 하면 됩니다. 그런데 요즘은 가족이 밥을 굶어도 우선 집치장부터 하고 보자며 공사를 벌이는 모습들이 눈에 띕니다. 집치장은 천천히 해도 우선 식구들 밥부터 먹이는 연민과 사랑이 필요합니다. 해서는 안 될 일을 하는 사람은 영적으로 귀먹고 벙어리이고 장님인 사람입니다. 하지만 비록 육체적으로 못 보고 못 듣고 말을 못 해도 사랑을 실천하는 사람은 영적으로 눈이 밝고 귀가 밝고 바른 생각을 말하는 사람입니다. 나는 매일 꿈을 꿉니다. 영적으로 귀먹은 지도자들이 하루빨리 시민의 목소리를 듣고 바른 생각을 하고 국민의 아픔을 볼 줄 아는 사람들로 변화되는 꿈을.

고정희 시인의 시 「야훼님 전 상서」에 이런 구절이 있습니다.

"용서하소서.
신도보다 잘사는 목회자를 용서하시고
사회보다 잘 사는 교회를 용서하시고
백성보다 살쪄 있는 지배자를 용서하소서."

살아남아 이 세상에서 사는 동안, 우리는 말하는 사람이고 듣는 사람이고 눈으로 사물을 바르게 보는 사람입니다. 살아있는 날까지, 보고 듣고 말하는 사람으로 살도록 우리의 삶을 허락해 주신 생명의 하느님, 치유의 하느님, 해방자 하느님께 감사합니다.

초가을의 난방

성가원에서 살던 때였습니다. '서울 사랑 시민상'을 받던, 오래전, 한여름의 어느 날이었습니다. 나는 무더위로 땀을 많이 흘렸습니다. 무대에 올라가 상을 받아야 할 사람이 반소매 차림으로 등장하는 것이 주최 측에게나 하객들에게나 예의가 아닌 듯하여, 하늘색 긴 소매 상의를 입고 갔습니다. 여름에서 가을까지 입을 수 있는 옷입니다. 10월 9일, 하늘은 청청하고 북한산의 나무들도 단풍 하나 들지 않고 여전히 푸르며, 들판에는 곡식이 익느라 초가을 태양이 쨍쨍하여, 가을이라기보다는 차라리 늦여름 날씨였습니다. 창문을 있는 대로 다 열어 바람과 햇빛을 집안으로 초대하였습니다. 성당에 피정 강의를 하러 가기 위하여 옷을 차려입었는데, 계절에 맞도록 애써 고른 옷이 역시 그 자주 입던 하늘색 긴 소매 상의뿐이어서, 그것을 또 입고 나섰습니다. 여름옷을 입기에는 확실히 철이 지난 것 같고, 늦가을 옷을 입기에는 더울 것 같아서였습니다. 그런데도 많은 사람이 모인 성당 안에서, 나는 더워 땀을 흘렸습니다.

70대에 유난히 강의가 많았습니다. 땀을 많이 흘리며 보냈습니다. 강사료를 <나자렛 성가원>과 <나자렛 성가정 공동체> 두 시설 운영에 보태라고 하느님이 만들어주시는 일인지, 나이 70대에 젊었을 때보다 외부 강의가 많았습니다. 학교 수업이 끝난 정년퇴임 이후여서 외국 초청 강의가 많아 시설 운영에 큰 힘이 되었습니다. 강의 초청을 받을 때마다 매번 하느님께 감사드렸습니다. 지금은 90세를 향해 가는지라 집에만 있지만, 그래도 감사드릴 일이 많습니다. 회개하고 사랑만 하고, 임종한 사람들을 위하여 오후 3시에 전대사 기도를 하고, 묵주신공 20단을 바치고, 새벽 6시, 정오, 오후 6시에 삼종기도하고, 아침기도와 저녁 기도 바치고, 하느님 성삼의 현존을 자주 관상하고, 하루가 일과표대로 흐릅니다.

독일에 강연하러 갔을 때였습니다. 프랑크푸르트, 마인즈, 뒤셀도르프, 베를린 등 도시들은 독일에서도 가장 크고 잘 사는 도시에 속합니다. 그곳의 한 회장님 댁에서 묵을 기회가 있었는데 그들은 가장 추운 겨울에도 난방 없이 집 안에서 겨울 코트를 입고 두꺼운 양말을 신고 생활하고 있었습니다. 대단한 부호거나 호텔건물이 아닌 한, 독일 사람들은 집을 지을 때 난방 장치를 아예 안 하고, 두꺼운 겨울옷을 껴입으며 난방 없이 겨울을 지낸다고 합니다. 그렇게 절약하는 마음으로 그들은 동독을 살려 동서독의 경제 균등을 이루기 위해 추위를 견디며 살았습니다. 그렇게 일구어낸 동서독의 경제 균등이지만, 한때 동독으로 말미암아 서독 경제마저 위태로웠었다는 말을 듣고 우리나라를 걱정했습니다. 우리나라는 독일처럼 북한을 흡수 통일할 수가 없겠고, 서서히 북한 경제를 살려 일정 수준의 궤도로까지 일으켜 세워야 할 터인데, 조금만 북한을 돕자는 이야기를 하면 즉시 '빨갱이'라는 도장을 찍으니, 남북통일이 내 생전에 오는 것을 볼 수는 없을 것 같습니다. 통일은 아니어도 이산가족들이 만날 수 있는 행사라도 가질 수 있는 상황이 오기만 기다리며 기도합니다.

오늘 내가 이 이야기를 길게 하는 데에는 그럴만한 이유가 있습니다. 우리 시설에서는 8월에도 장마로 비가 많이 와 방이 눅눅하면 보일러를 틉니다. 9월에도 습기를 제거하기 위해 보일러를 돌립니다. 10월 7일 날에도 비가 왔기 때문에 두 시간 동안 보일러를 돌렸습니다. 500평 건물 전체에 불을 때는 일입니다. 어디는 불을 때고 어디는 빼놓는 그런 것이 아니라 500평 전체를 난방하는 문제입니다. 우리 세대는 모두 조금 추운 것도 참고 살고, 조금 더운 것도 참고 살았습니다. 그래서 우리 세대는 너무 덥지 않고 너무 춥지 않은 봄과 가을을 유난히 사랑하는지 모르겠습니다. 그런데 요즘은 겨울에도 집안이 더워야 하고 여름에도 집안이 얼어붙듯 시원해야 세상 사는 것 같다고 착각하는 모양입니다. 아파트고 사무실이고 여름에는 에어컨을 한껏 틀어 놓고 스웨터를 입고 앉아 있으며, 겨울에는 있는 대로 난방을 틀어 놓고 반소매 티셔츠 차림으로 돌아다닙니다. 뭔가를 "참는다"라는 정서를 아주 잊어버린 민족이 되어버린 것 같습니다. 더우면 땀을 좀 흘리고 추우면 따뜻한 옷을 더 껴입으며 계절에 순응하는 자연 친화적 삶에 익숙한 구세대와 계절을 무시하고 에어컨과 보일러에만 의지하여 살려는 젊은 세대 간에는 이렇게 난방문제 하나만 놓고도 갈등이 발생합니다. 젊은 세대로부터 보일러 틀어달라는 요청을 벌써 여러 차례 들었습니다. 찬란하게 아름다운 가을 햇살이 좋아 창문을 다 열어놓은 오늘, 보일러 불을 때자는 것입니다. 조금만 더 아름다운 가을 날씨를 사랑해야지, 며칠만 더 이 찬란한 가을 날씨를 누려야지, 어느새 보일러를 돌리며 티셔츠 바람으로 가을 날씨를 놓치자는 것인가?

오늘은 10월 9일. 날씨가 청청하고 가을 햇볕이 따뜻합니다. 늦은 봄날에 조금 덥더라도 참으며 에어컨 켜는 시기를 늦출 줄 아는, 늦은 가을까지는 조금 쌀쌀하더라도 또한 견디며 보일러 불 때는 시기를 늦출 줄 아는, 그런 사람들이라야 미래세대를 이끌고 갈 지도자가 될 수 있을 것 같습니다.

구명보트의 빈자리

『타이타닉』이라는 영화가 있었습니다. 소설을 영화로 만든 것입니다. 1,500명을 실은 영국의 퀸 엘리자베스 호가 영국을 떠나 미국으로 가는 첫 항해에서 침몰하여, 오직 여덟 명만 살아남았던 실화를 소설과 영화로 만든 것입니다. 그 배에는 20명을 태울 수 있는 20개의 구명보트가 있었습니다. 차례로 순서 있게 탄다면 적어도 400명은 살 수 있었습니다. 그런데 배가 침몰하는 위기에 처하자 사람들이 저만 타겠다고 달려드는 바람에 사람들을 20명씩 다 태우지 못하고 성급하게 보트들이 바다 위로 내려졌습니다. 게다가 배에 탄 사람들은 바닷물에 빠져 얼어 죽어가는 사람들 쪽으로 다가가지 못하도록 서로가 서로에게 소리를 지릅니다. 잘

못하면 배가 전복하여 타고 있는 사람들까지 죽는다며 물에 빠진 사람들을 구해주러 가지 않았습니다. 다이아몬드반지를 끼고 있던 한 여성은 뱃전에 손을 올려놓고 살려 달라고 애원하는 사람을 뾰족한 반지로 쿡 찔러 바닷속에 밀어 떨어뜨리고, 또 고양이를 안고 구명보트를 타러 내려온 일등칸 귀부인은 고양이를 고집하면서 사람 태우기를 거부했습니다. 무섭고 처절한 인간의 이기심이 묘사되어 있었습니다.

지금은 연말. 20명을 태울 구명보트에 혼자 앉아 있는 것은 아닌지 성찰할 시간입니다. 사람을 태우다가 배가 전복될까 봐 얼어 죽어가는 사람을 향해 노 저어가기를 거부하고 있는 것은 아닌지 깊이 성찰해야 하는, 성탄 준비를 위한 회개의 시간입니다. 물에 빠진 사람들을 내가 탄 배 안에 태우기 위해서는 배 안의 공간을 비워야 합니다. 내가 차지한 공간을 덜고 줄임으로써 주님께서 나를 통해 이웃 한 사람을 더 태우실 수 있도록 빈자리를 마련해야 합니다. 우리 민족은 지금 호화주택에서 살 때가 아닙니다. 교회가 백억이 넘는 건물을 짓고 억대의 기도 제단을 꾸밀 때가 아닙니다. 지금은 그저 조금씩 가난해지고, 이웃에게 우리의 몫을 조금씩 나누어야 할 시기입니다. 특히 북한 동포들에게 나누어 줄 식량을 조금이라도 비축해야 할 때입니다. 굶어 죽어가는 동포를 위해 음식을 나누어야 하는 때입니다.

나는 항상 기도합니다. "주님, 저에게 복음 말씀대로 살 용기와 사랑을 허락하소서. 특별히 이번 성탄과 새해에는 가난하고 슬프고 쓸쓸한 사람들 속에서 주님을 만나게 하소서."라고. 캘리포니아에는 웃옷을 걸치지 않은 여자 종업원이 음식을 나르는 음식점이 있고, 그곳에서 과히 멀지 않은 산 정상에는 은수자隱修者가 기거하는 시설이 있는데, 음식점과 시설 양쪽에 많은 사람이 몰려갑니다. 수많은 히피가 그들만의 방식으로 그들 안에 있는 주님을 찾고 만납니다. 은수자들도 그들이 아는 방식으로 주님을 체험하려 노력합니다. 우리 가톨릭 신자들도 절대자를 찾아 기도하며 한평생을 살아갑니다. 우리 시대의 표징입니다. 누가 이 영적 갈망을 채워 줄 것입니까? 어디서 우리는 주님을 만나야 합니까?

20세기의 위대한 신학자 칼 라너는 "배고픈 사람에게 밥을 줄 때, 헐벗은 사람에게 옷을 줄 때, 바로 그 자리에 주님이 현존하신다." 했습니다. 배고픈 사람에게 밥을 주고 헐벗은 사람에게 옷을 줄 때, 주는 사람은 주님이 세상에 다시 오시는 기회와 동기를 만들어드리는 것이라 하였습니다.

이제는 무릎을 꿇고 우리가 반만 믿고 살아온 주님에게로 돌아가, 마음의 나병을 보여드리며 고쳐 달라고 기도해야 할 때입니다. 이기심이 우리의 나병입니다. 마음의 나병을 치유 받은 후 들과 산과 하늘을 바라봅시다. 그때 우리 눈에 보일 것입니다. 눈 속에서 단풍 속에서 웃고 계시는 주님 얼굴이. 새해 아침이 다가오는 길목에서, 연말 인사드립니다. 지난 한 해 감사하였습니다. 즐거운 성탄, 복된 새해 맞으소서.

군에 입대한 아들들에게

건강하고 늠름한 젊은이들을 보며, 축하 말씀부터 드립니다. 인생은 이별 연습을 통하여 성숙하며, 군 복무는 인간 성숙을 위한 고귀한 이별 연습의 기회이기도 합니다. 한때 대통령 입후보자의 아들들이, 몸이 약하다는 이유로 병역의무를 필하지 않은 것이 문제가 되어, 시시비비로 아주 시끄러웠던 적이 있었습니다. 키가 작고 허약하거나 또는 장애인이어서 아들들이 군에 입대하지 못했다고 주장했다 합니다. 건강하여 군에 입대하고 군 복무를 무사히 마쳐 건장한 남성으로 제대하게 된다는 일이, 얼마나 떳떳한 일인가를 실감하게 합니다.

그대는 건강하여 군에 입대하겠습니까? 아니면 허약하다거나 건강 기준 미달을 핑계로 군 복무를 면제받고 싶습니까? 군대에 가고, 건강하기를, 우리는 원할 것입니다. 건강하게 군 복무를 필하고, 건강한 사람으로 직업을 갖고, 혼인하여 건강한 자식을 낳아 기르는 평범한 삶을 살아간다는 것이, 얼마나 감사한 일입니까? 어떠한 이유에서든 거짓으로 속이고 국방의 의무를 피하는 행위는 강도나 절도보다 조금도 나은 바 없는 실로 부끄러운 행위일 듯싶습니다. 누구나가 다 지는 의무를 피하지 않고 수행하는 것, 그 자체만으로도 정의로운 일입니다. 육체와 정신이 건강한 사람임을 나라가 증명해 주는 일이고, 소위 '마마보이' 같은 유약한 청년들조차도 어머니에게 의존하지 않고 독립할 수 있는 절호의 기회가 됩니다. 국방의 의무를 행하는 일은 개인의 성장과 발전의 도약이 되는 상징적 통과의례입니다. 여자가 치르는 아픔 중에서 제일 큰 아픔이 출산의 아픔입니다. 그런데 그 아픔을 견딘 사람만이 자기가 낳은 자식을 갖습니다. 출산의 아픔을 견뎌보지 못한 사람은 자기가 낳은 자기 자식을 가질 수 없습니다. 남자의 의무도 그렇습니다. 병역의 의무는 그 과정은 고생스럽겠지만 그 고생의 끝에는 정의로운 시민이라는 성취가 그를 기다려줍니다.

미국 휴스턴 나사 본부의 관제실이 있는 빌딩 현관에는 2350년 전에 소크라테스가 쓴 한 구절이 현판에 새겨져 있습니다. "지구를 벗어나 높이 우주 진공 속에 올라가서 내려다볼 때만, 인간은 지구와 그 안에 살고있는 자신들의 본질이 무엇인지 조금 알 수 있게 된다." 마찬가지입니다. 어려운 의무를 필한 사람과 필하지 않은 사람은, 서울 거리에 서서 자기를 성찰하는 사람과 달나라에 가서 자기를 성찰하는 사람과의 차이만큼 큰 차이를 지닙니다.

나는 아들이 없지만, 사위 넷이 모두 병역을 마친 청년들이니, 아들 넷을 가진 것이나 진배없습니다. 몸이 허약하여 불가피하게 군에 가지 못하는 사람들이 있다면 사회는 그들이 건강하게 살 수 있도록 그들을 공동체의 구성원으로 포용하여야 합니다. 그러나 만약 몸이 장애도 아니면서 병역의 의무를 기피한 사람이 있다면 그는 부끄러워해야 할 사람이요, 정의롭지 못한 시민입니다.

미국 워싱턴 D.C.에는 링컨기념관이 있습니다. 그 앞 광장에는 인간의 실물 크기로 '한국전선'에서 비옷을 입고 서 있는 미군들의 모습이 조각되어 있습니다. 거기 현판에는 이렇게 쓰여 있습니다. "Freedom is not free."에 이어서 이 글은 "생전 본 적도 만난 적도 없는 미지의 나라와 국민을 위하여 싸우다 죽은 우리의 아들과 딸들에게"라고 봉헌되어 있습니다. 그대들의 군 복무는 우리, 우리 국민과 우리나라를 지켜 줄 것입니다. 우리 겨레의 평화와 통일은 여러분의 병역의무로 말미암아 실현됩니다. "Freedom is not free." 어떻게 번역하면 좋을까요? 자유는 거저 얻어지는 것, 공짜로 얻어지는 것이 아니고, 큰 대가를 치러서 얻어지는 것이지요.

군 생활이 전부 힘들고 어려운 일인 것만은 아니겠지만, 남들이 어렵다고 기피하기도 하는 군 생활을 여러분들이 잘 마치고 나왔을 때, 여러분들 앞에는 분명 자부심과 건강과 기강이 선 바른 생활이 기다리고 있을 것입니다. 후회 없는 멋진 정신과 육체의 강건함을 축복으로 받게 될 군 복무를, 잘 마치기를 바랍니다. 의로운 일이 두렵지 않은 아들들이여! 군에 입대한, 정의로운 시민이 된 것을 축하합니다.

유대인과 평생교육

내가 숙명여자대학교에서 평생교육원장으로 근무하던 무렵, 나는 이스라엘 정부의 교육부와 외무부 공동 초청으로 이스라엘에 한 달 동안 머물며 평생교육 과정을 시찰, 연수할 기회를 얻었습니다. 전 세계 평생교육원장들이 초청을 받아서 갔는데 나는 거기서 많은 것을 배웠습니다. 그중의 하나가 전 국민을 상대로 한 교육정책입니다. 이스라엘의 평생교육과 사회교육 현황을 보고, 앞으로의 사회교육과 국민의 평생교육이 어떻게 운영되어야 하는가를 검토하고 연구하는 것이 여행의 목적이었습니다.

민족의 단합은 종교와 언어의 통일에서부터 옵니다. 유대인은 그 무서운 홀로코스트로 수많은 사람이 죽었고, 전 세계 각 국가에 유배되어 살아왔으므로 각 인종과 피가 섞인 혼혈의 백성입니다. 그런데도 불구하고 그들이 무서운 민족의식으로 지금도 아랍권과 대치하면서도 국가와 민족을 지키며 건재하고 있는 가장 큰 이유는 그들이 러시아계이든 독일계이든 폴란드계이든 미국계이든 누구를 막론하고 유대교 배우자와 결혼을 하면 나머지 한쪽의 배우자도 유대교를 따라야 하는 저들의 전통 때문이고, 그것을 결심해야만 결혼을 할 수 있기 때문입니다. 그렇게 유대인이 되어 그들이 처음 하는 일은 히브리어 교육을 통한 정체성의 확립과 일체감의 조성입니다.

각 나라 대표가 자국의 현황을 보고하는 시간이 있어서 나도 당연히 우리나라 교육 현황을 발표해야 했고, 그 과정에서 자연스럽게 우리나라와 이스라엘의 사회교육 현실을 비교해 보지 않을 수 없었는데, 그 비교 과정에서 나는 부러움과 부끄러움을 동시에 느꼈습니다.

5월 24일은 예루살렘의 날(Jerusalem day)입니다. 그날 그곳에는 90개 국가에서 돌아온 다양한 모습의 유대인들이 하나가 되어 예루살렘의 날을 경축하였습니다. 이 나라는 3000년의 유랑 생활을 극복하고서도 하나의 이념, 유대교와 시오니즘인 민족주의운동(Zionism)으로 뭉쳐, 거룩한 땅의 수도 예루살렘에서 예루살렘의 날을 경축하며 강렬한 애국심으로 강건한 국가를 이루었습니다. 우리나라는 언제쯤에야 통일이 되어 '서울의 날'을 경축할 것인가? 그런 걸 생각하며 나는 너무도 서러워 남의 나라 경축식장 한 구석에서 눈물을 흘렸습니다. 내가 우는 것을 보고 옆에 있던 이스라엘 사람이 왜 우느냐고 물었습니다. "우리나라는 언제 통일이 되어 북한의 가족들을 만나 볼 것인가? 내 아버지와 오라비들은 지금 어떻게들 살고 있을까? 밥은 먹나? 굶주리나? 살았나? 죽었나? 그런 걸 생각하면 눈물이 난다."라고 했더니 자기들은 그 끔찍한 세월에도 흩어진 민족들이 누가 어디서 어떻게 살고 있는지를 서로서로 비밀리에 연락을 통해 알고 살았는데, 무슨 방법으로든 한국인도 이산가족의 경우 생사의 소식쯤은 알고 살았을 것 아니냐고 나에게 반문했습니다. 허허허. 기가 막히는 말이었습니다. 나의 경우에는 아버지나 오라비들의 생사를 모르는 채 반세기가 지났다고 말했더니 어떻게 같은 민족이 같은 땅에서 서로 부모 형제들의 소식도 모르고 살아왔느냐며 도무지 이스라엘의 정신으로는 납득할 수 없는 일이라 말했습니다. 그렇다면 우리는 참으로 불행한 세월을 살아온 것입니다. 비록 미·소 양국의 이념 대립으로 일어난 이념 전쟁이었다 하더라도 혈육인 민족 사이에는 은밀하게 서로 민족적 차원에서 소식을 알고 지내도록 하는 방책이 세워졌어야 했습니다. 그런데 우리는 그렇지 못했습니다. 미·소 양국이 획책하는 남북한의 지리적 분단보다도 더 극렬하게 우리 민족 스스로가 깊은 분열의 골을 파고, 절대로 소식이 닿을 수 없는 끔찍한 절연상태로 민족사를 이끌어 오면서 잘려나간 반 토막 조국과 그곳의 혈육들을 서로서로 매도하는 끔찍한 교육을 받으며 살아왔습니다. 그것이 이스라엘과 우리의 차이입니다. 세월이 지나면 우리는 지나간 시절의 작은 과오에 대해서도 "그때 내가 왜 그랬나, 그렇게까지 분개하지 않았어도 되었을 일을" 하면서 회개하고 부끄러워합니다. 그와 마찬가지로 이제는 국가도 국민도 과거를 생각하며 그렇게까지 하지 않았어도 될 일이 아니었는가, 부끄러워하면서, 남북한의 문제에 대한 해결을 한 단계 승화된 자세로 풀어가야 하지 않을까 생각합니다.

안동 교도소에 강연하러 갔던 1998년의 일입니다. 강연이 끝나고 남자 두 분이 면회 신청을 하여 만났는데 두 분 다 이적행위를 했다는 이유로 장기 복역 중인 분이었습니다. 이병설 전 서울대 교수님과 또 한 분 황대철씨였습니다. 이병설 교수님은 일본의 어느 대학에 1년간 교환교수로 가셨는데 조총련 사람이 접근했을 때 어머님의 소원이 6·25 때 실종된 형님의 생사를 아는 것이라 혹시 알 수 있느냐고 무심히 물었다는 것입니다. 얼마 후 형님이 그 일 년 전에 북한에서 사망하셨다는 소식을 들었을 뿐이라는데 그 일로 인해 장기 징역을 선고받고 안동 교도소에 유폐되어 계셨습니다. 나는 그분을 위로하기 위하여 자주 편지를 드렸습니다. 그분은 드디어 20년간의 긴 옥살이를 끝내고 출옥하셨지만, 옥중에서 심한 병을 얻으셔서 출옥 후 몇 달 못 살고 돌아가셨습니다. 이제라도 이병설 교수님이나 황대철 형제와 같은 양심수들을 모두 석방해 줄 수 있는 민족주의적 대담성을 지닌 나라가 되면 좋겠습니다. 개인사와 민족사와 세계사가 모두 조금씩은 올바른 방향으로 바뀌어 가고 있다는 희망적이고 낙관적인 관점에서 생각해 볼 때, 민족의 단결과 조국의 통일, 그리고 세계의 공생과 평화는 너무도 당연한 것이 되어야 할 것입니다.

    이스라엘 백성은 40년 전에 사해 근처 쿰란에서 발견된 이사야서 66장 전권을 이스라엘 박물관에 보존하고 있는데 지금 현대인의 히브리어 실력으로 읽어도 그 판독이 가능하다 하니 그 얼마나 자랑스러운 정신문화의 유산입니까? 또 전국의 땅 한 평에 이르기까지 수도관 시설이 철저하게 설치되어 있어 사막에서도 이 세상의 가장 값비싼 채소와 과일을 재배하고 이 농법을 제3국과 아프리카의 여러 나라에 가르쳐 그들 나라로부터 유엔의 지지표를 얻어 내었다고 합니다. 전 세계의 유명한 대학교수 3분의 1이, 그리고 노벨상 수상자의 3분의 1이 유대인이라는 것은 주지의 사실이고 이스라엘 대학교 담벼락이나 현관 앞에는 바바라 스트라이센드, 엘리자베스 테일러, 후랑크 시나트라 등의 이름이, 학교 건축 기금을 내준 사람들이라는 설명과 함께 현판에 새겨져 있습니다.

여자도 18세가 되면 모두 군대에 나가 20개월을 복무합니다. 총 쏘는 법을 배운다기보다는 직업훈련 또는 대학 입시 전문 교육의 의미가 더 큽니다. 평생교육 기관 이름을 '트힐라'라 하는데 "애국애족 유다이즘, 시오니즘으로 하느님께 영광 바치자."라는 의미를 지니고 있다 하니 얼마나 큰 비전을 지닌 교육이념입니까? 강경한 국가정책과 교육행정이 유대교와 민족주의운동과 애국애족 단합의 애국심으로 일사불란하게 실행되고 있음을 알 수 있었습니다. 그렇다면 지금 우리 민족 우리나라를 하나의 정신으로 이끌어 가는 참으로 강렬한 우리의 이데올로기는 무엇입니까?

우리의 Koreanism은 무엇입니까? 그것을 우리는 창출해 내야 합니다. 내일이면 늦습니다. 그냥 살다 죽으면 우리는 역사의 죄인이요 민족의 죄인이 됩니다. 이제 우리 국민도 각성해야 합니다. 바른 가치관의 확립으로 조국이 발전하는가, 퇴행하는가 하는 위기에 서 있습니다. 바른 가치관, 인생관, 사생관의 확립으로 국가와 민족이 바르게 도약하도록 이끌고 갈 임무를 우리의 정치지도자들은 저 시오니스트들의 강렬한 구국 이념 같은 것으로 뭉쳐, 다시는 전쟁도 가난도 없는 새 조국을 건설해야 합니다. 그것이 이 시대를 사는 우리 민족 개개인의 존재 의무요 목표이어야 합니다.

정체성이란 무엇입니까? 자기가 누구인가를 아는 확고한 믿음입니다. 저들은 "나는 유대인입니다."라는 말을 입에 달고 삽니다. 그리고 일체감 조성에 열정을 다합니다. 즉 "We are one."이라는 말로 "우리는 하나."라는 것을 나타냅니다. 어느 쪽이건 한 쪽이 유대인이면 "I'm Jewish, we are one."이라고 말합니다. '붉은 악마'들의 응원 속에서 보지 않았습니까? "We are Korean, we are one." 하는 한국인의 정체감과 일체감이 민족정신으로 이루어지면 좋겠습니다. 우리 민족도 유대인에 뒤지지 않을 만큼 우수한데, 아쉬운 것은 유대인들에 비해 공동체를 우선시하는 마음이 없다는 것입니다. 우리 민족은 개개인이 공동체를 위하지 않고 나 혼자만 잘 되려고 하기 때문에, 그리고 그런 개인주의적인 사람들이 민족 지도자가 되겠다는 야욕을 갖기 때문에, 자꾸 사회가 불안해지는 것입니다.

유대인의 독립 기념일인 5월 18일 전날인, 5월 17일 저녁이면 이스라엘을 위한 모금을 위해서 미국에서 큰 자선 무도회가 벌어지는데 엘리자베스 테일러가 그것을 주관했습니다. "나는 노래는 못하지만 한 곡 부르겠습니다." 하면서 모자를 들고 미국 굴지의 부자들 사이를 걸어 다니며 모금을 했습니다. 그리고 모금액을 그 자리에서 합산한 후 이스라엘 수상에게 전화해서 "수상님, 지금 20억 불이 모금되었습니다. 내일 송금할게요." 하였습니다. 나는 그 이듬해 5월 18일 날, 일부러 AFKN을 틀고 보았습니다. 그해에는 바바라 스트라이센드라는 유명한 가수 겸 배우가 유대인과 결혼했기 때문에, 유대인의 한 사람으로서 또 모금을 주도하였습니다. 그렇게 모여드는 모든 유대인의 배우자들에게 이스라엘은 집중적으로 히브리어 교육을 시행하는데 바로 이 히브리어 교육이 2천 년 전의 로마 지배와 그리스도 수난 이후 나라를 잃고 유랑한 세월을 극복하고, 다시 전 세계 방방곡곡으로부터 히브리어로 이스라엘이 언어사용을 하는 유대인을 집결시켜, 오늘의 독립 국가를 재건하게 한 중요한 요인이자 유대인을 유대인으로 묶어주는 역할을 하였습니다. 2천 년 동안 전 세계에 흩어져 살면서도 어버이들이 자식들에게 히브리어 교육을 꾸준히 했기 때문에 2천 년 후에 다시 모였을 때도 또다시 국가와 민족을 형성할 수 있었습니다.

이스라엘에는 평생교육원이 마을마다 있습니다. 그리고 교육원마다 히브리어 교육과정이 있는데 초보반에 들어가면 2살부터 102살까지의 시민들이 함께 있습니다. 일주일마다 실력을 새로 측정하고 인원을 재배치하여 상급반으로의 진급 여부가 결정됩니다. 할머니, 할아버지들과 아기들이 함께 앉아 초급 히브리어를 공부하는 모습이 눈물겹도록 감동적이었습니다. 2~3살 정도의 아기들과 할머니, 할아버지들은 그 과정에 남아 있고, 10대·20대들은 상급반으로 올라갑니다. 그 외에도 다양한 직업교육 또는 기술교육 등을 실시합니다. 우리나라 국민처럼 고가의 사교육비 지출로 가정이 무너지는 일은 결코 없습니다. 오직 국가의 주도하에 다양한 교육이, 제도권 학교 이외의 모든 평생교육원에서 국가 봉급을 받는 강사들에 의하여 실시되기 때문에 스스로 부지런히 공부하는 사람에게는 학업 향상의 정도에 따라 신속한 진급의 기회가 얼마든지 제공됩니다. 이러한 일에 골몰하면서 국가의 미래를 설계하는 공직자들은 사적·공적 양 방면에서 정부에 부단히 참신한 아이디어를 상신하면서 담당 지역의 평생교육원을 운영함으로써 국가와 민족에 공헌합니다.

우리나라도 평생교육을 통하여 자녀와 부모가 같은 교육장에서 함께 공부함으로써 막대한 사교육비를 충당하기 위해 부모들이 부당한 수입원과 불합리한 일에 말려드는 일들이 없었으면 좋겠습니다. 몇 년 전에는 공무원의 아내인 아이 엄마가 자식의 막대한 사교육비를 충당하기 위하여 성매매 여성이 되어 돈을 벌었다는 이야기가 TV에 보도되었습니다. 이것이 얼마나 가슴이 미어지는 일입니까? 그런데 이스라엘에서는 그렇지 않다는 말입니다. 사교육비가 필요 없는 나라입니다. 이러한 서글픈 이야기가 이 땅에서 종식되는 거국적 정화의 계기가 우리나라에서도 하루속히 마련되어야 하겠습니다.

이스라엘에서는 아이들이 결혼할 때 『탈무드』와 『미드라쉬』 두 권만 넣어주면 혼수가 다 된다고 합니다. 그 『미드라쉬』라는 책을 통해서 이스라엘 국민은 사랑의 실천을 통한 자기완성이 인생의 목적이라고 배웁니다. 이러한 교육으로 말미암아 전 세계 노벨 수상자와 대학교수의 30%가 유대인 가운데서 배출된 것입니다. 유대인은 혼혈 유대인을 모두 합친다고 하더라도 전 세계 인구의 1%에도 미치지 않습니다. 그럼에도 불구하고 전 세계 유명 대학교수의 30%, 전 세계 노벨 수상자의 30%가 유대인입니다. 이 30%는 인류의 문화와 문명에 이바지하는 사람들임에 틀림이 없습니다. 뉴 히브리대학교, 이스라엘 대학교에 가보면 80·90대 사람들이 여전히 교수의 자리를 유지하고 있는데 대부분이 노벨상 수상자입니다.

인간은 태어나면서 죽는 순간까지 교육을 받습니다. 유아교육, 청소년교육, 성인 준비교육도 필요합니다. 부부가 된 다음에는 어떻게 살아야 하는가에 대한 부부교육도 꼭 받아야 합니다. 좋은 부모가 되기 위한 부모교육, 훌륭한 자녀가 되기 위한 교육, 노인교육, 죽음을 맞이하기 위한 호스피스교육, 가정폭력 피해 예방 및 치유를 위한 교육, 페미니즘교육, 그 밖에 자원봉사자를 위한 교육 등 모두가 필요한 교육입니다. 이스라엘의 평생교육 프로그램은 전 세계 50개 국가, 유대인이 살고 있는 모든 나라에 인공위성을 통해 강의를 내보내고 리포트를 받아서 평가하여 졸업장을 줍니다. 그런데, 유대인들보다 더 많은 이민 가족들을 전 세계 방방곡곡에 두고 있는 우리나라는, 이들 제2국민의 민족사관 교육을 위하여 지금 무엇을 하고 있습니까? 인공위성으로 전 세계에 강의를 내보내는 일은 해볼 것입니까?

안 할 것입니까? 우리 민족이 외국인으로 동화되는 일을 방치할 것입니까? 그것이 세계화이고 국제화입니까? 우리다움의 우리 문화가 세계에 알려지는 것이 세계화요 국제화가 아닙니까? 대답을 모색하고 창안하고 실천해 나아가야 할 때입니다.

**미주 한인교포의
세계사적 존재 이유**

미국에 이민 오시어 고생하시고, 드디어 대한민국의 영토를 이 땅 미국으로까지 확대해 주신 여러분을 진심으로 응원하고, 여기까지 저를 초대해 주셔서 감사합니다. 이 세상에 존재하는 모든 것은 그것이 거기 그렇게 있어야 하는 하느님의 뜻이 있습니다. 우리가 미처 깨닫지 못해도 하느님의 숨은 뜻이 분명히 있습니다. 이름 없는 풀 한 포기 곤충 한 마리도 하느님의 영광을 드러내기 위하여 싹을 틔우고 꽃을 피우며, 나비도 잠자리도 하느님의 영광을 드러내기 위하여 하늘을 날아다닙니다. 하물며 인간이야 오죽하겠습니까?

사람은 세상에 태어나 한평생을 살다 갑니다. 젊은 시기에 간

아까운 인생도 있고, 칠팔십 세를 넘기며 건강을 누리는 인생도 있고, 또 가끔은 백 세를 넘겨 장수하는 인생도 있습니다. 그 인생의 굴곡 굽이굽이에 우리가 깨닫지 못한 하느님 사랑의 손길이 있습니다. 우리는 인생의 고비에서 그때마다 우리를 잡아주신 하느님의 손길, 힘든 길을 함께 손잡고 걸어 주신 하느님을 발견하고, 깊은 감사와 감동의 눈물을 흘립니다.

  우리 모두의 인생에 관여하시는 하느님의 손길은 물 샐 틈 없이 자상하십니다. 이제 우선 잠시 눈을 돌려 한 나라 한 겨레 전체, 우리 민족 공동체에 관여하셨고 관여하시는 하느님의 손길은 어떤지 생각해 봅니다. 우리 배달민족, 한국 사람들은 적어도 반만 년 전부터 만주 일대와 한반도를 삶의 터전으로 나라를 건립하고, 번영시켜 왔습니다. 고조선이 3~4천 년 전에 만주 지역과 북한 지역에서 주위의 다른 민족들과 함께 어깨를 나란히 하며 나라를 세워 살아왔었다는 것은 틀림없는 사실입니다. 그 고조선 시절에 가장 크게 저항했던 민족이 중국의 한족이었고, 우리 고조선이 잠시 그 한족에게 세력을 내준 적도 있는 것으로 보입니다. 소위 한사군漢四郡이 고조선 지역에 들어와 둥지를 틀었다는 역사 기록이 있습니다. 그렇게 얼마를 지내다가 고구려가 탄생합니다. 이 고구려는 그 당시에 중국의 중원(황하유역)과 만주 및 북한 지역을 아우르는 강대국의 위용을 보였던 나라였습니다. 그리고 반도 남쪽에는 동쪽에 신라, 서쪽에 백제가 일어나서 솥발처럼 세 나라가 한동안 동아시아의 찬란한 문화를 이루었습니다. 그로부터 2,000년의 세월이 흘렀습니다. 고려 시대와 조선 시대를 거쳐 20세기 초에 일제 강점기 36년간 극도의 고통을 견디었고, 그 후 해방은 되었으나 곧이어 한국전쟁 6·25가 발발하여 지금은 남북으로 분열된 이산가족 8,000만 동포가 그리움에 지쳐, 슬픔을 견디고 있습니다.

잠시 미국을 생각해 보기로 하지요. 미국은 영토로 보자면 동으로는 대서양, 서로는 태평양을 끼고 있는 대륙입니다. 북으로는 같은 언어권과 경제권에 속하는 캐나다가 있고, 남으로는 멕시코와 작은 라틴계 아메리카 나라들이 있습니다. 동서남북 어디를 보아도 미국 본토가 외적의 침입을 받을 수 있는 가능성은 없습니다. 국방상 이렇게 좋은 조건을 갖춘 나라는 별로 없습니다. 여러 가지로 국내외의 불안 요소가 있기는 하지만 미국의 힘은 앞으로도 상당한 동안 변동이 없을 것으로 보입니다. 그런 나라에, 여러분은 이민하여 살고 있습니다. 이민을 오게 된 개개인의 사정은 모두 다르겠지요. 500만 명 이상의 한국 사람이 미국의 방방곡곡에 퍼져 살고 있다는 사실은 거기에 숨은 의미가 있을 것입니다.

한국 민족사적 관점으로 보아도 그렇고 세계사적 관점으로 보아도 그렇습니다. 우리 한국 국민은 지금 약 1,000만 명이 세계 곳곳에 흩어져 살고 있다 합니다. 그중에 제일 많이 나가 사는 곳이 바로 여기 미국입니다.

지금까지의 여러 민족사를 보면 세계 곳곳에 흩어져 살게 되는 민족은 그에 합당한 세계사적 사명이 있었습니다. 그 대표적인 예가 3~4천 년 전부터 유대 땅을 쫓겨나 이집트로 또는 바빌로니아로 유랑하다가 2,000년 전에는 로마에 망하여 세계 곳곳으로 흩어져 살아온 이스라엘 유대민족입니다. 그들은 고국 땅을 잃고 전 세계에 흩어져 살면서도 두 가지를 반드시 지켰습니다. 그 하나는 언어요 또 하나는 문화입니다. 그들의 언어는 '히브리어'이고 그들의 문화는 가장 대표적인 것이 유대교입니다. 그들은 히브리어와 유대교를 세계 어디로 가든지 가지고 다니며 지켜왔습니다. 그것을 뿌리로 그들은 세계를 두 방면에서 지배하는 세력으로 발전해 왔습니다. 그 하나는 경제 즉 '돈'이고, 또 하나는 지식 즉 '학문'입니다. 세계 경제의 흐름을 좌지우지하는 큰손은 대부분이 유대인이라고 합니다. 세계 대학의 교수 중 30%가 유대인이고 또 노벨상 수상자의 30%가 유대계 사람이란 것도 잘 알려져 있습니다. 우리는 이러한 사실을 어떻게 생각해야 하는지요. 하느님의 오묘하신 뜻을 우리가 이렇다 저렇다 속단할 수는 없으나 애초에 하느님은 이스라엘 민족을 인류 구원의 주인공으로 선택하셨습니다.

그러나 그들은 그들 속에 찾아오신 예수 그리스도를 부정하였습니다. 유대교의 전통은 예수를 인정치 않았습니다. 그리하여 그들은 조국을 잃고 방황하는 신세가 되었습니다. 그러나 그들은 그들이 하느님의 선택받은 백성이라는 자긍심을 버리지 않았습니다. 그것이 히브리어와 유대교 전통에 대한 그들의 집념에 잘 드러나 있습니다. 그 자긍심을 잃지 않고 사는 한, 아마도 하느님은 그들의 노력과 재주를 지켜 주셨습니다. 그래서 그들은 환란 속에서 전 세계를 유랑하면서도, 경제적으로 학술적으로 세계를 지배하는 민족으로 살아남아, 결국은 1948년에 이스라엘 땅에 이스라엘이라는 나라를 세워내고 맙니다. 돈과 지식, 경제와 학문 이 두 가지를 끝까지 지켜냈습니다.

그러면 이제 우리 한국과 한국 국민을 생각해 봅니다. 20세기에 들어와 일제 강점기를 거치면서, 우리 민족은 세계사적 안목을 지니고 나라를 운영하지 못한 것을 통탄하여야 했습니다. 19세기 말까지 우리 조상들이 생각했던 세계는 동북아시아, 그러니까 중국과 만주와 한반도와 일본열도를 벗어나지 못했습니다. 태평양을 건너, 인도양을 지나, 미국과 유럽이 있다는 것을 몰랐습니다. 그래서 일제 침공을 당했습니다. 1945년에 해방은 되었으나 그것은 불행하게도 우리 힘으로 얻은 것이 아니었습니다. 그 당시 세계를 지배하던 막강한 두 세력, 곧 공산주의 소련과 민주주의 미국 두 나라의 힘에 희생되어 우리나라는 남북으로 분단되고 말았습니다. 쪼개지기만 한 것이 아니라 1950년 6·25전쟁으로 한 핏줄 한 형제끼리 총부리를 겨누는 동족상잔의 비극을 겪고 있습니다. 그 전쟁의 소용돌이에서 소위 이민이라는 이름으로 여러분들이 미국으로 삶의 터전을 옮기게 되었습니다. 이제 나라 밖으로 나가 사는 우리 교포가 1,000만 명이며, 그중에 가장 많은 500만이 미국에 살고 있습니다. 이 시점에서 우리는 생각해 보아야 합니다. 이스라엘 민족이 고난에 처하여 세계 곳곳으로 유랑하게 된 것과 6·25 이후 분단국과의 설움을 삼키며 고향을 등지고 우리가 미국에 이민 와서 살게 된 것과는 어떤 공통점이 있는지를 생각해 보아야 할 것입니다.

 이스라엘 민족은 그 유랑의 의미를 돈과 지식, 곧 세계 경제와 세계 학문을 주도하는 것에서 찾았습니다. 그렇다면 우리는 이민 생활의 의미를 어디에서 찾아야 합니까? 우리 민족이 동양의 유대인이라고 하는 말을 우리는 종종 듣습니다. 그 말은 무슨 뜻입니까? 우리 민족이 이스라엘 민족에 뒤지지 않는 두뇌와 능력을 갖추고 있다는 말이겠습니다. 만일 이것이 사실이라면 우리는 우리 자신에게 그리고 무엇보다도 하느님께 우리의 재능을 어떻게 활용하여야 하는지에 대하여 진지하게 여쭈어보아야 할 것입니다. 하느님은 분명코 우리 민족을 통하여 세계 미래를 어떻게 이끌어 가실지 계획을 세우고 계실 것입니다.

  2,000년 전 이스라엘이 로마에 멸망하고 전 세계로 흩어진 것은 표면적으로는 로마의 군사력에 패배한 탓이겠지만, 그 이면에는 유대교 전통이 예수그리스도를 인정하지 않은 데에도 원인이 있었습니다. 만일에 2,000년 전에 유대인들이 예수그리스도를 용인했다면 로마의 통치에서 탈출하여 독립 국가를 유지하면서 전 세계로 유랑의 길을 떠나지 않을 수 있었겠습니다. 가령 우리 민족이 세계사의 미래에 무언가 한몫을 톡톡히 해낼 것이고 그렇게 될 것을 하느님이 우리에게 맡기고 계신다고 우리가 믿는다면, 그렇게 가정한다면, 우리는 이 시점에서 우리의 능력과 잠재력을 점검해 볼 필요가 있습니다. 해결방안은 그리스도교가 통 큰 그리스도교로 진화하는 것입니다. 그렇게 하지 않으면 2,000년 전 유대인들이 유대교 전통을 고집하며 예수그리스도를 인정하지 않은 것과 똑같은 전철을 밟게 될 것입니다. 마침 최근에는 '익명의 그

리스도인'이라는 칼 라너의 신학이 힘을 얻고 있습니다. 그 신학은, 명시적 그리스도교인은 아니지만, 그리스도인과 다름없는 사람들이 유사 이래 온 세상에 널리 퍼져있다고 보는 발상의 전환을 촉구하고 있습니다. 나는 이러한 사상을 가장 잘 받아들이고 이해할 수 있는 민족이 우리 민족이라고 생각합니다. 불교와 유교의 전통을 간직하며 그리스도를 구세주로 믿게 된 한국 사람들입니다. 그중에서도 세계의 힘의 중심에 살고 있는 미주 한인교포의 역할이 큽니다. 바로 여러분들이 미국 사회 곳곳에서 정치, 경제, 사회적으로 힘 있는 자리에 나아갈 때 모두가 그리스도인 또한 익명의 그리스도인으로서 공히 세계평화의 주인공이며, 모두가 하느님의 사랑하는 자손이라고 화해와 어울림의 마당을 마련할 수 있을 것이기 때문입니다. 물론 하루아침에 이루어지지는 않겠지만 그러한 사명감을 지니며 미국 생활의 의미를 찾을 때 우리 교민들의 삶은 하루하루가 엄청난 은총으로 충만해질 것입니다.

사랑하는 재미 교민 여러분! 여러분이 북미주에 사는 이유를 커다란 세계사의 줄기 속에서 찾으십시오. 그리고 지금 겪고 있는 잡다한 고민거리와 장애물을 넘어 하느님의 눈빛을 느끼고 바라보며 용기를 잃지 말고 삶의 활기를 찾으십시오. 여러분은 지금 무의미하게 미국에서 고생하고 있는 것이 아닙니다. 지난날 하느님이 이스라엘 민족에게 걸었던 기대를 이제는 우리 대한민국 백성들에게 특히 재미교포들에게 걸고 계신다는 확고한 믿음으로, 기쁘게 살아가셔야 합니다.

신부활론新復活論
울릉도 헬기 폭파에서 살아온 이야기

생각해 보면, 지난날 나를 괴롭혔던 것은 갑자기 닥친 죽음의 상황에서 오는 공포였습니다. 내가 '죽음' 노이로제로 괴로워하기 시작한 것은 일제 강점기 말기(8·15광복 직전), 우리 가족이 시흥군 소래면으로 피난 갔던, 내 나이 아홉 살 때였습니다. 행렬의 마지막 순번으로 외나무다리를 건너던 나는 웅덩이 위를 건너지른 외나무다리 위에 나 혼자만 남았을 때, 우지직 소리를 내면서 썩은 나무다리가 무너져 내려앉는 소리를 들었습니다. 비록 내가 그때 죽음을 면하기는 했지만, 초록색 이끼에 덮인 그 깊은 웅덩이는 계속 내게 죽음을 연상시키며 따라다녔습니다. 죽음의 사자死者들이 검은 보에 나를 싸서 데리고 간다며, 나에게 다가오는 꿈도 자주 꾸었습니다. 이 꿈은 내가 성령 세미나를 받고 온갖 공포에서 해방되던 내 나이 40세이던 때에야 겨우 사라졌습니다. 신앙은 구원이고 신비입니다.

두 번째로 내가 죽음의 입구까지를 경험했었던 것은 9·15 인천 상륙의 시가전을 지켜보던 내 나이 열네 살 때였습니다. 얼굴에 초록색 물감칠하고, 입고 있는 그물 옷 여기저기에 푸른 잎이 무성한 나뭇가지를 꽂은 유엔군이 방공호를 들여다보더니, 인민군 패잔병이 숨어 있는 것으로 오해하고 성급하게 수류탄을 던졌습니다. 그것은 내 앞가슴을 치고 두 다리 속으로 굴러와 박혔습니다. 그 수류탄이 기적적으로 불발탄이었기 때문에 지금까지 살아 있기는 하지만, 산다는 것은 무한한 죽음 가능성의 반복 안에 동거하는 것이라는 삶의 철학이 그때 세상을 미처 살아 보지도 못한 어린 가슴 속에 동굴 속 석순처럼, 아프게 박혀 자라기 시작했습니다. 또, 수를 셀 수 없이 많은 인민군 포로들이 두 손을 머리에 얹고 완전히 발가벗긴 나체의 몸으로 끌려가던 모습이 눈앞에서 가물가물 사라져 가는가 싶더니, 다시 흰 옥양목 앞치마를 뒤집어쓴 중공군들이 한없이 눈벌판 위로 몰려오던 1·4 후퇴, 나는 그때 시체를 지천으로 바라보며 또 시체들을 밀어내면서 시체 더미 속에서 기어 나와 살았습니다.

그러므로 전쟁의 포성이 멈추고 내가 인천 답동 성당 임종국 바오로 신부님에게 발견되어 구원을 받았을 때, 천주교의 가르침을 따라 세례받기로 결심한 것은 생사의 이치를 깨달아 죽음의 공포로부터 벗어나고 싶다는 이유와 억울하게 전쟁에서 죽은 사람들을 위하여 기도하고 싶다는 두 가지 이유 때문이었습니다. 세례받던 날 나의 대모, 당시 박문여고 마리아 막달레나 심춘섭 교감 선생님은, 세례 직후의 깨끗한 영혼이 하느님께 여쭙는 것은 반드시 들어 허락해 주신다고 말씀하셨습니다. 그래서 "이 전쟁으로 인하여 죽은 남북한 사람들이 모두 지금 천국에 있게 해 주십시오. 예수님이 흘리신 마지막 피 한 방울 마지막 물 한 방울은 이 세상의 어떠한 죄악도 다 씻을 수 있을 만큼 귀하고 거룩하다 배웠습니다."라고 기도했었습니다.

철이 들고 어른이 된 후에 겪었던 죽음 직전의 체험 사건은 포항에서 울릉도에 가는 헬기 폭발 사고였습니다. 헬기로 울릉도에 도착한 후 다른 분들 20명이 그 헬리콥터에 탑승했는데 헬리콥터가 하늘로 날아오르는 순간 그 헬기가 폭발한 일입니다. 저승사자를 우리 가까이에 거느리고 사는 것 같습니다. 죽음이 우리 주위를 서성거린다고 말해야 옳을 것도 같습니다. 1990년 7월 27일 토요일이었습니다. 울릉도 군민대회 강의가 예정되어 있어서 7월 27일의 울릉도행과 7월 28일의 포항행 헬기 좌석을 예약하였습니다. 우주 항공사가 포항 울릉도 헬기 항로를 개항한 다음 날이었습니다. 그런데 태풍 경고가 내려진 가운데 안개가 너무 짙어 1시 예정의 헬기가 이륙을 못 하고 3시가 넘어서야 겨우 이륙하였습니다. 나는 강의 시간이 임박하여 숨도 못 돌리고 강단에 서야 할 것이 염려되고 마음이 초조하였습니다.

헬기가 착륙해야 할 무렵에 기내방송이 울렸습니다. "우주 항공에 탑승하신 손님 여러분께 15분 동안 울릉도를 한 바퀴 도는 관광 서비스가 약속되어있는데 지금 아래를 내려다보시면 포항으로 나가실 승객 20명이 두 시간 이상을 헬기 착륙장에서 기다리고 있는 것이 보입니다. 어떻게 할까요?" 반 이상이 보여 달라고 소리쳤습니다. 그때 내가 조용히 내 사정을 말했습니다. "제가 빨리 내려서 강의 장소로 이동해가야 하고, 탑승지점에는 지금 20명의 승객이 포항행을 기다리고 있으니, 우리 모두 양보하고 어서 내려갑시다."라고 사정했습니다. 기장은 겨우 승객들의 양해를 구하여 착륙하였습니다. 그리고 헬기는 기다리던 20명 승객을 태우고, 포항을 향하여 이륙하였습니다. 그런데, 헬기가 공항을 이륙하여 항로를 잡는 듯하더니, 우리가 공항을 빠져나오기도 전에, 폭음과 함께 공중에서 폭발하고, 그 사고로 13명이 사망하였습니다. 우리가 15분 동안 울릉도 순회 관광을 하였더라면 새

승객이 아니라 우리들이 그날 사망했을 것입니다. 나는 떨리는 마음으로 그날 강의를 마치고 그다음 날 열다섯 시간이 걸리는 야간 선박을 이용하여, 포항에 내려, 서울행 비행기를 탔습니다. 이것이 우리 인생입니다. 우리는 예기치 않은 시간 예기치 않은 장소에서 죽음을 만나기도 하고 피하기도합니다. 이 일은 나에게 항상 개인을 위해서가 아니고 공익을 위한 차원에서 매사를 결단하고 선택하여야 한다는 의지를 굳혀주었습니다.

나는 온종일 죽음을 생각하며 기도하고 죽은 이들을 위하여서도 기도하며 삽니다. 내가 어렸을 때 교리를 배운 바로는, 11월 2일 위령慰靈의 날에, 성당에 한 번 들어가서 주모경과 영광송을 외고 나오기를 다섯 번 할 때마다 연옥에 있는 영혼 한 명이 천국에 간다는 것입니다. 그래서 나는 해마다 위령의 달이 오면 집 근처 성당에 가서 내 몸이 지쳐 휘청거릴 때까지 이 기도를 계속하며 내 기도로 말미암아 천국으로 직행했을 영혼들의 수를 손꼽아 헤아리곤 했었습니다. 지금도 나는 11월 위령성월이 돌아오면 세상살이에 오염되지 않은 순수한 신앙으로 살던 입교 당시의 나를 회상합니다. 그때는 삶의 목적을 오로지 사후의 구원 영생과 부활과 하느님과의 일치라는 내세지향來世志向과 연옥 영혼들을 위하여 기도하는 데 두었었습니다. 6·25 한국전쟁으로 가족을 잃었으니, 그럴 수밖에 없었을 일입니다.

그런데 언제부터인가, 내 신앙의 자세에 조금씩 변화가 오기 시작하였습니다. 나의 변화는, 종말론적 내세 부활관에 지나치게 얽매일 것이 아니라, 현세의 일상생활에서 순간마다 부딪치는 무수한 고통과 그 고통의 극복을, 죽음과 부활의 이미지에 결부시켜야 하겠다는 인식에서 출발하였습니다. 그러니까 내 삶의 최후의 날이 완벽한 죽음이며 동시에 완벽한 부활의 날이 되게 하려면, 현세의 일상에서 순간마다 부딪치게 되는 작은 죽음과 작은 부활을 완전 지향의 통합적 죽음과 부활로 축적해 나아가야 한다고 생각하게 된 것입니다. 나는 이러한 내 생각을 스스로 신부활론新復活論이라고 이름 붙였습니다.

새로운 감정, 새로운 결단, 새로운 사랑, 새로운 행동. 이 모든 새로운 변화에로의 추구에 앞서서 사람에게는 죽음과 같은 고통이 수반되고 이 순간을 거쳐야만 사람은 미지의 세계에 부활하여 새로운 모습으로 존재하기 시작합니다. 그러므로 사람마다 통과해야 할 종말의 죽음이란 것도 결국은 이 세상에 있어서는 끝이지만, 어떠한 모습으로건 우리가 새로운 형태로 존재하게 될 저쪽편 세상에 있어서는 시발점이 되는 셈입니다. 이렇게 죽음과 부활에 관한 나 나름대로 사상을 정립하고 난 이후, 나는 죽음의 공포로부터 서서히 벗어나는 자신을 발견하였습니다. 그리고 '죽음' 문제에 집착한 것이 결코 우울했던 일이 아니라, 오히려 밝고 평화로운 삶을 지향해 나가기 위한 투병 과정이었음을 깨달았습니다. 나는 매일 밤 잠들기 전에 그 밤이 이 세상의 마지막 밤일 수도 있다고 생각합니다. 그러나 그 밤은 현세의 끝이지만 부활 세계의 시작입니다. 죽음을 만나는 다음 순간 부활하는 기쁨을 누릴 것입니다. 그러나 그 기쁨마저도 앞으로 내가 또 준비해야 할지도 모를 신부활론을 위해 잠시 유보해 둘 것입니다.

한여름 날의 기도

장마가 걷히고 햇볕이 따가운 중복 날입니다. 포천 산속에 있는 성가정도재聖家靜禱齋.

시가 친가 네 분 부모님 묘소를 지키며 시묘侍墓 생활을 합니다.

20년 전(2000년) 가을, 보사부 연수원에서 공직자들을 상대로, 매주 한 번, 강의한 일이 있습니다. 어느 날 담당 과장님이 어린 소녀의 생명을 구해 달라고 하셨습니다. "오늘 심장판막 수술을 안 하면 더 살지 못한다고 합니다." 하시며, 그 아버지가 가지고 있는 밭을 줄 것인데 그 땅을 찾아가 볼 것도 없고 가격을 알아볼 필요도 없고, 빨리 소녀를 살릴 수술비만 송금하자 하셨습니다. 하자는 대로 했습니다. 산언덕 위의 농지를 정비하여 네 분 부모님을 모신 후, 땅이름을 '부모님 영지影地'라 이름 붙이고, 그 영지 아래 집터를 사서 집을 짓고, 성가정도재를 마련하였습니다.

바람과 소나무와 잣나무와 들꽃과 새벽안개와 저녁노을이 아름답습니다. 지상의 끝자리이고 천국의 입구가 이런 곳이라 생각하며 살고 있습니다. 세상 어디도 부럽지 않은 평화로운 마을. 해와 달과 별들이 차례로 지고 뜹니다. 새벽에 눈을 뜨면 왼손에 묵주를 들고 기도하며 하루를 시작합니다. 바른 손으로는 글도 쓰고 밥도 먹고 청소도 하고 편지도 쓰고 전화도 받습니다. 바른 손이 하는 일도 물론 성가정도재聖家靜禱齋에서는 일상의 기도입니다.

햇살이 쨍쨍한 중복 날, 한여름 날 오후의 기도입니다. 마당에 내려가 묵주를 왼손에 들고 기도하는데, 호랑나비가 나를 따라다니더니 뜨거운 줄도 모르고 마당에 내려앉습니다. 잠시 후 나비가 염려되어 뒤돌아 다 보니, 나비의 발이 지열에 화상을 입어 필사의 힘으로 날개를 파닥입니다. 엄지와 검지로 나비 날개를 잡아 풀숲에 눕힙니다. 거기서 쉬고 기력을 찾아 한 시간쯤 지나자 날아갑니다. 땅이 뜨거운 줄도 모르고 지렁이가 기어 나와 시멘트

바닥에서 화상을 입고 꿈틀거립니다. 풀을 뜯어 지렁이를 싸안아 풀숲에 넣어주는 것이 여름날 기도 중의 하나입니다. 새들과 나비들이 마당을 돌다가 앉을 자리가 없어 힘겨워 날아가는 것이 안쓰러워 빨랫줄을 마당에 만들어줍니다. 나비와 새들과 잠자리들이 날아와 앉아서 놀다 갑니다. 그 생명의 몸짓들이 너무 귀하여 가슴이 저립니다.

그늘진 땅을 호미로 파 열무 씨를 뿌리면 사흘 만에 싹이 트고 닷새 되는 날 잎이 너울거립니다. 생명의 신비를 보며 가슴이 뜨겁습니다. 신령스러운 하느님 몸의 세포들입니다. 풀잎 하나하나 나뭇잎 하나하나 우주의 생명이 모두 우주적 하느님 생명체의 세포들, 열무 싹 하나하나가 하느님 몸의 일부입니다. 나비도 지렁이도 열무 싹 하나하나도 다 형제요 자매라는, 프란치스코 성인의 가르침을 따라 깊은 관상觀想(contemplation)에 빠집니다.

하느님 성삼께서 현존하시는 다정한 마당을 거닐며, 영원무궁 속에서는 천년도 하루이고 이슬 한 방울에도 우주가 있고 찰라 속에 영원의 시종始終이 있다는 윌리엄 브레이크의 시가 가슴에 절실하게 스며듭니다. 이 시 한 구절에 놀라 영원무궁에 영혼이 깨어나 하느님을 믿게 되고 드디어는 관상수도회觀想修道會의 수사 신부가 된 토마스 머튼과 머튼이 사랑한 프란치스코 성인을 기도

속에서 만납니다. 하루에서 영원을, 그리고 잠시 거닐다 가는 이 따스한 지평에서 무한을 보며, 오늘도 살아 숨 쉬게 하시는 하느님께 감사합니다. 풀잎 하나하나에서, 내가 임종을 못 지킨 나의 어머니와 6·25 한국전쟁으로 잃은 아버지와 형제들의 생명 부활을 순간마다 마주 보며, 대화합니다. 먼저 하느님께 가 있는 가족들 모두와 살아있는 나는 공생 공존의 신비체입니다. 하느님 나라로 먼저 간 것도 은총이고 아직 살아있는 것도 은총입니다.

    산 골 마을에는 일찍 저녁 그림자가 내려앉습니다.
    도시보다 훨씬 빨리 저녁노을이
    천상天上의 한 자락처럼 내려앉습니다.
    맑고 투명한 보석이 절대 고요를 깨뜨리며
    발등에 툭 떨어집니다.
    감사의 눈물입니다.
    감사의 눈물보다 아름다운 보석은 세상에 없습니다.
    사랑하는 생명 생명의 그리운 얼굴들이여!

2020년 7월 26일

살아온 날이 감사하고
살아날이 은혜롭습니다 1

    회원님 한 분 한 분에게 금년에도 소식지 인사 글을 쓰니 하느님께 감사합니다. 인쇄비며 우송료 등 경비가 많이 들어, 한 해 한 번만 소식지 보내기 시작한 이후, "이젠 소식지 만들지 않아요?"라고 전화하는 회원들이 많습니다. 겨울이 가고 봄이 오고 그리스도 수난의 모진 날들을 보내고, 성모님과 아기 예수님을 지키신 요셉 성인 대축일을 지나, 예수 부활이 다가오는 이맘때쯤이면, 분명 소식지를 보냅니다. 중단하는 일 없습니다. 이 인사말을, 저 아닌 다른 분이 쓰면, 그때엔 아마도 제가 천국에 갔다는 뜻이 아니겠는지요.

    돈이 많은 대기업이 사회복지시설을 운영하면 후원회원이 따로 필요 없으련만, 저같이 가난한 교육자가 <나자렛 성가원>을 시작해야 했던 1980년대에는 가정폭력 피해 여성이나 성매매 피해 여성 쉼터를 운영하는 곳이, 수도자가 운영하는 한두 곳 외에는 별로 없어서 가진 것이라곤 대학교수 급여밖에 없던 제가 나자렛 성가원을 개원하고 운영을 시작했었습니다. 고맙게도 한 분 한 분 지지자가 늘어나 함께 기도하며 운영을 시작한 터라, 언론의 시선이 집중하였고 저절로 홍보되었습니다. 그 후 여기저기서 교회 사목자나 수도자들이 복지사업을 시작하였고, 지금은 체계적 복지제도가 적어도 외면적으로는 절반의 성공을 이룬 것처럼 보이지만 갈 길이 아득합니다. 거국적이고 심층적이고 세부적인 국가사회복지 체계의 정비는 정부나 종교단체들만의 몫이 아니고, 사람이면 누구나 다 지니고 살아야 할 우리 개개인 생명의 가치 진화 목적 실현의 일환임을 주장해 왔다는 점에서, 복지문화의 불모지에 여성복지의 씨앗을 뿌리고 살아온 일이 노후에 접어든 저에겐 큰 기쁨과 위로를 줍니다. 또 지난 세월의 굽이굽이에서 한번 인연을 맺으면 결코 물러서지 않으며 제 손을 여전히 잡고 계신 지지자들의 사랑이 암스트롱이 달에 착륙하여 달을 탐험한 후 지구로 안전하게 귀환했었던 그 놀라운 역사적 사건보다도 더 큰 '기적'임을 나는 잠시도 잊지 않고 지지자들 한 분 한 분이 결행하는 기적의 삶에 감탄하고 감사하며 살아갑니다. 전국 도청이나 시청 혹은 군청에서, 강원도 사북 등 200m 탄광 속까지 수없이 다니며, 현실의 안주하지 말고, 삶의 진화를 위하여 희망을 가지고 생명의 가치를 확대하자고 강조했습니다.

또 무엇보다도, 내 삶이 헤쳐 온 그 어떤 일보다도, 내가 대학 교수직을 정년퇴임을 하던 때, 평생의 넉넉한 재정을 보장하는 퇴직금과 연금을 일시불로 받고 그때까지 살던 집을 팔아 보태어, 구기동에 최초의 나자렛성가회 건물을 마련하고 사회복지법인 재산으로 출연하는 용기를 내게 하신 하느님의 은총이, 부자가 아닌 나에게는 으뜸의 기적이었습니다. 그러므로 지금 매달 받는 연금은 없으나 나의 노후가 지금처럼 평화롭고 행복할 수 있는 것은 나를 통하여 그리스도의 성령이 역사하신 은덕의 힘입니다. 부자도 아닌 사람이 복지법인을 창설하여 운영하면서 지지자들 한 분 한 분을 만난 일이 하느님께서 맺어 주신 섭리적 인연이므로 무한 감사하고, 지지자들은 작년에도 그리고 금년에도 또 여전히 해가 바뀌어도 여전히 지지자이신 것이, 저에게는 참으로 놀랍고 감격스럽습니다.

현직 교수이던 1990년대의 봄날이었습니다. 포천시청 직원으로부터 강연 요청을 받고, <베어스타운>이라는 골프장 구내 강당에서 포천시 여성들에게 <생명의 가치 확대를 위하여>라는 제목으로 강의하고 돌아온 며칠 후, 포천시청에서 전화가 왔습니다. "건축비를 지원할 터이니 집을 지어 포천에서 복지시설을 운영하라."라는 것이었습니다. 그러나 당시는 아직 개인 자격으로 시설을 운영하던 때였고, 절차도 어렵고 큰 자산이 헌납되어야 하는 사회복지법인으로의 전환이 추진 중이던 때라 포천시의 제안을 받아들이지 못했습니다.

　사회복지법인의 설립과정은 소시민에게는 몹시 어려운 일입니다. 일단 사회복지법인이 되면, 그 시설은 개인이 재산을 출연하여 설립했더라도, 이미 개인재산이 아닌 국가의 재산이기 때문에 그 운영에서는 중앙정부와 지자체가 예산 범위 내에서 지원합니다. 서울에서 운영하던 나자렛성가회 소속 복지시설들이 지자체의 급여를 받게 되자, 나는 6·25 한국전쟁 이후 마음에 늘 품어 왔던 동두천 지역에 새 건물의 취득 비용을 법인에 출연하였고 가정폭력 피해 여성 시설 운영을 또 하나 시작하였습니다. 넉넉히 3년만 법인이 운영비를 충당하면 경기도에서 직원 인건비와 시설 운영비를 지원해 줄 것이라고 저는 확신하였던 것입니다. <나자렛 동두천 성가원>이 개원되기까지 8억 원이 소요되었고 첫해가 지나고 둘째 해가 지나고 또 세 번째 해의 연말이 다가오도록 6억의 운영비를 쏟아부었건만 경기도에서는 지원 예산 편성이 전혀 되지 않았습니다.

　아내와 자녀들에게 폭행하는 남편을 피해, 아기를 업고 안고 집을 나와야 할 만큼 다급한 여성들을 보호하는 것은, "내가 배고플 때 밥 주고 추울 때 옷 주고 감옥에 있을 때 방문해 주었으니 영원한 천국을 차지하라."(마태 25,40) 하신 그리스도의 말씀을 듣게 되는 자격을 취득하는 일입니다. 그즈음 교황님께서 "위선적인 신자로 사는 그것보다는 차라리 무신론자가 낫다."라고 말씀하신 것을 가톨릭신문에서 읽었습니다. 사회복지법인 이사장은 법인 건물 안에서 살 수 없다는 정부의 법인감사 지적을 받고, 거기서 살다가 거기서 임종하기로 설계하고 지었던 나자렛 성가회를 떠나온 지 이제 6년 세월이 지났습니다. 사회복지법인 건물에서 사는 것이 실정법에 어긋난다는 지적을 받았고 마치 제가 위선자인 양 취급당하는 수모를 겪기도 했습니다. 그러나 그런 오해를 받고 멸시를 받았을 때, 저는 비로소 그리스도를 뵙게 되었습니다. 선 고통 후 영광이 복음의 핵심인데, 저도 큰 모욕을 당한 후에야 참 신앙인이 되었습니다.

 나는 지금 포천 삼정리 산골에 선종 준비를 위한 성가정도재 聖家靜禱齋를 마련하고 기도 생활을 하며 살고 있습니다. 여기는 택시도 다니지 않고 40분을 걸어 나가야 두 시간에 한 번 포천 성당 근처로 가는 버스가 오가는 외진 곳입니다. 벽지 생활에 따르는 애로점은 있지만, 여기서는 노랑나비, 흰나비, 태극 나비, 까만 비단 나비들과 까치, 까마귀, 참새, 뻐꾸기, 팔뚝만 한 황금색 새들과 잠자리가 온종일 날아들고 온갖 들풀과 풀꽃들이 피어납니다. 이 깊은 침묵 속에서 비로소 언어가 보이고, 시력을 잃은 후에야 비로소 풀꽃과 대화하게 되고, 가난해진 연후에야 비로소 풍요를 감사하게 되는, 행복한 노후의 날들을 살아갑니다.

깊은 고요 속에서 하느님과 인생과 죽음과 천국을 보고 듣고 느낍니다. 팔십 평생 당했던 무수한 상처가 그리스도의 눈물로 치유되고, 나를 위하여 대신 수난 당하시고 돌아가시고 부활하신 그리스도와 대화하는 복된 신앙생활이 이 산속에서 시작된 듯합니다. 성가원에서 쫓겨나는 슬픔과 고통과 경악이 없었더라면 오늘의 이 복된 노후는 결코 없었을 것입니다.

이곳 성가정도재聖家靜禱齋에서 나는 기도합니다. "예수님의 성심과 티 없으신 성모님 성심을 통하여 요셉 성인의 전구를 청합니다. 저희의 시련과 근심을 들어주시어 우리 영혼을 짓누르는 일들이 하느님 섭리 안에서 안정을 찾도록 하느님께 전구하여 주시고, 저희 죽음의 순간에도 성인께서 누리신 평화와 내적 기쁨에 참여하도록 도와주소서. 우리 주 예수 그리스도의 이름으로 간절히 기도합니다. 아멘"

2017년 3월 19일
임종자의 수호자이며
한국교회의 수호자인 성요셉 대축일에

살아온 날이 감사하고 살아갈 날이 은혜롭습니다 2
— 고관절 수술 이야기 —

존경하는 회원님들에게

내가 어떻게 지내는지 궁금하다고 인터넷에서 <나자렛 성가회>를 찾아 전화하시는 분이 해마다 더 많아집니다. 내가 이미 고인이 되었는지 궁금해서일 것입니다. 덤의 삶을 살고 있으니 당연하십니다. 좌우 무릎과 좌우 고관절 대수술을 받고 투병하느라 지난 몇 년은 매우 고달팠지만, 시간 맞추어 기도 생활을 하니, 유례없이 행복한 나날입니다. 사람은 한 번 죽게 마련이고 죽음에 직면하기까지는 얼마나 많은 질병과 두려움에 허덕여야 할 것인지를 묵상하며, 작년 가을에 치렀던 수술 전후의 고통과 고통 후에야 그러한 고통이 없이는 체험할 수 없었을 은혜로운 환희 체험에 대하여, 조금 말씀드리고 싶습니다.

괴로움과 고통이 할퀴고 간 면적의 분량만큼 하느님의 은총이 그 안에 차고 넘치나 봅니다. 루카복음 24장 25절에서 26절을 보면 예수님께서 "예언자들이 말한 모든 것을 믿는 데에 마음이 어찌 이리 굼뜨냐? 그리스도는 그러한 고난을 겪고서 자기의 영광에 들어가야 하는 것이 아니냐?"라고 말씀하십니다. 3년 전에 양

무릎 인공관절 수술을 받고 후유증에 시달리던 중에, 작년에는 걸음이 충실하지 못하여 옆으로 쓰러져서, 고관절 골절의 끔찍한 고통을 당하였습니다. 119 구급차로 서울대 병원 응급실로 실려 가 수술을 받고 나오기까지, 죽음 저편을 다녀온 듯합니다. 처음에는 '설상가상'으로 어이 이런 일이 일어났는지 슬퍼했지만, 넘어지면서 '내 머리' 하며 고개를 번쩍 들고 쓰러져 머리가 깨지지 않았으니, 결코 '설상가상'으로 표현될 일이 아니고 '천우신조요 천만다행인 신비의 은총'으로 표현되어야 할 일입니다. 고통은 신비입니다. 수술 전후에 받은 영적 지혜와 회개와 감사의 은총 체험을 상기할 때마다, 고관절 골절과 수술 체험은 예수님이 의사의 손을 잡고 수술해 주셨다는 무한 감사를 절실하게 가슴 깊이 새기게 되었고, 예수님은 그래서 지금도 세상에 오시고 일하시고 수난당하시고 우리 고통을 치유해 주시며 우리에게 부활을 체험시켜 주십니다. 옛날이나 지금이나 예수님은 치유의 의사이십니다. 고통이 지나간 후에야 인간은 철이 들고 감사하게 되니, 고통은 인간을 철들게 하는 신비입니다. 고통은 그 자체로는 나쁘지만, 고통이 끝난 후에는 반드시 기쁨과 행복을 체험하게 되기 때문에, 고통은 은총입니다. 고통을 거치지 않고 다가오는 행복은 허상에 불과하여 곧 잃어버리게 됩니다. 고통이 없는 행복은 세상에 없습니다.

이 세상에서 가장 큰 끔찍한 고통을 당하며 돌아가신 예수님이, 그래서 최상의 영광을 지니셨고, 온 세상 온 인류가 모두 예수님을 사랑합니다. 나도 이번에 치러낸 끔찍한 고관절 골절 수술의 고통을 은총으로 깨달은 후, 매일, 자주, 주님께 감사기도를 바치게 되었습니다. 응급실에 실려 갔을 때 고관절 뼈가 부러진 아픈 몸을 수도 없이 뒤집어 가며 수십 장의 사진을 찍었는데, 수술실에 들어가니 여러 대 컴퓨터 화면에 그 엑스레이 사진이 수술실 벽면을 다 덮고 있었습니다. 그 한복판 수술대 위에 누워, 저는 마취 주사를 맞았습니다. 서서히 발가락으로부터 마비가 시작되더니, 하반신 마취가 다 진행되었다고 느끼는 순간, 나는 의식을 잃었는데, 그 순간 나는 그리스도의 무덤 안에 들어가 있었습니다. 주님이 3일 동안 누워계시던 무덤이라고 말하는 천사의 소리가 들렸다고 생각되었습니다. 나는 예수님의 무덤 안에서 쉬었던 것입니다. 그 순간부터 엄청난 눈물을 하염없이 흘리며 참회하였습니다. 세상에 태어나 만나고 가는 사람들 모두 한 명 한 명에게 최선을 다하지 못했다고 고백하며 용서 청하며 울었습니다. 그렇게 몇 시간을 참회하는 동안에 수술이 진행된 것이고, 수술이 끝나고, 내가 죽지 않고 깨어나고 있다는 것을 어렴풋이 짐작하는 그 순간, 나는 어느새 예수님을 가슴으로 품에 안고 있었습니다. "예수님! 가시관 쓰시고 살점 찢어지며 채찍으로 매 맞고 마지막 피한 방울 마지막 물 한 방울 다 흘리며 돌아가신 그 고통 어찌 이겨냈나요? 가엾어라. 내 주님. 그 고통 그 슬픔 그 고문 어찌 이겨내셨나요? 인류를 위해서, 남북한 동포 모두를 위해서, 온 인류의 영적 성장을 위해서, 그리고 저를 위해서, 북한(함흥)에 있는 우리 가족들을 위해서, 마지막 피 한 방울 마지막 물 한 방울 다 흘리고 가셨지요? 가엾어라! 불쌍해라. 내 주님. 나의 그리스도님! 그 고통 그 아픔 어찌 치러내셨나요?" 그렇게 예수님을 위로해 드리며 하염없이 눈물을 흘렸습니다.

집도 의사는 마지막으로 수술을 끝내는 순간 "아, 걱정한 것만큼 염려 안 해도 돼. 이 수술 참 잘 되었어."라고 말씀하셨습니다. 다음으로 저는 주치의 선생님을 찾았습니다. 그가 내 팔을 두 손으로 잡고 "저 여기 있습니다. 안심하세요." 했습니다. 예수님의 무덤에서 나와, 컴퓨터 화면이 오색 빛살을 뿜으며 번쩍이는 수술실 수술대 위에서, 예수님을 꼬옥 끌어안은 모습으로 저는 깨어났습니다. "끔찍한 수난과 고통. 어찌 견디셨습니까? 저 때문이지요? 저의 죄 때문에 그 고통 당하셨지요?"라고 흐느끼며 예수님을 품에 안고 예수님 어깨를 쓰다듬고 있었는데, 차차로 그 안에, 저의 가슴과 예수님 사이에 무한 공간이 열리면서 사랑하는 사람들 한명 한명이 그 공간 안으로 들어와 안기기 시작하였습니다. 그 공간이 하늘처럼 넓어지며 그리운 사람들 모두를 다 포옹할 수 있었습니다. 은인들과 회원들과 제자들과 친지들과 그 가족들, 그리고 제 가족들을 품에 안았습니다. 회복실 의료진이 저를 회복실로 옮겨갔습니다. 평생 흘릴 눈물을 다 흘리듯 하염없이 회개의 눈물을 흘리며 용서 청하는 기도를 하고 있었습니다. "미안해…… 더 잘해주지 못해서 미안해." 지인들 이름을 하나하나 부르며 용서를 청했습니다. 회복실 의료진이 왜 눈물을 흘리고 우느냐고 물었습니다. "그 끔찍한 고관절 골절로 제가 이 좋은 수술을 받고 영적으로 거듭 살아났을 뿐 아니라, 그리스도의 무덤 안으로 불려가 쉬게 하시더니, 수술이 끝난 후 수술대로 되돌려 보내신 것이 하느님께 감사해서 웁니다."라고 말했습니다. 저의 좌측 환자가 입에 담을 수 없는 욕설을 쏟아내는 섬망(헛소리하는 의식 장애) 증세를 보이고 있었습니다. 배우자를 저주하고 친구를 원망하고 상상도 못 할 독설들을 쏟아내는데, 저는 감사하는 말과 용서 청하는 말 밖에 다른 말이 생각나지 않았습니다.

회복실 실장이 저를 지명하며 "이 환자분은 절대 섬망의 위험이 없어 보이니 5분만 더 기다려 보고 입원실로 옮겨드려. 여기는 너무 추워." 하셨습니다. 나는 병실로 옮겨와 한참 지나서야 전신의 마취가 풀렸습니다. 주님의 은총으로 이제 부활하였으니 진정 덤의 인생, 악의 훼방에 절대 다시는 시달리지 않고 하느님 성삼께만 의지하고 시시각각 구원을 청하며 체험하며, 성령의 도우심 안에서, 깊은 믿음의 삶을, 생애의 남은 날 동안, 오직 사랑하며 기뻐하며 살아갈 것입니다.

고통은 상상할 수 없는 신비의 은총을 동반합니다. 집도의와 주치의 외 인턴들과 수련의들과 마취과 의사와 회복실 담당자들 모두가 예수님이십니다. 그들은 이 시대의 예수님. 예수님이 그들의 몸을 빌려 입고 육화하여 세상에 오시고, 환자들을 진료하고 치료하고 치유해 주십니다. 이것을 깨닫기 위하여 저는 회개하고 용서를 청하며 이번 고통을 이겨내고 살아난 것입니다. 제3의 새 생명을 살게 된 것입니다.

제가 모르는 사이에 저지른 실수 그래서 저에게 섭섭하게 느낀 일이 있으신 분들께 겸손되이 용서를 청합니다. 저를 용서하시고. 하느님의 크신 축복을 받으소서. 회원님들! 저에게 새 생명을 주신 하느님 성삼은 찬미 받으소서. 이제와 영원히 받으소서. 아멘.

2018년 3월 19일
한국천주교회의 수호성인이며
임종자의 수호자인 성요셉 대축일에

살아온 날이 감사하고 살아갈 날이 은혜롭습니다 3
— 박창목 바르톨로메오 신부님 -

새해를 또 맞이했으니 우리 모두 하느님의 은총 안에 있습니다. 더 회개하고 더 선해지기 위한 필요불가결의 조건이 '생명'이기 때문에, 살아있음은 은총입니다. '죽음'은 더 이상 회개하고 더 이상 선해질 가능성이 끝난, '회개와 성화'의 종점입니다. 매일 아침 새 아침을 주신 하느님께 감사하고 매해 새해를 또 주신 하느님께 감사합시다.

돌아가신 어머님이 다시 살아오시지 않는 한, 죽음은 반드시 다가오고, 그래서 죽음은 항상 오늘이 내 차례입니다. 누구나 다 맞이하는 일이고 누구도 피할 수 없는 일이니, 죽음을 가장 친한 친구로 알고 항상 대화하며 손잡고 살아갑니다. 세상에 태어나는 것은 셋방을 얻어 나오는 것이고, 죽음은 생명을 주신 아버지 집으로 되돌아가는 귀가입니다.

몇 해 전 우리 부부가 80세가 되었을 때 자식들이 말했습니다. 팔순 잔치를 준비한다고요. 저는 대답했습니다. "'팔순'이라는 말 하지마. 80년 산 것이 자랑인가? 살아남은 날들을 어떻게 끝내느냐가 중요하지. 하루하루가 내 생일이야." 하고, 팔순 잔치는 안

했습니다.

그날 나는 오히려 <나자렛 성가원>과 <나자렛 성가정> 가족들을 돕는 분들에게 빚을 지고 가는 것은 아닌가, 그런 염려를 했습니다. 대재벌 회장이나 그 가족도 아닌데, 무슨 복지사업을 하겠다고, 도움 주는 분들에게 폐를 끼치면서까지 가정폭력 피해 여성과 성매매 피해 여성 돕는 쉼터를 굳이 '내가' 운영하여야 했나? 그런 생각에 잠기자, 그리스도의 평생을 관상하며, 오래오래 기도하였습니다.

"주님! 도움 주시는 은인들과 그 자손만대에 오래오래 축복하소서. 아멘"

나는 요즘 이런 생각을 하며 나 자신을 격려합니다. 누군가 나 대신에 인생의 불행을 감수해 주어 내가 그 불행에서 비켜섰으니, 나 대신 고통당하는 이웃들을 돕는 것은 삶의 의무입니다. 은인들도 이런 생각을 하며 도움을 주셨겠지, 그렇게 생각하면, 마음에 평화가 옵니다. 하긴 "시주가 곧 기도"라고 부처님은 말씀하셨고, "나와 이웃이 모두 잘사는 대동의 시대건설에 기여하자."라고 공자님은 말씀하셨고, "진실로 너희에게 말한다. 너희가 내 형제들인 이 가장 작은 이들 가운데 한 사람에게 해 준 것이 바로 나에게 해 준 것이다."(마태 25,40)라고 말씀하신 그리스도의 가르침은, 모두 생명 완성의 길을 제시한 말씀일 것입니다.

오늘은 은인 중에서 신부님 한 분을 소개합니다. 뵙기는 단 한 번뿐이었는데, 내 삶에서 그분 생각을 만 번도 더 했습니다. 사제가 성가원을 도우시니 더 송구했습니다. 박창목 바르톨로메오 신부님이십니다. 2005년의 어느 날 나는 인천에 있는 해안동 성당으로 성령 세미나 '그리스도의 구원' 강의를 하러 갔습니다. 한국 성령 봉사회 파견으로 갔기 때문이었는지 나는 신부님을 뵙지 못했습니다. 그런데 그곳에 다녀온 그달부터 성가회에 매달 2만 원씩 후원금이 왔습니다. 해안성당을 주소지로 되어있는 박신부님에게서 왔습니다. 그렇게 3년이 지나간 2008년부터 3만 원씩 입금되었는데 몇 년 세월이 흐른 후, 인천교구에서 큰 성당으로 부임하신 신부님으로부터 저에게 강의 요청이 왔습니다. 그곳에 강의하러 간 그날 나는 비로소 박신부님을 처음으로 만났습니다. 강의 전에 사목회장이랑 함께 저녁밥을 사 주셨는데 식사 중에도 말씀이 없으셨습니다. 그런데 그다음 날 성가회 직원이 전화를 받았다 했습니다. 그 성당에서 사목하시는 동안 회비를 10만 원으로 인상하신다고요. 3년이 지나 다시 전화를 받았습니다. 인사발령을 받아 다른 시골 성당으로 가니, 10만 원씩 보낼 수 없게 되었다고요. 더 감동받은 것은 휴대폰으로 보내신 문자입니다. "이제는 성모 어머님께 나자렛 성가원 운영을 맡깁니다."라고요.

　전 재산을 다 바쳐 사회복지 일을 하는 것은 그 목적과 이유와 경우에 따라 어려운 일이 아닙니다. 저의 경우 제가 전 재산을 바쳐 성가회를 창설하고 불운에 빠진 여성들을 위하여 집을 지어주고 일한 것을, 언론이 수없이 다루며 기자들도 나에게 신기하다 하였지만, 그것이 저에게는 삶의 이유이고 목적이었기 때문에 힘든 일이 아니었습니다. 72년 전 6·25 한국 동란에 잃어버린 아버지와 오라비들의 생명 재생과 생명 부활을 위하여 그리고 아버지를 잃은 1·4 후퇴 때, 눈이 무릎에까지 쌓인 산을 넘어 피난하며, 내 등에 업혀 생명이 끊어진 여동생의 재생 부활을 위하여, 사회복지의 일을 결심하고 한 일이었기 때문에 마지막으로 숙명여대의 퇴직금과 평생 연금까지 일시불로 받아 성가원(가정폭력 피해 여성의 집)을 짓고 또 성가정(성매매 피해 여성의 집)을 지어 헌납한 것은, 내 목표의 실현이었을 뿐, 어려운 일이 아니었습니다.

　그러나 박봉의 봉급 봉투를 털어, 성가원과 성가정에 매달 1만 원, 2만 원, 10만 원을 보내는 것은, 살과 피를 짜서 보내는 것만큼 어려운 일입니다. 그 일을 은인들은 특히 박 바르톨로메오 신부님은 하셨습니다. 사람이 늙어 생명의 주인이신 하느님 앞에 서서 한평생의 생명 가치를 저울질 받을 때, 그 생명의 가치와 무게는 세상에서 살아가는 동안 배고픈 사람 몇 명에게 밥을 먹였는가 하는 것일 듯입니다. 친자식이 아닌, 빈곤 가정의 다른 집 자녀들을 위해서 먹인 밥의 무게 말입니다. 그렇게 하신 분들이 이 시대에 재림하신 그리스도들이십니다.

나는 평생 한국문학을 가르쳐 온 사람으로서 그리스도를 닮은 사람으로 시인 윤동주를 꼽습니다. 그분의 「서시序詩」와 「십자가十字架」를 언제고 한 번은, 대학 강의에서가 아니라 우리 은인들에게도 이 소식지에서 말씀드리고 싶었습니다.

"죽는 날까지 하늘을 우러러 한 점 부끄럼이 없기를/ 잎 새에 이는 바람에도 나는 괴로워했다./ 별을 노래하는 마음으로 모든 죽어가는 것들을 사랑해야지./ 그리고 나에게 주어진 길을 걸어가야겠다./ 오늘 밤에도 별빛이 바람에 스치운다."

「서시」 전문입니다. 왜 사나? 죽는 날까지 하늘을 우러러 한 점 부끄럼이 없기 위하여 산다고 말합니다. 어떻게 살아야 하나? 죽어가는 것들을 사랑하면서 살아야 한다고 말합니다. 죽어가는 것들은 누구인가? 나는 밥을 먹었는데 저 사람은 굶었고, 나는 직업이 있는데 저 사람은 직장이 없다. '있어서 좋은 것'을 가진 사람에게 그 '있어서 좋은 것'이 없는 사람들이 시인에게는 죽어가는 사람들입니다. "오늘 밤에도 별이 바람에 스치운다."에서 '별'

은 죽어가는 우리 민족이고 '바람'은 일제 식민권세의 억압입니다. 이 시로 인해 일본인이 윤동주를 일본 후쿠오카 감옥에 가두었습니다. 재판을 받는데 조선인이라고 하면 사형이고 일본인이라고 하면 석방이라 말하자 시인은 "조선 사람이다."라고 말해, 사형을 당했습니다.

또 한 편의 시 「십자가十字架」는 시인이 사형당하기 직전에 남긴 시詩입니다.

"쫓아오던 햇빛인데 / 지금 교회당 꼭대기 십자가에 걸리었습니다. / 첨탑이 저렇게도 높은데 어떻게 올라갈 수 있을까요. 종소리도 들려오지 않는데 / 휘파람이나 불며 서성거리다가 / 괴로웠던 사나이 행복한 예수 그리스도에게처럼 / 십자가가 허락된다면 / 모가지를 드리우고 꽃처럼 피어나는 피를 / 어두워 가는 하늘 밑에 조용히 흘리겠습니다."

이 시에서는 "정의를 위해 어떻게 목숨을 바칠까?"를 묻습니다. 십자가가 허락된다면 죽겠다고 말합니다. 그리스도께서 인류 구원을 위하여 매달려 돌아가신 그 십자가처럼, 적어도 '대한민국의 독립과 해방을 위하여' 죽는 것이라면, 십자가를 지고 모가지를 드리우고 꽃처럼 피어나는 피를 흘리며 죽겠다는 결의입니다.

'후원금 보내기'라는 '작은 죽음'을 통하여, 사람을 살리는 큰 생명의 삶을 살아오신 박 바르톨로메오 신부님과 모든 은인은 장하십니다. 그리스도의 뒤를 잇는, 제2의 그리스도요 제2의 윤동주입니다. 내년에도 인사 말씀 올리면 좋겠습니다. 더 회개하고 더 선해진다면, 몸이 아파도 삶이 은총입니다. 사랑하는 은인들!!!

2019년 3월 19일
한국천주교회의 수호성인이며,
임종자의 수호자인 성요셉 대축일에

살아온 날이 감사하고 살아갈 날이 은혜롭습니다 4
― 고재혁 빈첸시오 형제님 부부 ―

　살아서 금년에 또 <나자렛 성가회> 소식지에 인사의 문안 글을 다시 쓰니 어질러놓은 자리 더 잘 치우라고 오늘까지 살아있게 해 주신 하느님 자비에 감사합니다.

　살아있다는 것은 은총입니다. 세상의 빛과 소금의 역할을 살아있는 날만큼 조금 더 할 수 있기 때문입니다. "너희는 세상의 소금이요 빛이다. 너희 빛이 사람들 앞을 비추어, 너희 착한 행실을 보고 하늘에 계신 아버지를 찬양하게 하여라"(마태 5,13-16 참조).

하느님 성자 그리스도의 말씀입니다.

　시간이 흐르고 노경에 이를수록 더욱, 햇빛도 달빛도 별빛도 풀잎도 들풀도 하느님이 보내주시는 선물이고 손길이라 생각되어, 하루의 일들이 모두 다 하느님 자비의 섭리로 보입니다. 제가 사는 마을에 포천 사과 농장이 있습니다. 연초에 사과 두 상자를 사서 우리 집 위아래 이웃에 나누었습니다. 그런데 바로 그날 밤, 단골로 드나드는 택배 회사 집배원이, "밤이 깊었지만, 마저 배달하려고요. 문 앞에 와 있어요."라고 전화했습니다. 받아보니 오전 중에 사서 위아래 집에 나누어 드린 것과 상호도 똑같은 포천 농장 사과였습니다. 다음날 사과를 보내신 분께 전화했더니, 15년 전인 2006년에, 잠실 성당에서 제 강의를 들었는데 갑자기 제 생각이 나서 인터넷에서 <나자렛 성가회>를 찾아 전화하여 포천 집 주소를 받아 사과를 보냈다는 것입니다. 하느님 사랑의 신비입니다. 저는 지금 포천에서 살고 있습니다. 포천에서 살고 있는 것 역시 하느님께서 마련해주신 사랑의 섭리입니다.

　아주 옛날 대학교수 현직 시절에 공무원 연수원에서 매주 강연했습니다. 늘 사회를 보시던 과장님께서 어느 날, 아는 분이 포천에 사는데 다섯 살 된 딸이 심장판막증을 앓고 있고 오늘내일 수술을 못 받으면 생명이 위태롭다니 수술비를 빌려 드리라고 했습니다. 그날로 부쳐드렸습니다. 그 딸은 결혼하여 지금 아들딸 손자 손녀들과 함께 잘살고 있습니다. 딸이 살아나 고맙다면서 그 아버지는 가지고 있던 포천 땅을 저희 부부에게 주었습니다. 맹지이지만 농사도 지을 수 있습니다. 하느님 사랑의 섭리로 받은 그 땅이 없었다면, 내가 지금 포천에 와서 집을 지어 살고 있을 까닭이 없습니다. 매일 매일의 일들이 모두 하느님 자비의 섭리입니다. '섭리'는 먼 훗날에 치러내야 할 어려움을 잘 견디라고 하느님께서 미리미리 인내와 극복의 힘을 준비시켜 주시는 은총입니다.

21년 전에 40년간의 교직 생활을 정년퇴직하며, 평생 연금과 퇴직금을 일시불로 받아 가정폭력 피해 여성 시설인 <나자렛 성가원>과 성매매 피해 여성 시설인 <나자렛 성가정 공동체> 집을 지었습니다. 부자도 아닌 사람이 왜 여성복지에 뛰어들어 연금과 퇴직금마저 털어 집을 짓고 사회복지법인으로 등기하고 궁색하게 사는지 의아해하는 사람이 많습니다. 이 또한 하느님의 섭리입니다. 빛과 소금이 되라는 말씀은, 사랑하고 나누며 살라는 말씀과 같습니다. 성가원과 성가정에 사는 여성들에게 빛과 소금이 되도록 하느님이 섭리하셨습니다.

사회복지법인 <나자렛 성가회>의 성가원과 성매매 피해 여성 시설 <나자렛 성가정 공동체>는 부자 동네로 소문난 평창동에 있습니다. 땅도 건물도 법인 명의로 등기하였지만, 연금과 퇴직금을 일시불로 받아 땅을 사고 건물을 올리는데 봉헌하였기에 그 건물의 5층을 내 살림집으로 설계하였고, 우리 부부가 평생 죽을 때까지 5층을, 성가정이 4층을, 성가원이 3층을 쓸 계획이었습니다. 그러나 그렇게 생활한 지 6년이 지난 시점에서 서울시 법인감사의 지적사항으로 내가 법인재산을 무단으로 점유하고 있으니 당장 퇴거하라는 행정처분이 내려졌습니다. 신문에도 온갖 악평을 쓰고 유명한 신문 기자는 두 얼굴의 야누스라고 썼습니다. 그렇게 어이없이 쫓겨나게 되어 포천에 가려고 전철을 탔는데 천장 손잡이를 잡고 늘어져 쓰러지지 않으려고 버둥대다 보니, 갑자기 나 자신이 벌레처럼 지렁이처럼 짓밟히는 것 같이 마음이 쓰라리고 슬프고, 몸이 쓰러질 듯 고달팠습니다. 그 순간이었습니다. 예수님이 십자가를 지고 골고다 산으로 오르실 때 우리 주님이 인간으로부터 지렁이처럼 벌레처럼 짓밟히시었구나! 그 순간, 나는 그리스도의 수난이 눈에 보였고, 억울함과 슬픔과 고통이 깨끗이 사라졌습니다. 나는 평정을 찾았습니다. 그리고 포천에 집을 지었습니다. 포천에서 살게 해 주신 것도, 미리 땅을 마련해 주신 것도, 하느님의 자비로운 섭리였습니다.

다양한 사회복지 일 중에서 왜 하필 가정폭력 피해 여성과 성매매 피해 여성 일을 하게 되었을까? 72년 전, 한국 동란 이후에 우리 국민은 너 나 없이, 모두 가난하였습니다. 나는 부평에 있는 보건소에 무면허 간호사로 취업했습니다. 수많은 여성이 유엔군들을 상대로 성매매를 하는 지역에 있는 보건소였습니다. 나는 온종일 그 여성들에게 페니실린 성병 치료 약을 주사하였습니다. 이 일은 성매매 피해 여성을 위한 쉼터 운영을 결심하게 된 계기가 되었습니다. 그러나 사회복지법인은 국가에서 인가된 시설만을 운영해야 하는데, 법인을 설립할 당시에는 가정폭력 피해 여성을 위한 사업만 가능하였고, 성매매 피해 여성 사업은 해당 법령이 2003년에 제정되어, 나자렛 성가정 공동체는 2004년 1월에 승인되었습니다.

무면허 보조간호사이던 때 어느 휴일, 나는 인천 답동 성당을 찾아갔습니다. 성당 문을 열었습니다. 성당 안으로 들어가 엉엉 울며 하느님께 따지기 시작하였습니다. "우리 아버지 내 놓아요. 아님 하느님은 세상에 없어요." 하느님의 가슴이 내 등을 감싸 안았습니다. "하느님 욕하지 마라. 내가 너의 아버지 되어 주마." 임종국 바오로 본당 신부님이셨습니다. 나를 사제관으로 데리고 들어가 재우셨습니다. 사제관에서 며칠 준비시켜 신부님이 이사장이시던 천막 교실 박문여중 2학년에 넣어주시고 고3 졸업까지 장학생으로 키워주셨습니다.

　1951년 12월 23일에 박문여중 교감이시던 심춘섭 막달레나 선생님을 대모로 세례를 받고, '성모원'이라는 고아원으로 동생들을 데리고 들어갔습니다. 성모원에서 살며 박문여고를 졸업하여 숙명여대에 입학하고 숙명여대 졸업식에서 '8학기 수석'이라는 상을 받았습니다. 이어서, 석 박사과정을 눈물로 마치고 박사학위를 받은 후 숙명여대 교수가 되었습니다. 훗날을 위하여 고난을 이겨내게 하신 섭리였습니다. 그 과정에서 많은 분이 저에게 소금이고 빛이었습니다.

　기적의 연속으로 살려주신 하느님께서 나를 대학교수로 임명하시고 나에게 첫 봉급을 주셨을 때 내가 해야 할 일은 오직 한가지였습니다. 그달부터 후에 설립될 <나자렛 성가원>과 <나자렛 성가정 공동체>에 해당되는 여성들을 받아 가족들과 함께 사저에서 살았고, 오랜 후, 정년퇴임을 할 때, 퇴직금과 연금을 일시불로 받아 500평 집을 짓고 층층이 시설들을 독립시켰습니다.

　성가원 성가정 가족을 도와주신 분들은 누구나 다 하느님의 섭리로 빛과 소금이 되셨습니다만, 오늘은 고재혁 회원님에 대하여 좀 더 말씀드리려 합니다.

　1989년 2월 18일 날, KBS에서 김동건 아나운서와 대담하는

「열한 시에 만납시다」라는 프로그램에 제가 출연하였는데 그것을 보시고 성가원을 돕기를 시작하신 분입니다. 「열한 시에 만납시다」를 시청한 그달부터 10만 원이나 되는 후원금을 나자렛 성가원과 나자렛 성가정 공동체에 무기명으로 입금하셨습니다. 나는 은행에 찾아가서 후원금을 보내주는 어른과 연결이 되게 해달라고 부탁하였습니다.

그날로부터 10년 후에 로마에 갈 일이 있어서 당시 교황님이시던 요한 바오로 2세 교황님의 서명이 날인되어있는 감사장을 구하여 회원님의 주소지인 부산으로 발송하였습니다. 그런데 놀라운 연락이 왔습니다. 그날 성당에 가시어 세례를 받으러 교리공부 신청을 하고 등록하셨는데 바로 그날 고재혁 형제에게 교황님 축복장이 도착하였다는 소식이었습니다. 저는 가톨릭 신자가 되라는 말을 한 적이 없었습니다.

세례받는 날 저희 부부가 부산 성당에 가서 대부 대모가 되었습니다. 나는 고재혁 회원님 부부의 본명을 빈첸시오와 빈첸시아라고 지어드렸습니다. 빈첸시오 성인께서 평생 가난한 사람들을 도와주시어 훗날 성인품을 받으셨는데, 빈첸시오 성인처럼 가난한 사람들에게 자비를 베풀어야 함을 깨달은 분이므로 빈貧선善시施오悟라고 한자로 쓰고 그 배우자에게는 가난한 사람들에게 선을 베푸는 아름다움'이라는 의미를 두어 빈貧선善시施아雅로 이름 지어, 나눔의 성인이신 빈첸시오 성인의 본명을 지어드린 것입니다.

　금년 새해를 맞으면서 전복 선물을 보내셨습니다. 황송하여, 형제자매님께 너무 신세 지고 사는 것이 고맙지만 송구하다고 휴대폰으로 문자를 보냈더니, 그는 언제나 그러하듯 아름다운 노래로 답을 주셨습니다. 이번에는 2005년에 내한하여 올림픽 경기장에서 노래했던 그리스의 가수 나나 무스꾸리가 부른 따뜻하고 낭랑하고 사랑이 넘쳐흐르는 노래 "친구야 걱정하지 마. 친구야 걱정하지 마"로 이어지는 노래가 왔습니다.

　성가회를 돕는 분들은 빛과 소금의 역할을 하도록 하느님의 은총을 받았습니다. 부자여서가 아니라 빛과 소금의 역할을 하라고 하느님이 은총을 주셔서 나누시는 것입니다. 하느님! 빛과 소금의 역할을 하는 생명을 통하여서, 하느님은 영원히 찬미영광 받으소서.

　나눔이라는 죽음 연습을 통하여 빛과 소금이 되시고,

　큰 부활을 준비하시는 형제자매님들. 감사합니다.

　내년에도 우리 살아서, 인사 말씀드리고 받아보게 되기를, 청원합시다.

2020년 3월 19일

살아온 날이 감사하고
살아갈 날이 은혜롭습니다 5

　오랜만에 소식 드립니다. "살아온 날이 감사하고 살아갈 날이 은혜롭습니다"라는 제목으로 소식지 인사 말씀을 드린 지, 이제 어언 다섯 해가 흘러갔습니다. 내년에 다시 쓰게 되어도 또 역시, 살아온 날이 감사하고 살아갈 날이, 은혜롭겠다는 말씀만 올릴 것입니다. 80을 넘고도 인사 말씀을 올리며 오늘도 살아있으니, 생명의 하느님께 무한 감사합니다.

　오늘보다 더 나은 내일이 되고, 내일보다 더 나은 모래가 되게 하는 것이, 생명입니다.

　생명이 끝나면 그만. 진보도 진화도 성숙도 성화도, 없습니다. 거기서 끝입니다.

　생명이 있는 동안만 우리는 더 상향합니다. 그래서 살아있는 오늘을, 하느님께 감사합니다.

　5년 전, 고관절 수술을 받았을 때 나는 80년 생애에서 제일 큰 회개와 용서와 사랑의 신비 기적을 체험했습니다. 왼쪽으로 쓰러졌는데 고관절이 바스러지어 119에 실려 병원으로 가 수술을 받았고, 3년 전에 또 바른쪽으로 무너져 또 고관절 수술을 받아, 대문 밖에 나가본 일이 없이 방 안에서만 지낸 지 어언 5년. 투병도 지쳐서, 이제는 80 언덕의 깔딱고개를 넘어 90 언덕의 더 숨찬 깔딱고개를 눈앞에 바라보고 있습니다. 이젠 생사를 온전히 하늘에 맡기고 평화로이 천국을 그리워할 만도 한데, 아직도 신망애 향주삼덕과 청빈 정결 순명의 복음삼덕에 정진하며, 온종일 묵주를 손에 들고, 새벽 기침에서 밤 취침에 이르기까지, 성모님과 요셉 성인께 중개 중재를 청하며, 온종일 깨어 기도하니, 나의 노후는 어이도 이리 큰 기도의 복을 받고 사는지. 순간순간 하느님 성삼께 감사합니다. 기도는 혼자 스스로 하는 것이 아니라, 기도하는 은총을 받아서 하는 것입니다. 기도란, 하느님과 성가정의 성모님과 요셉 성인과 예수님과 함께 있다는, 증표입니다.

나를 오늘의 나로 다시 태어나게 한 섭리는 첫 번째 고관절 수술을 받은 후부터였습니다. 다시는 슬픔에 슬퍼하고 고통에 고통받고 절망에 절망하지 않으며, 슬픔을 기쁨으로 고통을 행복으로 절망을 희망으로, 성스럽게 변용시키며 다시 살아나게 해 주신, 신비와 기적을 체험한 사연, 그 이후부터였습니다. 내가 죽어서, 그리스도의 무덤에 들어갔다가, 부활하여, 환생한 이후부터였습니다. 수술대에 누워 전신 마취를 한다고 할 때, 나는 깨어나지 못할까, 무서웠습니다. 공포에 질려 있었습니다. 인턴과 레지던트들

열 명이 둘러섰고, 마취사가 전신 마취를 하려는데, 나는 전신이 흔들리도록 떨었습니다. 인턴들이 내 몸을 눌렀고 마취사가 마취액을 주사할 때 나는 무서워서 떨었습니다. 인턴들이 더 세게 나를 눌렀습니다. 그렇게 강제 마취로, 나는 의식을 잃었습니다. 그런데, 그 순간, 나는 그리스도의 무덤 안에 들어가 있었습니다.

무덤 안에서 나는 평생에 있었던 일들을 생각하며, 세상에서 만났던 사람들 한 명 한 명에게, 더 사랑하지 못한 것을 회개하며 용서를 청했습니다. 배우자에게, 시댁과 친정의 네 분 부모님에게, 형제자매들에게, 대자 대녀들에게, 손자와 손녀들에게, 친인척들에게, 직장 동료들에게, 제자들에게, 선배들에게, 후배들에게, 잘못한 것을 일일이 회개하고, 이 모든 것을 다 합하여, 하느님 성부 성자 성령께 용서 청하며, 새 생명을 주시어 구원해주신 것을 감사하고, 남은 세월을 성령 충만하여 그리스도의 사도로만, 살게 해 주시기를, 청원했습니다. 성모님이 새로 낳아주시고 요셉 성인이 아가 예수님과 함께, 나를 키워달라고 청했습니다.

그리스도께서 말씀하셨습니다. "무덤에 든 지 사흘이 되었다. 이제 나가거라." 눈을 떠보니 수술이 끝나 있었고, 나는 살아있었습니다. 죽지 않았습니다. 집도의가 "수술 잘 되었어요."라 말하며, 수술실을 떠났습니다. 나는 주치의를 찾았습니다. 내 손을 잡고 "여기 있습니다. 안심하세요." 했습니다. 그 순간부터였습니다. 나는 내 평생의 삶을 순차적으로 생각하며 흐느끼기 시작했습니다. 태어나서부터 만나 온 모든 사람이 뇌리를 스쳐 갔습니다. 회개의 눈물이 한도 끝도 없이 흘러내렸습니다. 새로 태어났습니다. 새 생명을 받고 그리스도의 무덤에서 부활하여 나왔습니다. 그 수술 동안, 그리스도의 무덤에 머물렀던 그 시간에, 나는 새사람이 되었습니다. 일찍 데려가지 않으시고, 회개할 때까지, 기다려주신, 하느님 사랑에 감격하여 울었습니다. 다시는 변치 않을 새 생명의 믿음과 사랑과 지혜를 받고 다시 태어났습니다.

6·25 때, 인민군의 시체를 제치고 살아서 기어 나온 후에도, 깨닫지 못했던 하느님 사랑. 9·18 유엔군 인천 상륙 때, 마지막으로 방공호에 등이 빨려 들어가 유엔군이 던진 수류탄을 내 가슴에 안고도, 그것이 백만 개 중 하나 있을 불발탄이어서 내가 살았다고 감탄하며 하느님께 감사하라고, 유엔군 통역관이 말했건만, 그때도 깨닫지 못했던 하느님 사랑. 수를 셀 수 없이 많은 인민군 포로들이 두 손을 머리에 얹고 발가벗긴 나신의 몸으로 끌려가던 모습이 눈앞에서 가물가물 사라져 가는가 싶더니, 다시 흰 옥양목 앞치마를 뒤집어쓴 중공군들이 한없이 눈벌판 위로 몰려오던 1·4 후퇴 때, 사람의 시체를 지천으로 바라보며 주변 시체들을 밀어내

면서, 시체 더미 속에서 기어 나왔던 때도, 깨닫지 못했던 하느님 사랑. 저승사자들과 죽음을 거느리고도 무사히 살았건만, 그때도 깨닫지 못했던 하느님 사랑. 전쟁의 포성이 멈추고, 내가 인천 답동 성당에 들어가 하느님에게 아우성치며 아버지 살려내라 소리지르던 때, 임종국 바오로 본당 신부님께서 나를 사제관으로 데리고 들어가 밥을 먹이시고 재우시고, 학교법인 이사장이시던 박문여중에 넣으시고 박문여중 심춘섭 교감을 대모로, '마리아'란 본명으로 세례 성사를 베푸셨을 때도, 깨닫지 못했던 하느님 사랑.

목숨이 무엇인지. 생명이 무엇인지. 어떻게 살아야 하는지에 전혀 무심한, 철부지였습니다. 그런데 내가 80세가 넘은 후. 전신마취 주사를 강제로 받고, 수술을 받게 된 것입니다. 의식을 잃은 그 순간, 무한으로 흐르는 눈물과 무궁 무한으로 나를 살려주시며 전 생애적 회개와 용서 청함을 기다려주신, 하느님을 만난 바로 그 순간, 그리고 거기, 회개하며 용서 청하는 나를 내가 보았습니다. 돌아온 탕자를 맞이하시는, 하느님을 만났습니다. 이 일은 나에게 항상 개인을 위해서가 아니고 공익을 위한 차원에서 매사를 결단하고 선택하여야 한다는 의지를 굳혀주었습니다.

나는 요즘 온종일 내 죽음을 기도하고, 또 죽은 이들을 위하여 기도하며 삽니다. 내가 배운 교리로는, 죽은 모든 이를 기억하는 위령慰靈의 날 11월 2일에, 성당에 한 번 들어가서 주모경과 영광송을 기도하고 나오기를 다섯 번 할 때마다 연옥에 있는 영혼 한 명이 천국에 간다는 것입니다. 그래서 나는 해마다 위령의 날이 오면 성당에 가서 내 몸이 지쳐 휘청거릴 때까지 이 기도를 계속하며 내 기도로 말미암아 천국으로 직행했을 영혼들의 수를 손꼽아 헤아리곤 했습니다. 지금도 나는 위령성월이 돌아오면 세상살이에 오염되지 않은 순수한 신앙으로 살던 입교 당시의 나를 회상합니다. 그때는 삶의 목적을 오로지 사후의 구원 영생과 부활과 하느님과의 일치라는 내세지향來世志向과 연옥 영혼들을 위하여 기도하는 데 두었었습니다. 6·25 한국전쟁으로 가족을 잃은 사람들이, 내 주변에 많고 많았기 때문입니다.

    요즈음은 깊은 산골 포천의 성가정도재聖家靜禱齋에서 살며, 시간에 따라 기도합니다. 오후 세 시 정각에는 매일 <전대사全大赦를 위한 하느님 자비의 5단 기도>를 바칩니다. 이 기도를 하루 한 번 오후 세 시에 바칠 때마다, 기도 받은 분이 천국에 갑니다. 그리스도의 수난을 묵상하며 세 시에 청원하는 것은 모두 들어주시고, 죽어가는 사람을 위해 기도하거나 자신을 위해서도 자비의 5단 기도를 바치는 사람은, 일생동안 특히 죽는 순간에 그리스도의 자비에 안긴다고, 요한 바오로 2세 교황님이 시성하신 파우스티나 성녀에게 그리스도께서 말씀하셨습니다. 기도를 마치면, 기도해 드린 분이 천국에 드셨다는 확신이 옵니다. 그 확신이 신비입니다. 세례받은 사람만 천국에 간다면 그리스도께서 마지막 피 한 방울 마지막 물 한 방울까지 흘리셨어야 할 이유가 없습니다. 만인을 위해 수난하셨습니다. 죄인을 위해 수난하셨습니다. 그리스도께서는 의인이 아니라 죄인을 구하러 세상에 오셨습니다.

하느님 성부께서 생명 주신 인류 모두를 구하러 세상에 오셔서, 수난당하셨습니다. 죄인임에도 불구하고 사랑하시는 것이 아니라, 죄인이기 때문에, 우리를 사랑하십니다. 우리 인류 모두를 단 한 명도 예외 없이, 모두 다 구원하시기 위하여, 수난당하셨습니다. 감사합니다. 주변에 돌아가신 분이 있으면 연락해 주세요. 기도하겠습니다. 내년에도 내가 인사말을 쓰고, 회원님이 모두 내 인사말을 받아 읽으시면 좋겠습니다. 잠들기 전에 성경 한 구절을 읽습니다. 어젯밤에 읽은 주님 말씀입니다.

"사람의 아들은 섬김을 받으러 온 것이 아니라 섬기러 왔고, 또 많은 이들의 몸값으로 자기 목숨을 바치러 왔다"(마르 10,45)

2021년 4월 2일
주님 수난 성금요일에

천상에 계시든 지상에 계시든

하느님의 섭리 안에서 만났던 분들에게 정성을 다하여 문안드립니다. 연이은 수술로 적조했던지라 내가 이미 세상을 떠났다고 생각하신 분도 계셨다고 합니다. 그러나 내 죽음의 시기는 여전히 아직은 모르고 목숨은 하느님 사랑의 선물이니, 내 기도는 한결같습니다. "주님, 살아온 날이 감사하고, 살아갈 날은 더 은혜롭습니다. 감사합니다." 사람은 언젠가 반드시 죽게 마련이고, 죽음에 이르기까지는 많은 병고와 노환을 거쳐야 한다는 사실과 특히 최근에 죽었다 살아 돌아온 내 수술 전후의 고통에 대하여 묵상하며, 고통을 통해서만 인간은 하느님의 현존을 체험하게 된다는 진실을 다시 또 깨달았습니다. 고통이 할퀴고 간 자국만큼 은총이 임합니다. "고난을 겪고서야 영광 속에 들어간다."라고 예수님도 가르치셨습니다(루카 24,26).

7년 전에 양쪽 무릎 인공관절 수술을 차례로 받고 후유증에 시달리던 중 3년 전에 왼쪽 고관절이 골절되어 한차례 수술을 받았는데 금년에는 또다시 오른쪽 고관절이 골절되어 또 한 차례 수술을 받았습니다. 죽음 저편까지 갔다가 다시 부활하여 되돌아온 육체 치유의 신비와 84년 동안 그 육체를 품었던 내 영혼이 그 과정에서 온전히 정화되는 회개의 신비를 체험했습니다.

고통은 신비 중의 신비입니다. 절실한 감동을 나에게 가져다 준 나의 유사 죽음 체험은 하느님이 나를 얼마나 사랑하고 계신가를 다시 나에게 일깨워 주신 하느님의 선물이었습니다. 예수님의 생애가 '선先 고통 후後 영광'의 신비를 증언하듯, 나에게 연이어 닥친 수술의 시련은 예수님을 만나는 체험이었고, 하느님 성부의 생명 창조와 성자의 구출 구원과 성령께서 무한히 반복하여 주시는 부활 체험이었습니다.

수술 직전, 전신 마취 주사를 맞을 때 나는 죽음이 두려웠습니다. 그래서 깨어나게 해 달라고 기도하다가 의식을 잃었습니다. 아마도 그 순간이었을 것입니다. 빛으로 가득 찬 공간이 열리면서 예수님의 시신이 눕혀 있었을 지점으로 눈길이 가는데, 나는 "예수님의 무덤이구나!"라고 온몸의 세포가 합창으로 외치는 듯 전율하였습니다. 그 순간부터 눈물이 하염없이 흐르며 참회가 시작되었습니다. 세상에 태어나서 나와 인연이 닿은 사람들 한 명 한 명 모두에게 최선을 다하지 못했다고 고백하며 용서를 청했습니다. 그렇게 몇 시간을 참회하는 동안에 수술이 진행된 것이고, 수술이 끝나, 내가 깨어나고 있다는 것을 의식하는 그 순간, 나는 수난과 고통으로 지쳐 계신 예수님을 포옹하고 있었습니다. "예수님! 가시관 쓰시고 살점이 찢어지며 채찍으로 매 맞고 마지막 피 한 방울 마지막 물 한 방울까지 다 흘리며 돌아가실 때 그 고통을 어찌 이겨내셨습니까? 인류의 평화를 위해, 남북한 동포를 위해, 북한 함흥에 살아있어야 할 우리 가족들을 위해, 마지막 피 한 방울 마지막 물 한 방울까지 다 흘리고 가셨나요? 가엾으신 나의 주님! 얼마나 아프셨습니까?" 그렇게 예수님을 위로하는데, 차차로 나와 예수님 사이에 우주의 무한한 공간이 열리면서 세상에서 인연을 맺었던 분들 모두가 그 공간으로 들어와 안기기 시작하였습니다. 그 공간이 하늘처럼 넓어지며 그리운 사람들을 다 포용할 수 있었습니다. 스승님들과 제자들과 친지들, 성직자들과 수도자들, 돌아가신 나의 시댁과 친가 네 분 부모님과 자손들과 이산가족 모두, 특히 내가 말레이시아에 나가 한국학 교수로 일하던 때 돌아가시어 그 임종을 지켜드리지 못해 평생 죄송해하며 살아온 어머니를 포옹하며 목이 메어 용서를 청했습니다. 살아있는 동안, 회개하며 살겠습니다. 나에게 섭섭했던 일이 있는 분들 모두에게 용서를 청합니다.

하느님의 크신 축복을 이제로부터 영원히 받으소서. 아멘.

2019년 7월 20일

전대사全大赦를 위한
하느님 자비의 5단 기도

우리 집 이름은 성가정도재聖家靜禱齋입니다. 예수 마리아 요셉의 성가정으로 살며, 고요하게 기도하는 집이라고 당호를 대문에 붙였습니다. 시부모 친정 부모 네 분도 우리 집 마당 안에 계십니다. 자식들은 다 일터 가까이 살아 90을 향해 가는 우리 부부만 기도하며 지냅니다. 포천 산속 사면이 소나무와 잣나무이고 눈길을 위로 향하면 청정 하늘이 우주 전체인 듯 전후좌우 동서남북으로 열려 있어 천상에 닿아 있습니다. 집안에는 십자가상과 성모 마리아상이 제대 양옆이 놓이어 있고 벽에는 십자가의 길 14처가 걸려있습니다. 피정의 집입니다. 기도하는 집입니다. 회개하는 집입니다. 성당 뒷벽에는 프란치스코 성인과 글라라 성녀의 액자가 걸리어 있습니다.

제일 정성 들이는 기도는 전대사全大赦 특전을 청원하는 '하느님 자비의 5단 기도'입니다. 돌아가신 분들과 임종하시는 분들을 위해 전대사를 받아서 드리려고 매일 오후 세 시에 기도합니다. 전대사는, 고백성사를 받아 용서는 받았어도, 여전히 남아 있는, 보속의 잠벌을 완전히 면제받는 은사입니다. 이 기도는 성녀 파우스티나에게 계시하신 기도입니다. 묵주를 들고 기도하지만, 묵주 기도는 아닙니다. 그리스도의 수난과 버림받음을 묵상하며 세 시에 청원하는 것은 모두 들어주시고, 죽어가는 사람을 위해 기도하면 하느님의 무한한 자비가 그를 에워싼다고 하셨습니다. 5단 기도를 바치는 사람은 일생동안 특히 죽는 순간에 그리스도의 자비에 안길 것이라 하셨습니다. 9분 정도 소요됩니다. 주님의 기도, 성모송, 사도신경을 한 번씩 바친 후, 각 단이 시작되기 전 큰 묵주 알에서 "영원하신 아버지, 저희가 지은 죄와 온 세상의 죄를 보속하는 마음으로 지극히 사랑하시는 당신 아드님 우리 주 예수 그리스도의 몸과 피 영혼과 신성을 바치나이다."라 기도하고, 각 단 열 묵주 알에서 "예수님의 수난을 보시고 저희와 온 세상에 자비를 베풀어 주소서." 한 후 "거룩하신 하느님, 전능하시고 영원하신 분이시여, 저희와 온 세상에 자비를 베푸소서."를 세 번 하면 끝납니다. 기도를 바치고 나면, 기도해 드린 분이 천국에 계신다는 확신과 평화가 옵니다.

　세례받지 못한 망자를 위해서도 세시에 자비의 5단 기도를 바쳐드립니다. 세례받은 사람만 천국에 간다면, 그리스도께서 마지막 피 한 방울 마지막 물 한 방울까지 다 흘리고 수난당하셨어야 할 이유가 없습니다. 하느님으로부터 생명을 받아 태어난 억겁 세월의 인류 모두는 익명匿名의 그리스도인이므로 구원받는다는 신학은, 유명한 신학자 칼 라너가 정립하였습니다.

하느님 성부는 노예와 죄인을 구속救贖하시러 하느님 성자를 보내셨습니다. 토리노의 그리스도 수의에 나타나 보이시는 예수님 표정에는 인간의 슬픔, 인간의 고통, 인간의 공포에 시달리는 인성人性이 드러나 있습니다. 하느님이 아니라, 인간으로 슬퍼하고 아파하고 무서워하시는 인간 모습입니다. 교황 요한 바오로 2세 성인께서 교황에 오르시던 날부터 돌아가시는 날까지 27년간 교황님 전속 강론 사제로 바티칸에 계셨던, 라니에로 깐따라메사 추기경, 카푸친 작은형제회 수사 신부님은 말씀하십니다. "수난당하시고 살이 무너지고 피땀 흘리시며 돌아가신 예수님의 십자가 앞에서 예수님의 고통이 너무도 '가엾어서' 너무도 '불쌍해서' 밤새 울어본 본 일이 없는 사람은 아직 그리스도의 사람이 아닙니다."라고 말씀하셨습니다. 그 '가엾다', '불쌍하다'라는 말씀을 들으시기까지 그리스도는 '인간의 정서'로 '인간의 몸'으로 공포와 아픔과 고통의 수난을 당하셨습니다. 그래서. 돌아가신 지인들을 위하여 매일 세시에 전대사 기도를 바칩니다. 부활하신 그리스도께서 인간 구원을 간절히 원하시어 부탁하신 기도이니까요.

7장
나의 기도문

말씀들

이사 30,21	너희가 오른쪽으로 돌거나 왼쪽으로 돌 때 뒤에서 '이것이 바른길이니 이리로 가거라.' 하시는 말씀을 너희 귀로 듣게 되리라.
시편 37,23	주님께서는 사람의 발걸음을 굳건히 하시며 그의 길을 마음에 들어 하시리라
시편 37,24	그는 비틀거려도 쓰러지지 않으니 주님께서 그의 손을 잡아 주시기 때문이다
시편 73,23	당신께서 제 오른손을 붙들어 주셨습니다.
시편 73,24	당신의 뜻에 따라 저를 이끄시다가 훗날 저를 영광으로 받아들이시리이다
시편 121,8	나가나 들거나 주님께서 너를 지키신다. 이제부터 영원까지.

잠언 2,8	그분께서는 공정의 길을 지켜 주시고 당신께 충실한 이들의 앞길을 보살피신다.
시편 25,9	가련한 이들이 올바른 길을 걷게 하시고 가련한 이들에게 당신 길을 가르치신다.
시편 32,8	나 너를 이끌어 네가 가야 할 길을 가르치고 너를 눈여겨보며 타이르리라.
잠언 3,5-6	네 마음을 다하여 주님을 신뢰하고 너의 예지에는 의지하지 마라. 어떠한 길을 걷든 그분을 알아 모셔라. 그분께서 네 앞길을 곧게 해 주시리라.
이사 48,17ㄴ	나는 주 너의 하느님 너에게 유익하도록 너를 가르치고 네가 가야 할 길로 너를 인도하는 이다.
요한 16,13ㄱ	그분 곧 진리의 영께서 오시면 너희를 모든 진리 안으로 이끌어 주실 것이다.
신명 31,6	너희는 힘과 용기를 내어라. 그들을 두려워해서도 겁내서도 안 된다. 주 너희 하느님께서 너희와 함께 가시면서, 너희를 떠나지도 버리지도 않으실 것이다.
묵시 3,8	나는 네가 한 일을 안다. 보라, 나는 아무도 닫을 수 없는 문을 네 앞에 열어 두었다. 너는 힘이 약한데도, 내 말을 굳게 지키며 내 이름을 모른다고 하지 않았다.
시편 16,11	당신께서 저에게 생명의 길을 가르치시니 당신 면전에서 넘치는 기쁨을, 당신 오른쪽에서 길이 평안을 누리리이다.

하는 일이 잘되기를 구하는 기도

하느님의 법이 우리 입에서 떠나지 않게 밤낮으로 되새기며 어김없이 성심껏 실천하겠습니다. 그렇게만 하면 우리 앞길이 열려 모든 일이 하느님 뜻대로 이루어질 것입니다.

웃음과 환성은 무죄를 기뻐하는 사람들의 것이 아니오니까? 하느님은 높으시다. 하느님을 섬기는 사람들에게 평화 있으라. 늘 이렇게 노래하는 사람들의 것이 아니오니까?

하느님은 우리의 힘, 우리의 피난처, 어려운 고비마다 항상 도와주셨으니 우리 걱정을 하느님께 맡깁니다. 하느님께서 우리를 돌보아 주시리니 착한 자식들 망하라고 절대로 버려두지 않으시리이다.

이제 다시는 두려워하지 않겠습니다. 하느님이 아버지십니다. 성령이 우리 힘이 되어 주시고 우리를 도와주시고 정의의 오른팔로 우리를 이끌어주십니다. 하느님은 착한 자식들 하는 일이 다 잘 되어 나가기를 원하시니 찬미 감사드리나이다. 아멘.

가난의 극복을 위한 기도

필리 4,19　　나의 하느님께서는 그리스도 예수님 안에서 영광스럽게 베푸시는 당신의 그 풍요로움으로, 여러분에게 필요한 모든 것을 채워 주실 것입니다.

2역대 25,9ㄴ　　주님께서는 그보다 더 많은 것을 임금님께 주실 수 있습니다

욥기 36,15　　그분께서는 가련한 이를 그 고통으로 구하시고 재앙으로 그 귀를 열어 주십니다.

시편 2,8　　나에게 청하여라. 내가 민족들을 너의 재산으로, 땅끝까지 너의 소유로 주리라.

시편 34,10-11　　주님을 경외하여라. 그분의 거룩한 이들아. 그분을 경외하는 이들에게는 아쉬움이 없어라. 사자들도 궁색해져 굶주리게 되지만 주님을 찾는 이들에게는 좋은 것 하나도 모자라지 않으리라.

시편 37,4　　주님 안에서 즐거워하여라. 그분께서 네 마음이 청하는 바를 주시리라.

시편 68,20　　주님께서는 나날이 찬미 받으소서. 우리를 위하여 짐을 지시는 하느님은 우리의 구원이시다.

시편 102,18　　헐벗은 이들의 기도에 몸을 돌리시고 그들의 기도를 업신여기지 않으시리라.

잠언 8,21	나는 나를 사랑하는 이들에게 재산을 물려주고 그들의 보물 곳간을 채워 준다.
마태 6,33	너희는 먼저 하느님의 나라와 그분의 의로움을 찾아라. 그러면 이 모든 것도 곁들여 받게 될 것이다.
요한 14,13	너희가 내 이름으로 청하는 것은 무엇이든지 내가 다 이루어 주겠다.
2코린 8,9	여러분은 우리 주 예수 그리스도의 은총을 알고 있습니다. 그분께서는 부유하시면서도 여러분을 위하여 가난하게 되시어, 여러분이 그 가난으로 부유하게 되도록 하셨습니다.
필리 4,6	아무것도 걱정하지 마십시오. 어떠한 경우에든 감사하는 마음으로 기도하고 간구하며 여러분의 소원을 하느님께 아뢰십시오.

하느님께서는 무엇보다 큰 것을 주실 수 있습니다.
그러나 하느님께서는
가난을 통하여 우리를 건지시고
가난 속에서 내 귀와 가슴이 열리게 해 주십니다.
헐벗은 자의 소리를 들어주시며
애원하는 그 목소리 물리치지 않으시나이다.

이제 나는 무엇보다도

하느님의 나라와

하느님께서 의롭게 여기시는 것만을 구하겠나이다.

우리는 아무것도 걱정하지 않겠습니다.

오직 감사하는 마음으로 기도하며 구하면

하느님이 우리 소원을 다 들어주신다고 하셨나이다.

한량없이 풍요하신 내 하느님께서

그리스도 예수를 믿는 우리들의 필요한 모든 것을

풍성하게 채워 주실 줄을 믿고

감사드리나이다.

아멘.

질병의 치유를 위한 기도

잠언 4,20-22　내 아들아, 내 말에 주의를 기울이고 내 이야기에 귀를 기울여라. 그것이 네 눈에서 벗어나지 않도록 네 마음 한가운데에 간직하여라. 내 말은 그것을 찾아 얻는 이에게 생명이 되고 그의 온몸에 활력이 되어 준다."

시편 42,12	내 영혼아, 어찌하여 녹아내리며 어찌하여 내 안에서 신음하느냐? 하느님께 바라라. 나 그분을 다시 찬송하게 되리라. 나의 하느님을.
시편 147,3	마음이 부서진 이들을 고치시고 그들의 상처를 싸매 주신다.
예레 30,17	참으로 내가 너에게 건강을 되돌려 주고 너의 상처를 고쳐 주리라. 주님의 말씀이다.
잠언 4,20-22	내 아들아, 내 말에 주의를 기울이고 내 이야기에 귀를 기울여라. 그것이 네 눈에서 벗어나지 않도록 네 마음 한가운데에 간직하여라. 내 말은 그것을 찾아 얻는 이에게 생명이 되고 그의 온몸에 활력이 되어 준다.
이사 53,5	그가 찔린 것은 우리의 악행 때문이고 그가 으스러진 것은 우리의 죄악 때문이다. 우리의 평화를 위하여 그가 징벌을 받았고 그의 상처로 우리는 나았다.
예레 17,14	주님, 저를 낫게 해 주소서. 그러면 제가 나으리이다. 저를 구원해 주소서. 그러면 제가 구원 받으리이다. 당신은 제 찬양을 받으실 분.
요한 14,27	나는 너희에게 평화를 남기고 간다. 내 평화를 너희에게 준다. 내가 주는 평화는 세상이 주는 평화와 같지 않다. 너희 마음이 산란해지는 일도, 겁을 내는 일도 없도록 하여라.
시편 9,10	주님께서는 억눌린 이에게 피신처, 환난 때에 피신처가 되어 주시네.

시편 94,19	제 속에 수많은 걱정들이 쌓여갈 제 당신의 위로가 제 영혼을 기쁘게 하였습니다.
잠언 16,3	네가 하는 일을 주님께 맡겨라. 계획하는 일이 이루어질 것이다.
이사 50,7	그러나 주 하느님께서 나를 도와주시니 나는 수치를 당하지 않는다. 그러기에 나는 내 얼굴을 차돌처럼 만든다. 나는 부끄러운 일을 당하지 않을 것임을 안다.
시편 138,7	제가 비록 곤경 속을 걷는다 해도 당신께서는 제 원수들의 분노를 거슬러 저를 살리십니다. 당신 손을 뻗치시어 당신 오른손으로 저를 구하십니다.
이사 40,29	그분께서 피곤한 이에게 힘을 주시고 기운이 없는 이에게 기력을 북돋아 주신다.
이사 40,31	주님께 바라는 이들은 새 힘을 얻고 독수리처럼 날개 치며 올라간다. 그들은 뛰어도 지칠줄 모르고 걸어도 피곤한줄 모른다.
마태 8,17	우리의 병고를 떠맡고 우리의 질병을 짊어졌다.
시편 116,8-10	정녕 당신께서는 제 목숨을 죽음에서, 제 눈을 눈물에서, 제 발을 넘어짐에서 구하셨습니다. 나는 주님 앞에서 걸어가리라, 산 이들의 땅에서. "내가 모진 괴로움을 당하는구나." 되뇌면서도 나는 믿었네.

어찌하여 제가 이토록 낙심하나이까?
어찌하여 제가 이토록 불안해하나이까?
상처 입은 마음을 고쳐주시고
상처를 싸매주시는 하느님.
이제는 상처에 새 살이 돋아나 아물게 해 주리라 하셨으니
이는 하느님의 말씀이라 어김이 없나이다.
하느님의 말씀을 명심하고
이르시는 말씀에 귀 기울이나이다.
그를 찌른 것은 저의 반역죄요
그를 으스러뜨린 것은 저의 악행이었으며
그 몸에 채찍을 맞음으로 제 몸을 성하게 해주셨고
그 몸에 상처를 입음으로 제 질병을 고쳐주셨나이다.
힘 빠진 사람에게 힘주시고
기진한 사람에게 기력을 주시나이다.
주님! 주님을 믿고 바라는 사람에게는 새 힘이 솟나이다.
날개 쳐 솟아오르는 독수리처럼
아무리 뛰어도 고단하지 않고
아무리 걸어도 지치지 않나이다.
제 영혼을 죽음에서 건져주시고 눈물을 거두어주시고
넘어지지 않도록 보호하시니

제가 생명의 땅에서
주님을 모시고 영원히 살겠나이다.
아멘.

성령쇄신을 위한 기도

성자의 구속救贖과 성령의 성화로 새 생명을 누리게 해 주신 하느님 아버지, 감사와 찬미와 영광을 바치옵니다. 순교를 통하여 이어온 신앙이 이제 성령의 불길로서 방방곡곡에 전파되고 있는 우리 조국, 신앙으로 축복받은 이 나라가 진리와 정의와 참사랑의 정이 흐르는 신비체가 되게 하시옵소서.

성령을 받음으로 인하여 이기심과 나약함에서 벗어난 사도들이 생명을 다 바쳐 주님을 증거하고 자신을 완성해 나아갔듯이, 우리 안에 성령을 체험시켜 주신 주님께서 계속 저희를 새롭게 하시고 완전케 하시기를 바라옵니다.

불의와 죄악이 범람하는 현실 속에서 비록 저희가 핍박과 고통을 당할지라도, 하느님의 자비와 능력을 믿어 평화와 기쁨을 간직하게 하여 주시고, 불완전한 저희의 용서와 화해를 성령께서 완성해 주시어, 우리 모두 사랑으로 하나가 되게 하여 주시옵소서.

찬미하올 하느님!

성령쇄신을 통하여 한국교회를 새롭게 하여 주시고, 온 겨레의 소망인 남북통일을 이루어 주시오며, 마침내 전 세계 교회의 일치를 이룩하게 하여 주시옵소서.

우리 주 예수 그리스도를 통하여 비나이다. 아멘.

분단의 극복을 위한 기도
― 6·25 한국전쟁 후 60년에 ―

사랑으로 우리에게 생명을 허락하신 하느님
배달 겨레라는 한 이름 아래
한반도 언저리를 삶의 터전으로 내어 주시고
이 나라 반만년 역사를 섭리하신 사랑의 하느님
영원히 이 겨레와 온 누리를 섭리하실 처음과 끝의 하느님.

하느님은 분열을 원치 않으시고 평화와 일치를 기뻐하시니
하느님의 자비와 전능으로 남북한의 통일을 준비하게 하시고
저희가 북한 동포를 구원하는 복음의 사도이며

생명의 사도임을 알게 해 주소서.

남한의 교회와 국가만이 전체인 양 북한을 외면해 왔으니
저희의 이기심과 무관심을 회개하게 하시고
저마다 가정의 기쁨과 슬픔 그리고 모든 일상사에
북한 가족이 참석하지 못함을 슬퍼하며 기억하게 하소서.

천지연에서 백록담까지 겹겹이 분단의 벽이 쌓여 있으니
회개의 눈물로 불신의 벽을 허물게 하시고
모든 이의 가슴마다 통일을 향하는 기도의 마음을 모아주소서.

자비로우신 하느님
이 겨레 이 나라로 하여금 세상에서 가장 바르게
하느님을 섬기는 새 하늘 새 땅의 새 백성이 되게 하시고
불신의 땅 북한에 복음의 종소리가 방방곡곡에 울려 퍼져
남북한 가족들이 마음 놓고
하느님과 동포들을 서로 사랑하며 섬기게 해 주소서.
영원토록 우리 겨레와 함께하시는 평화의 성모님
1944년 무염시태 축일에는 배달겨레의 해방을 준비하셨고
1945년 성모 승천 축일에는 광복의 기쁨을 되찾게 하셨으니
분단 조국의 통일을 준비하시는 하느님의 섭리를 믿나이다.

저희 잘못이 큰 산과 같아 북한 동포들의 굶주림에 무심했으니
저희 허물을 회개하게 하시고
화해와 용서의 심령으로 하나 되어
반세기 이산의 북한 동포들을 포옹하게 해 주소서.

성부·성자·성령으로 하나이시어 온전히 사랑이신 하느님
남북도 하나 되어야 하나의 겨레요 하나의 생명이오니
한 세기 동안 가슴에 서린 겨레의 슬픔을 치유하여 주시고
남북한 이산의 동포들이 두 팔 벌려 포옹하는
만남의 시간을 앞당기게 해 주소서.

자비로우신 하느님
8·15 광복의 그날처럼
어느 날 문득 이 나라의 통일을 선포하시고
영원토록 우리나라 우리 겨레와 함께해주소서.

온 누리를 다스리시는 하느님께
우리의 주님 예수 그리스도를 통하여 간절히 기도합니다.
아멘.

생명의 완성을 위한 기도

하느님, 오늘 제게 인연 맺어 주시는 생명들을 통하여
찬미 영광 받으소서.

오늘 제가 만날 모든 사람과 또 그 사람들이
죽는 날까지 만나게 될 모든 이들에게 주실
생명을 통하여 찬미 영광 받으소서.

제가 상처 준 사람들과 저에게 상처 준 사람들에게 주실
생명을 통하여 찬미 영광 받으소서.
우리의 생명이 아버지 하느님의 뜻을 이루심에
도구가 되게 하시고,
눈앞의 성공을 확인할 때에만
하느님을 찬미하는 사람이 아니라,
거듭되는 실패 속에서도 그 섭리적 가치를 깨달으며
주님을 찬미하는 사람들이 되게 하소서.
아멘!

이인복 마리아의 연보年譜

1937년 6월 20일 아버지 이근희(李根熙 1904.12.6.~?)와 어머니 엄장숙(嚴莊淑1911.12.6.~ 1975.12.8) 의 맏딸로 인천시 송현동 87번지에서 출생

1944년 (8세) 인천 창영 초등학교 입학

1950년(14세) 인천 창영 초등학교 졸업. 인천여자중학교 입학
6·25 한국전쟁 발발로 아버지, 오빠 효성(孝星,1935.9.7.~?), 남동생 효신(孝信,1938.11.21.~?) 납북됨. 손아래로 다섯 자매, 승자(勝子, 1940), 신자(信子, 1942), 군자(君子, 1944), 진숙(晉淑, 1946), 영숙(榮淑, 1949)과 어머니를 보살펴야 할 소녀가장이 됨

1956년(20세) 인천 박문여자고등학교 졸업과 숙명여자대학교 문과대학 국어국문학과 입학

1959년(23세) 숙명현상문예 당선. 단편소설 <마지막 휴일>

1960년(24세) 숙명여자대학교 문과대학 국어국문학과 졸업
4월 18일 올리베따노 베네딕도 수녀회 입회

1961년(25세) 영성담당 사제, 분도회의 독일인 주도도 코르비니안 신부님이 어린 동생들을 돌보는 4계명을 지키라고 퇴회를 명하시어 퇴회
인천고등학교 국어교사로 근무하다가 가톨릭 재단인 서정리 효명고등학교로 이직
서정리에서 7월 26일 심재기沈在箕 바오로와 혼배성사 받음
8월 1일 배우자 심재기 대한민국육군에 입대

1963년(27세) 큰딸 진영(眞瑛 1963.4.3) 로사 출생

1964년(28세) 배우지 심재기 대한민국 육군 제대

1965년(29세) 둘째 딸 선영(善瑛 1965.4.14) 데레사 출생

1966년(30세) 배우자 심재기 광주 대건 신학대학 교수로 임용됨

1967년(31세) 셋째 딸 미영(美瑛 1967.4.16) 글라라 출생
서정리 효명종합고등학교 교사 사임 후
광주 동신여자중고등학교에 임용
전남대학교 대학원 국어국문학과 석사과정 입학

1968년(32세) <현대문학>지에 '나도향론'으로 평론가등단(곽종원, 조연현, 정태용 공동 추천)
둘째 추천작품 '채우론埰雨論'(추천자 같음)
배우자 심재기 광주 대건 신학대학에서 사임하고 국립 서울대학교 교수로 임용

1969년(33세) 전남대학교 대학원 국어국문학과 문학석사 취득
숙명여자대학교 대학원 문학과 박사과정 입학
광주 동신여자 중고등학교 교직 사임하고 숙명여자대학교 국어국문학과 강사로 임용

1972년(36세) 넷째 딸 우찬(宇鑽 1972.2.12.) 스콜라스티카 출생
말레이시아 페낭 국립 싸인스대학교 초빙교수로 임용

1975년(39세) 말레이시아 체류 중 어머니 엄장숙 여사 별세(1975.12.8)

1976년(40세) 말레이시아 페낭 국립 싸인즈대학교수 사임 후 귀국
숙명여자대학교 국문과 강사로 재임용

1978년(42세) 숙명여자대학교에서 문학박사 취득
어머니 유언을 받들어 자택에 비인가 여성 복지시설 <나자렛 성가원>을 개원하고 성폭력, 가정폭력, 미혼모들과 공동생활 시작

1980년(44세) 숙명여자대학교 국어국문학과 교수로 임용
성령쇄신 세미나를 받고 한국가톨릭 성령쇄신 봉사회 활동에 참여하기 시작
교회 피정 강의와 대기업 직원연수 및 일반 대중 강의 시작함

1987년(51세) 동보문학상 수상

1989년(53세) 대한민국문학상 평론부문분과 상 수상.
    <나자렛 성가원>을 공식 인준받는 미사를 숙명여대 강당에서 봉헌(박병윤 신부, 김창만 신부, 서경윤 신부, 고찬근 신부 공동 집전)

1990년(54세) 오늘의 여성상 수상
    1991년(55세) 구기동에 3층 건물을 매입하고 수리하여 <나자렛 성가원>을 확장하고 박병윤 신부와 유수일 신부(그 후 주교가 되심) 공동으로 낙성 및 축성 미사 봉헌함

1994년(58세) 서울 성도 600년 자랑스런 서울 시민패 수상

2000년(64세) 2000년 프란치스코 재속회에 대희년 특전으로 입회
    서울시 구기동 250평 건물을 기본재산으로 출연 <사회복지법인 나자렛 성가회>를 설립
    서울시로부터 가정폭력 피해 여성의 보호시설 <나자렛 성가원>의 설치 인가 취득
    서울 가톨릭 신학원 졸업

2001년(65세) F.G.I. 인터내셔널 그룹상 수상
    배우자와 함께 꽃동네 현도 사회복지대학 편입학

2002년(66세) 숙명여자대학교 정년 퇴직
    연금과 퇴직금을 <사회복지법인 나자렛성가회>에 출연하여 서울시 평창동에 건축 부지를 매입하고 새 건물 500평 신축을 시작
    한국문학 비평가 협회상 수상
    2003년(67세) 성매매 피해 여성을 위한 독립 쉼터시설을 설립하고 12월 8일에 제1회 <나자렛성가회> 후원의 밤 자선음악회 실시
    창립 25주년 기념 나자렛성가회 신축건물 축성 및 <나자렛 성가정 공동체> 개원미사 봉헌 (김옥균 주교, 김대군 신부, 송광섭 신부, 조영희 신부, 김철호 신부 공동 집전)
    국제 소롭티미스트 탁월한 여성상 수상

현도 사회복지대학교 사회복지학과 졸업
사회복지사 자격증 취득

2004년(68세) 9월 23일에 다년간의 숙원이던 성매매 방지법이 제정됨
서울시 다시 함께 프로젝트 쉼터 공모에 선정 되어, 서울시로부터 성매매 피해 여성 지원시설 <나자렛 성가정 공동체> 설치 운영 인가 취득
제2회 <나자렛성가회> 후원의 밤 자선 음악회 실시
창립 26주년 기념 미사 및 다시 함께 프로젝트 쉼터 연합회 자선 바자회 실시
제10회 숙명문학상 수상

2005년(69세) 서울사랑 시민상 수상
숙명여대 창립 100주년 기념상 수상.
제3회 <나자렛성가회> 후원의 밤 자선 음악회 실시
창립 27주년 기념 미사 및 자선 바자회 실시

2006년(70세) 제5회 유관순상 수상
제4회 <나자렛성가회> 후원의 밤 자선 음악회 실시
창립 28주년 기념 미사 및 자선 바자회 실시

2007년(71세) 제5회 <나자렛성가회> 후원의 밤 자선 음악회 실시
창립 29주년 기념 미사 및 자선 바자회

2008년(72세) 제6회 한국 여성 지도자상 대상 수상
제6회 <나자렛성가회> 후원의 밤 자선 음악회 실시
창립 30주년 기념 미사 및 자선바자회 실시

2009년(73세) 6·25를 기억하는 뉴욕 한인 여성연합회 주최로 캐나다와 미국의 여러 도시에서 순회강연
제7회 <나자렛성가회> 후원의 밤 자선 음악회 실시
31주년 기념 미사 및 자선 바자회 실시

2010년(74세) 인천 창영 초등학교 100주년 기념비에 배우자 심재기와 함께 비문을 지어 새김

제8회 <나자렛성가회> 후원의 밤 자선 음악회 실시
창립 32주년 기념 미사 및 자선 바자회 실시

2011년(75세) 동두천에 새 거처를 마련하고 이사함
5월 9일 김대군 신부와 고계영 신부의 공동미사 집전으로, 포천시 신북면 삼정리 땅을 봉헌하고, 새로운 평신도수 도공동체를 마련하기 위한 축복 기원행사 개최

2020년(84세) 포천시 신북면 삼정리 거처를 성가정도재聖家靜禱齋로 명명함.